Dedicado a todos los profesionales que, con su enorme trabajo y esfuerzo, destinan su vida a hacer posible que no falte el alimento en los hogares de las familias de nuestro país. Desde los ganaderos y los agricultores hasta la última persona que sirve el alimento en una mesa.

ÍNDICE

La desconexión rural

rural

Una defensa necesaria de la ganadería y de la alimentación tradicional

ÓSCAR CASO COLINA

KOLIMA BOOKS

Título original: *La desconexión rural.*
Una defensa necesaria de la ganadería y de la alimentación tradicional

Primera edición: Junio 2023
© 2023 Editorial Kolima, Madrid
www.editorialkolima.com

Autor: Óscar Caso Colina
Dirección editorial: Marta Prieto Asirón
Maquetación de cubierta: Valeria Hernández
Maquetación: Carolina Hernández Alarcón

ISBN: 978-84-19495-60-0

LA DESCONEXIÓN RURAL

Una defensa necesaria de la ganadería y
de la alimentación tradicional

I. INTRODUCCIÓN
DE AMANTE DE LOS ANIMALES A MALTRATADOR

En los largos veranos de mi infancia con mis hermanos en la casa del pueblo todo estaba siempre estrechamente relacionado con la naturaleza y también con el mundo animal. Entre nuestras actividades diarias estaba el andar en bicicleta por los caminos, subir a los árboles, jugar al fútbol y muchas otras al aire libre, en ocasiones incluso temerarias, propias de la inconsciencia infantil. Pero sin duda una de nuestras facetas más destacadas era la de exploradores e investigadores del mundo animal.

Así, con la curiosidad típica de la juventud, la observación del mundo animal, del comportamiento de los animales, y muchas veces la experimentación con pequeños animales para observar sus reacciones, formaban parte de esa labor de investigación que llevábamos a cabo sin ningún objetivo concreto que no fuese satisfacer esa curiosidad.

En estos «experimentos» de juventud no siempre era respetado el bienestar del animal de turno e incluso se puede decir perfectamente que, de acuerdo a baremos de ahora, el animal en cuestión era maltratado. Hablo de cosas como echar una mosca viva a una tela de araña para ver cómo era devorada o arrancarle las alas para ver qué ocurría, poco más. Aún recuerdo con pena haber matado a un gorrión con una carabina solo para demostrar que tenía buena puntería y podía ser un gran «cazador».

Este comportamiento infantil, inconsciente y absolutamente carente de maldad, la mayoría de las veces iba seguido de arrepentimiento y una sensación de cargo de conciencia, aunque también es cierto que se olvidaba rápido.

Todas estas «investigaciones» no nos convertían después en maltratadores de animales, sino más bien en todo lo contrario: en verdaderos amantes y defensores de la naturaleza. En mi casa siempre ha habido animales y a estos se les ha tratado y cuidado exquisitamente, como si fuesen un miembro más de la familia. Hemos tenido perros, gatos, pájaros, peces, tortugas, patos, pollos, casi de todo.

Durante toda mi juventud fui un estudioso del mundo animal. Tenía una enorme enciclopedia con cientos de fotografías de animales y me entusiasmaba la taxonomía y la clasificación de las especies animales en familias, géneros o razas. Realmente era un «darwiniano», partidario de la Teoría de la evolución de las especies y un gran interesado en su clasificación.

Todo este entusiasmo me llevó a inscribirme como socio de WWF, no muy activo pero sí recibía y leía con interés sus revistas y publicaciones. Y así continué durante varios años hasta que fui a la Universidad.

Mi intención fue siempre estudiar algo relacionado con la zoología y la biología pero, como a tantos otros jóvenes, se me convenció de que esos estudios tenían muy pocas posibilidades laborales futuras y me matriculé en Veterinaria, que, aparentemente, presentaba mejores perspectivas de empleo. Así, tras los maravillosos años universitarios, obtuve el título de licenciado en Veterinaria.

Una persona cuya vida hasta ese momento había estado ligada al mundo animal, que había leído y estudiado sobre ese mundo en su juventud, que había formado parte de una organización defensora de la naturaleza y que además había realizado estudios superiores sobre sanidad animal; una persona en principio muy poco sospechosa de ser maltratadora de animales pasa, de golpe y porrazo, a formar parte de este sector de explotadores de los animales en el mismo momento en que comienza a trabajar en un sector acusado y señalado de realizar estas prácticas: la ganadería.

Cuando yo estudiaba Veterinaria, una gran parte de los estudiantes que allí estábamos, hombres y mujeres, no teníamos un objetivo claro sobre cuál queríamos que fuese nuestro futuro trabajo. Muchos estudiantes provenían del mundo rural; eran hijos de ganaderos y agricultores, y sí contemplaban un posible empleo como veterinarios de campo, con el ganado, en las granjas; aunque seguramente no descartaban tampoco un trabajo de veterinarios urbanos, en una clínica de pequeños animales.

También había estudiantes que venían de las grandes ciudades. Estos sí, en su mayoría, se veían como médicos de animales en una clínica veterinaria en su ciudad de origen, pero seguramente tampoco estaban cerrados a trabajar en el campo, en la naturaleza, en una granja de algún pueblo de España, por qué no.

Todo esto ha cambiado radicalmente. La despoblación del mundo rural ha hecho que la inmensa mayoría de estudiantes de las facultades de Veterinaria vengan ahora de zonas urbanas y que sean personas completamente desconectadas del mundo rural, que jamás le han arrancado las alas a una mosca para ver qué ocurría, ya que para ellas incluso la mosca tiene sus derechos.

En la mentalidad de muchos de los actuales estudiantes de Veterinaria no encaja una práctica milenaria de la humanidad como es la ganadería.

En la licenciatura de Veterinaria existe la rama de Producción Animal; a ella pertenece la ganadería. En mi época estudiantil, esta rama absorbía a una gran parte de los estudiantes de cada promoción, ya que las oportunidades laborales derivadas de la misma siempre habían sido mayores que en la rama Clínica. Sin embargo, ahora mismo, la producción animal es una especialidad claramente en declive y en peligro de extinción, ya que la idea de futuro profesional que tienen los estudiantes de Veterinaria urbanos es casi exclusivamente la de ejercer como médicos de animales, porque las demás opciones profesionales están pasando a ser consideradas por ellos mismos formas de maltrato animal.

Un profesor universitario español de gran prestigio en la rama de la Producción animal y con una dilatadísima experiencia docente me dijo que ya no daba conferencias de ningún tipo porque había llegado un momento en que los propios estudiantes de su facultad se colocaban en las primeras filas de la sala de conferencias con pancartas en contra del maltrato animal alegando que lo que él explicaba en sus charlas era prácticamente una incitación al maltrato y a la explotación animal.

De hecho, en una Facultad de Veterinaria de una prestigiosa Universidad española, al entrar en ella por la puerta principal, lo primero que puedes ver frente a ti y a gran tamaño es una pancarta que reza: «No te los comas, son tus amigos».

Esto solo es una muestra de la presión ideológica a la que se somete a jóvenes que comienzan sus estudios universitarios en un sector como la Veterinaria, tan importante para los mundos ganadero y rural. Una clara incitación para que los nuevos miembros de esta Facultad abracen corrientes alimentarias como el veganismo y empiecen a considerar que profesiones eminentemente rurales como la ganadería son innecesarias y, por tanto, perfectamente prescindibles.

Durante estos 20 años de trabajo como veterinario y ganadero he ido observando y sintiendo en mis propias carnes cómo se ha producido esta evolución en la mentalidad de la población mayoritariamente urbana del concepto que hasta ahora se tenía del sector ganadero. Lenta pero inexorablemente ha ido pasando de ser considerado un sector esencial, por tratarse de una fuente de productos alimentarios para la población, a un sector prescindible.

En mi opinión, la desconexión de la sociedad urbana de la realidad animal y natural ha llevado a una nueva y negativa percepción de la ganadería en tres ámbitos:

1. El «animalismo»: la consideración de los animales como seres sintientes y con los mismos derechos que un ser humano. Esta corriente acusa a la ganadería de realizar prácticas sistemáticas de maltrato animal y explotar a los animales para beneficio humano.

2. El veganismo: muy ligado al anterior, es una tendencia nutricional que aboga por prescindir de los productos de origen animal alegando motivos éticos, de salud y sostenibilidad. Afirma que en el mundo actual no es necesario el sacrificio de animales para sobrevivir.

3. La sostenibilidad del planeta: la ganadería es acusada de ser una de las principales causas del cambio climático y del efecto invernadero, y especialmente las ganaderías intensivas porcina y vacuna.

Todas ellas son acusaciones relacionadas con la ética, la alimentación y la sostenibilidad.

Durante estos últimos años he estado soportando, en todos los medios de comunicación y en las redes sociales, informaciones poco veraces relacionadas con estos tres aspectos: la propia ganadería, el animalismo y la alimentación humana. Todas ellas las he ido almacenando con la idea, llegado el momento, de aportar mi propio conocimiento, basado en mi experiencia y opinión al respecto.

Produce verdadero cansancio y bastante indignación escuchar continuamente, día sí y día también, en todos los medios de comunicación que los alimentos saludables para el ser humano son las frutas y las verduras.

Las frutas y las verduras están muy bien como alimento: aportan vitaminas, minerales y fibra, pero la base de la alimentación humana debe estar construida a base de proteínas, especialmente en niños en pleno crecimiento.

Como mi sobrina de 4 años a la que su maestra le dijo que la pasta no es tan sana y que es mejor el puré de brócoli.

Y sin duda alguna, la mejor fuente de proteínas de calidad que puede ingerir y asimilar un ser humano es la carne. Y aunque a algunos les pese, esta es la realidad. O el huevo, el mejor súper-alimento que conozco.

Me gustaría que alguien me explicara qué tiene de «no sano» un filete de ternera a la plancha, por ejemplo. O una tortilla francesa.

Y ahí andan, promoviendo los «lunes sin carne» en las escuelas, apoyados por maestros militantes en tendencias radicales como el veganismo, intentando adoctrinar a los niños en que los productos de origen animal como la carne, la leche y el huevo, seguramente los mejores alimentos que puede ingerir un ser humano, son poco sanos, contaminantes y además que para obtenerlos es necesario maltratar y sacrificar a preciosos animalitos con sentimientos.

En los menús de los colegios no todos los días se come carne. Hasta ahora, al menos que yo sepa, estos menús son diseñados por nutricionistas expertos, de modo que en una semana completa de comida escolar tienen cabida todos los alimentos imprescindibles para el buen crecimiento y desarrollo de los niños. En ellos estará incluido el puré de brócoli, pero seguro que también el filete de ternera. ¿Por qué no promueven entonces los «lunes sin puré de brócoli»? Es evidente que existen ciertos intereses para poner a la carne en el foco mediático, siempre con connotaciones negativas.

Muchos progenitores empiezan ya a exigir a la dirección de los colegios y a la propia Administración competente menús escolares prácticamente a la carta porque quieren que sus hijos prescindan de ciertos alimentos que ellos consideran perjudiciales, insalubres, o incluso no éticos o sostenibles. Por supuesto sin tener en cuenta las preferencias reales de los niños y, lo que es más importante, sus verdaderas necesidades nutricionales.

En todo el desarrollo del texto que he escrito aporto mi punto de vista personal, como he dicho, basada en mis conocimientos y experiencia, pero también aporto información, todo ello con la única intención de comunicar y hacer reflexionar, de hacer pararse un momento a pensar sobre el porqué de algunas cosas.

Es cierto que mi opinión es muy crítica con determinados grupos o sectores de la población, pero por supuesto se puede perfectamente no estar de acuerdo con ella e incluso estar en contra. Yo no estoy en posesión de la verdad absoluta y tampoco lo sé todo sobre los temas de los que trato, como ningún médico lo sabe todo sobre medicina ni ningún geógrafo conoce todos los rincones del planeta. Tampoco pretendo realizar ningún tipo de imposición ni fomentar la prohibición de nada, cosas que, por el contrario, sí parecen pretender algunos de los sectores o grupos a los que muchas veces interpelo en este libro.

II. LA «DESCONEXIÓN RURAL»

En los países occidentales, en los últimos tiempos se ha producido, y se está produciendo, una migración de enormes dimensiones de la población hacia los núcleos urbanos, que abandona los pueblos y el mundo rural, lo que finalmente acaba provocando una pérdida de contacto de las personas con este último y consecuentemente también con el mundo animal y la propia naturaleza.

Esta migración masiva llena de población las ciudades y vacía los pueblos, y hace que las personas de los núcleos urbanos lleguen a olvidar que los recursos básicos de los que ellos se alimentan provienen del campo, del mundo rural, de los pueblos, del bien denominado sector primario, esto es, de la agricultura y la ganadería.

....

En el mundo rural, sobre todo en los pueblos más pequeños, generalmente los únicos medios reales de subsistencia de población son la agricultura y la ganadería.

....

Cuando recorres algunos lugares de lo que ahora llaman la «España Vacía», vaciada o abandonada, prácticamente solo se ven vacas y prados. Ahí es donde uno puede darse cuenta de que si además no hubiese ganado, si no existiese la ganadería, allí no habitaría nadie.

En esos pequeños pueblos prácticamente no hay servicio alguno, con lo que difícilmente puede haber empresas que creen empleo. Por tanto, los únicos trabajos que se pueden desempeñar en ellos están todos relacionados con el medio natural: cultivos, ganado, madera, frutales, cotos de caza, pesca, etc.

....

La restricción, o incluso la abolición por motivos «éticos», como así parecen pretenderlo algunos grupos, de sectores tan importantes para el mundo rural como son la ganadería, la caza o la pesca, provocaría un agravamiento irreversible del problema de la despoblación rural con consecuencias demoledoras para toda la población, también para la urbana.

....

Estos trabajos rurales, la agricultura y la ganadería, han sido siempre trabajos duros, sin horarios, sin días festivos, a expensas del clima y de todo tipo de fenómenos naturales y, sobre todo, tradicionalmente mal remunerados. Y así, han sido los propios habitantes de los pueblos los que, buscando lo mejor para sus hijos, han dado prioridad a la formación académica de estos sobre sus tareas en el pueblo para que pudiesen tener un futuro mejor, con trabajos mejor remunerados y menos duros que los que ellos habían tenido.

Con una vida de sacrificio muchos habitantes de los pueblos consiguieron sacar a sus hijos adelante gracias a que poseían una decena de vacas, un cerdo y unas cuantas ovejas o gallinas. Hoy en día, con esa cantidad de animales solo tendrían para alimentarse con lo que obtuviesen de ellos, porque no obtendrían ganancias ni para comprarse ropa con la que vestirse. Para que luego algunos se pregunten el porqué de la proliferación de lo que ahora llaman macrogranjas.

Gracias a esos animales, gracias a haber sido ganaderos, consiguieron que sus hijos tuviesen la formación académica necesaria para conseguir una vida mejor aunque, eso sí, fuera del pueblo.

Así, un joven acudía primero a la escuela de su pueblo, si la había; posteriormente al instituto, que normalmente ya estaba en el pueblo más grande de la comarca o en la propia capital de la provincia; para, finalmente, y si todo iba bien, ir a la Universidad. Para esto último, ya sí necesariamente, había que acudir a una gran ciudad, salir a otras regiones e incluso a otros países. Tampoco ha sido necesario ir a la Universidad para dejar el pueblo, porque cuando hablamos de pueblos de pequeño tamaño, no importa qué tipo de formación deseara el joven; también normalmente debía abandonar el pueblo.

Han sido los propios habitantes de los pueblos los que han animado a sus hijos a abandonar los pueblos en busca de un futuro «mejor» y una vida más cómoda. Y esto continúa ocurriendo hoy en día.

Ese joven que ha salido del pueblo para estudiar encuentra en la ciudad trabajo, pareja, numerosas relaciones sociales y todos los servicios que puede desear y que no tenía en su pueblo: empresas, centros comerciales, locales de ocio, restaurantes, hipermercados, hospitales, movilidad y tecnología... Realmente todo lo que cualquier joven cree que puede necesitar.

Los fines de semana, o durante las vacaciones, ese joven vuelve al pueblo a visitar a su familia, posiblemente él solo al principio o con su pareja después, pero ya con menor frecuencia. Pasados los años acudirá ya con sus hijos, pero muy ocasionalmente porque tanto él como sus descendientes tienen muchas ataduras que los ligan a la ciudad.

La siguiente generación, ya nietos, no habrán vivido en el pueblo desde críos. Sí, quizá hayan ido en verano a las fiestas o en vacaciones a visitar a sus abuelos, pero ya no habrán tenido ese contacto con la vida rural, con el campo, la naturaleza, la agricultura y la ganadería. Ya se habrán desconectado del pueblo, serán gente urbana. Aún es posible que en alguna ocasión puedan volver al pueblo de sus abuelos, pero ya no tienen un lazo real con él.

Y por último, los hijos de estos nietos ya carecerán absolutamente de ligazón alguna con el pueblo, serán completamente urbanos, se habrá producido la desconexión, no conocerán prácticamente nada de la vida en el mundo rural ni natural y todo lo que les llegará de ese mundo será a través de la tecnología o de lo que les enseñan en los colegios o las universidades, pura teoría, porque incluso los que se lo enseñarán también se encontrarán ya desconectados y lo habrán aprendido todo desde la distancia, desde la ciudad.

Este abandono de los pueblos provoca una cada vez mayor falta de personal en la agricultura y la ganadería. Se habla de que en algunas Comunidades Autónomas, en torno al 70 % de los agricultores tienen más de 60 años. Esto podría traducirse, en un plazo no muy largo de tiempo, en un verdadero problema de abastecimiento de alimentos para las ciudades, porque no debemos olvidar que la población urbana es alimentada por el mundo rural.

La agricultura y la ganadería no se llevan a cabo en las ciudades. Las ciudades comen de los pueblos.

La imagen del «paleto de pueblo» que llegaba a la ciudad y que no sabía leer ni escribir se ha tornado a la inversa en la actualidad. Ahora cualquier habitante del mundo rural no solo sabe leer y escribir, sino que en muchos casos posee estudios superiores. Ahora son los habitantes urbanos los que se han convertido en verdaderos «paletos» cuando desembarcan en un pueblo. Muchos de ellos solo han visto una oveja en la televisión o en Internet y se pueden escuchar cosas tan ridículas como que el Cola Cao procede de vacas marrones, por ejemplo.

Los habitantes de las grandes ciudades, sin ningún nexo familiar que los una con los pueblos, en muchas ocasiones utilizan estos como vía de escape, desintoxicación del mundo urbano, huyendo de la masificación humana o la contaminación. Así, algunos con poder adquisitivo suficiente compran viviendas en pequeños pueblos de zonas alejadas de esas grandes ciudades para poder evadirse cuando lo necesitan y su tiempo se lo permite.

Lo que ocurre es que, salvo en contadas y señaladas fechas en las que se produce una huida en estampida de las grandes urbes hacia todas partes y también hacia los pueblos, en estos el panorama de un día laborable cualquiera de invierno es desolador, con prácticamente nadie por las calles y todas las casas cerradas porque sus propietarios viven en las ciudades. Por no hablar de todas las casas de pueblo que se venden, alquilan o están prácticamente en ruinas.

Esta escapada de los habitantes urbanos hacia el mundo rural para «airearse», respirar aire puro y desconectar ha desembocado en un auge del turismo rural, que ha supuesto un balón de oxígeno económico que está permitiendo la supervivencia de muchos pueblos. En estas fechas señaladas del calendario, los pueblos cobran vida, aunque sea solo por unos días, aunque sea con gente que no tiene un vínculo real con ellos. Pasadas estas fechas solamente se oye a los pájaros cantar y a las vacas mugir.

Pero esta población urbana que visita los pueblos no posee la mentalidad de sus habitantes nativos y si, por ejemplo, su estancia coincidiera con el día de la matanza del cerdo, les parecería estar presenciando prácticamente un acto de sacrificio humano, algo atroz y ancestral, una experiencia traumática.

Cada vez con más frecuencia se dan casos de protestas y denuncias de visitantes urbanos porque en su fin de semana en un alojamiento rural de un pequeño pueblo no habían logrado descansar. Y no pudieron hacerlo porque la campana de la iglesia sonaba todas las horas de la noche, o porque ladraba un perro, cantaba un gallo, o escuchaban sonar los cencerros de las vacas al caminar por los prados.

Los visitantes urbanos también pueden protestar porque en el pueblo huele a «mierda» por culpa de que un agricultor abona sus campos con los purines de una granja próxima al pueblo.

Actualmente también se están rechazando proyectos de granjas en zonas rurales en las que habitualmente viven solamente unas pocas personas por su impacto paisajístico, porque se dice que las granjas afean el paisaje y ahuyentan el turismo rural, este que se da solamente los fines de semana o en algunas épocas muy concretas del año pero que, eso sí, proporciona muchos ingresos al municipio.

Por no hablar de los bichos del campo: moscas, mosquitos, arañas, culebras, etc.

La gente urbana busca en los pueblos lo que no tiene en su ciudad, pero luego vuelven a ella: al ruido de verdad, al olor de verdad, a la contaminación y a sus mascotas, las que no pican ni muerden.

Pero ¿por qué vuelven a la ciudad si tan atractivos y maravillosos les parecen los pueblos y huyen hacia ellos en cuanto les es posible? Vuelven porque allí está todo lo demás, todo lo que hace la vida fácil: empresas, hospitales, farmacias, centros comerciales, hipermercados, cines, bares, discotecas, infraestructuras y toda la tecnología, etc.

Pero parte de culpa de lo que está sucediendo también es de los habitantes de toda la vida del propio pueblo, que en su afán por mantenerse en él y poder sobrevivir dignamente, montando, por ejemplo, un establecimiento de turismo rural, acaban colaborando, sin quererlo, con esta desconexión rural de la población urbana.

Y así, son ellos mismos los que han llegado a denunciar a su propio Ayuntamiento que el sonido que producen las campanas de la iglesia al repicar era demasiado fuerte y molestaba a sus inquilinos. O los que intentan que en su término municipal no se instalen granjas porque huelen, contaminan y afean el paisaje, ahuyentando así al potencial visitante urbano.

En ocasiones, también desde los propios pueblos se desprecia a personas o empresas que pretenden instalarse allí para emprender algún negocio, como si lo que fuesen a hacer fuera invadirlos, en lugar de apoyarlos con todos los medios que tengan a su alcance, porque lo que generarán, si el negocio prospera, es una actividad económica, riqueza para el pueblo, ayudando a evitar que este acabe desapareciendo por falta de trabajo, por falta de gente.

Sería verdaderamente interesante que en los colegios de las zonas urbanas no solo se hiciesen Semanas blancas o estancias en otros países, cosa que está muy bien, sino que alguna vez se hiciesen visitas al mundo rural, que se visitaran granjas y «olieran», que los niños conocieran la agricultura y vivieran por unos días una vida de pueblo, en el campo, lejos de la tecnología y las comodidades de la ciudad. Seguro que cambiarían muchos de sus conceptos, y desde luego todo ello los enriquecería enormemente como personas.

Muchas cosas podrían hacerse para fomentar el retorno de la población urbana al mundo rural, para conectar de nuevo ambos mundos, pero primero tiene que haber una intencionalidad verdadera por parte de la clase política y también un fuerte apoyo de los medios de comunicación.

Por ejemplo:

- Una fiscalidad diferenciada, beneficiosa para empresas y personas que se encuentren en el medio rural. Mayores beneficios cuanto más desfavorecida sea la zona.
- Fomentar las profesiones eminente e históricamente rurales, como son la agricultura y la ganadería.
- Incentivar el turismo rural: hoteles y casas rurales.
- Fomentar el teletrabajo, para lo que cual son imprescindibles unas excelentes conexiones a Internet.

Y seguro que muchas más. Lo que hace falta es ponerse manos a la obra.

EL DÍA DE LA MATANZA

En muchos pueblos, el día de la matanza aún se mantiene como un acontecimiento festivo, aunque ya no se trate de una matanza como tal.

En los años en los que los alimentos escaseaban, para todos los habitantes del pueblo el sacrificio de un cerdo suponía disponer de muchos productos de los que poder alimentarse durante largo tiempo.

La matanza del cerdo se realizaba públicamente en la plaza del pueblo y también allí se evisceraba al animal y se obtenían, además de la carne, todas las materias primas para producir después todos los excelentes productos derivados de ella, como chorizos, morcillas, etc., los innumerables productos que todavía hoy se obtienen de las distintas partes del cerdo.

En su momento, la matanza del cerdo constituía una verdadera fiesta y en ella participaban todos los habitantes del pueblo, incluidos los niños. Cuando hablas con los que entonces eran niños y ahora son abuelos te cuentan lo que suponía ese día para ellos y que tampoco ninguno de ellos se traumatizó nunca por ver y oír chillar al cerdo cuando era sacrificado. La finalidad, obtener alimentos, era lo más importante; lo demás era absolutamente secundario.

En la actualidad está prohibido el sacrificio público del animal, aunque solamente el acto del sacrificio; el resto del acontecimiento aún se mantiene, pero cumpliendo las normativas actuales y con la presencia obligatoria de un veterinario.

Porque, afortunadamente, la población urbana continúa comiendo carne, y pese a que muchos quieren que esto no suceda alegando motivos variados, ese consumo sigue aumentando, incluso en los países con las corrientes animalistas y veganas más potentes.

Lo que ocurre es que la carne la adquieren ya envasada en los supermercados; no es necesario ir a la carnicería de la esquina, ni al pueblo más próximo, ni al matadero local y mucho menos tener que ser ellos mismos los que sacrifiquen al animal. Muchas personas, y no solo urbanas, afirman abiertamente que se morirían de hambre si tuviesen que matar a algún animal para poder alimentarse y, por supuesto, tampoco sabrían cómo hacerlo.

En general, y como es lógico, a la gente le gusta la carne, come carne, pero duermen tranquilos sabiendo que no han sido ellos los que han matado al animal, que otro lo ha hecho por ellos.

En el mundo urbano, un acto de sacrificio público de un animal se ve como una atrocidad, un fenómeno del pasado que no tiene sentido en el mundo actual y que incluso puede generar traumas, sobre todo entre la población más joven.

....

Esto realmente supone un alejamiento de la sociedad humana de la realidad de la vida y la muerte, y que muestra la desconexión existente con la realidad inherente a la naturaleza de todos los seres vivos.

....

Porque no existe vida sin muerte.

Esta desconexión urbana de la naturaleza, del mundo animal, del mundo rural, de la agricultura y la ganadería, ha ido produciendo, lenta pero inexorablemente, en el mundo urbano una equiparación entre animales y seres humanos, que se inculca desde la infancia con todo el «universo Disney», en el que a los animales se les otorgan sentimientos, cualidades y valores exclusivamente humanos. Esta visión ya no desaparece en la edad adulta porque se ha perdido totalmente el contacto con la dura realidad del mundo salvaje y, por supuesto, del mundo animal doméstico, de la ganadería.

La humanización de los animales ha llevado al nacimiento del autodenominado animalismo, que les ha otorgado los mismos derechos que pudiera tener una persona.

Este animalismo ha conseguido, con una gran ayuda por parte de los medios de comunicación y de las nuevas tecnologías, desarrollar en la población urbana, y sobre todo y mayoritariamente en la juventud urbana, unos argumentos supuestamente éticos para evitar el consumo de productos de origen animal.

Esto a su vez ha originado la aparición de nuevas tendencias en la alimentación humana, fomentando la dieta vegetariana, en cuyo origen había motivos de salud, al considerar a los alimentos de procedencia animal poco sanos. Pero en este último lustro, la aparición del llamado veganismo ha sumado los aún más que discutibles motivos éticos para, no solo negar y pretender prohibir el consumo de alimentos animales, sino intentar conseguir la desaparición completa de cualquier sacrificio animal.

Y por último, a todo esto se han añadido acusaciones interesadas de contaminación ambiental y responsabilidad en el cambio climático por parte de la ganadería y el consumo de productos de origen animal.

La desconexión de la sociedad urbana del mundo rural y animal ha originado una creciente corriente animalista que ha derivado en nuevas tendencias en la alimentación humana. Apoyándose en motivos «éticos», de salud y sostenibilidad, han puesto en el punto de mira a uno de los pilares del mundo rural y hasta hoy de la alimentación: la ganadería.

III. LOS MEDIOS DE COMUNICACIÓN

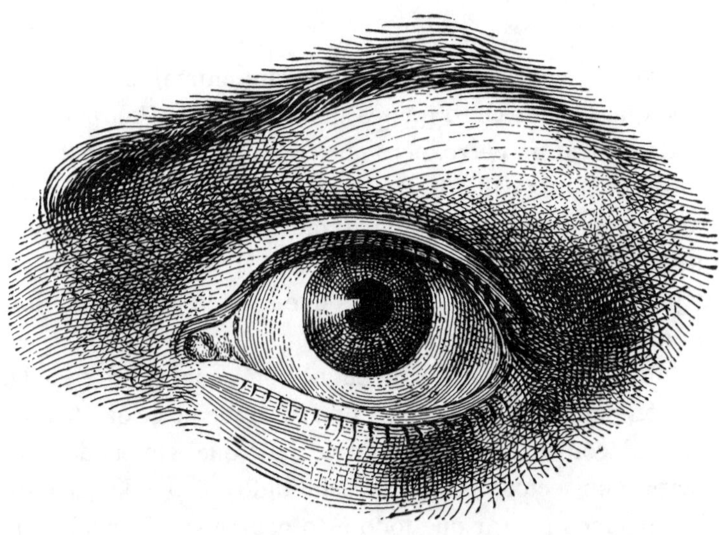

En los últimos tiempos hemos estado sometidos a un bombardeo continuo por parte de numerosos medios de comunicación y en las redes sociales de noticias sobre maltrato animal y los efectos nocivos en la salud humana de los alimentos de origen animal, a lo que se ha sumado ahora con gran fuerza la presunta responsabilidad de los mismos en el cambio climático.

Prácticamente en cada noticiario de algunos medios se incluía al menos una noticia sobre maltrato animal: perros abandonados o apaleados, cazadores despiadados que cuelgan galgos de los árboles, maltrato en circos, animales encerrados en los zoos, torturas en mataderos, malas condiciones de los animales en las granjas...

....

Ya sabemos que en el periodismo actual las únicas noticias que venden son las negativas, y esto podemos comprobarlo solamente viendo un telediario o leyendo un periódico.

....

No se puede negar que el maltrato animal existe, pero tiene que quedar claro que es una excepción. Una persona puede apalear un perro, pero no veremos a la gente apaleando perros por la calle. Un trabajador de un matadero puede patear a un cerdo, pero si visitamos un matadero veremos que habitualmente ocurre precisamente todo lo contrario: se respetan las numerosas normas que existen y se trata a los animales con exquisitez.

Convertir la excepción en norma general crea en la opinión pública una imagen y una idea que no se ajusta a la realidad, con el grave e irreparable daño que esto puede producirle a un sector ya de por sí debilitado como es la ganadería. Podemos pensar que todo esto ocurre solo por falta de información veraz, pero en la mayoría de las ocasiones, lamentablemente, se produce con esa intención: la de provocar daño al sector ganadero.

Lo mismo sucede en el sector de la alimentación. La parrilla televisiva se ha llenado de programas que pretenden enseñarnos a comer sano y bien, y nos muestran qué productos, según ellos, son malos para la salud, lo mal que se trabaja en muchos restaurantes, etc. Esto resulta sorprendente y contradictorio en el país con posiblemente la mejor comida del mundo, los mejores chefs y la mayor esperanza de vida del planeta.

Por último, el consumo excesivo de productos de origen animal y la actividad ganadera en sí parecen ser los mayores responsables del cambio climático y el efecto invernadero.

Posiblemente contribuyan a ello, pero como cualquier otra actividad humana. Durante la primera oleada de la pandemia por el coronavirus se observó una disminución de enormes dimensiones de la contaminación en todos los países en los que se ha aplicó el confinamiento y, que se sepa, las vacas, los cerdos y los pollos seguían siendo los mismos que antes.

Se trata de un goteo continuo de información, seguramente interesada, que finalmente consigue penetrar en el ideario de la población, sobre todo de la población joven, que es la que más rápidamente maneja esa información y la que menor base de conocimientos tiene debido a su edad.

Y así, en los jóvenes y la población general han calado profundamente ideas como que los pedos de las vacas son los principales responsables del cambio climático, que hay que comer menos carne y productos de origen animal para poder salvar al planeta o que en las que ahora llaman macrogranjas los animales son maltratados, se vierten purines a terrenos y acuíferos y los productos alimentarios procedentes de ellas son de baja calidad. Nada de esto es cierto, pero ha quedado profundamente grabado en la sociedad urbana a través de los diferentes medios de información.

En el mundo actual se puede fácilmente publicar cualquier noticia sin asumir responsabilidad ni que haya consecuencia alguna: noticias manipuladas, sacadas de contexto, interesadas, sin comprobar la veracidad de las fuentes o incluso directamente falsas, los *fakes*.

MANIPULACIÓN DE IMÁGENES. SACAR DE CONTEXTO

En la emisión de ciertos programas de televisión de contenido sensacionalista pero disfrazados de reportajes de investigación o denuncia y, sobre todo, en la emisión de muchos vídeos en Internet con la clara intención de mejorar audiencias y ganar seguidores, se realiza muy habitualmente una acción denominada «sacar de contexto». Consiste en colocar ciertas imágenes en un marco distinto del que fueron obtenidas o extraerlas de una totalidad para mostrarlas por separado con la única finalidad de inducir en el espectador una idea completamente diferente de la que tendría si las imágenes fuesen mostradas en su contexto real.

Se trata de una manipulación de las imágenes con el fin de conseguir que el espectador reciba únicamente la información que se quiere transmitir, lo que interesa comunicar y que, por supuesto, poco o nada puede tener que ver con la realidad.

Un ejemplo lo tuvimos con la emisión de un programa en televisión en el que se mostraban unos cerdos gravemente enfermos, mermados o heridos. Tras el visionado del reportaje, la única conclusión que podía sacarse era que eso era lo que ocurría habitualmente, no solo en la granja donde se habían grabado las imágenes, sino en todas las granjas de cerdos, algo absolutamente falso.

Las imágenes mostradas en el reportaje eran de animales que se encontraban en el lazareto o enfermería, que es un lugar en el que se aloja a los animales lesionados, enfermos o con alguna otra merma o defecto que hace que no puedan estar con el resto de animales, precisamente por estar en peligro su vida y suponer incluso un riesgo infeccioso para el resto de animales de la granja.

En los lazaretos los animales se encuentran en tratamiento médico si es factible su recuperación o directamente a la espera de ser sacrificados, de que les sea realizada una eutanasia humanitaria, justamente para eliminar su sufrimiento y evitar también así el riesgo que suponen.

Los lazaretos son imprescindibles en cualquier granja para separar animales sanos y enfermos, y poder realizar la eutanasia de los animales cuya recuperación no sea posible.

Esta eutanasia debe llevarse a cabo de manera humanitaria y cumpliendo las mismas normas de bienestar animal que se aplican para el sacrificio en el matadero del resto de animales. Es decir, en realidad estamos hablando siempre de acciones que velan por el bienestar de los animales, aunque sea solamente para evitar el sufrimiento antes de su sacrificio.

Cuando en un vídeo o reportaje solo se muestran imágenes de una parte del todo, de la parte que interesa, en este caso la parte negativa, se está llevando a cabo una manipulación de la información.

También es importante considerar cómo se obtienen habitualmente este tipo de imágenes, penetrando en granjas sin permiso y con nocturnidad. En general está prohibido el acceso sin permiso a una propiedad privada, pero en el caso concreto de las granjas, el acceso está permitido exclusivamente a sus trabajadores o propietarios, y tanto estos como los posibles visitantes deben cumplir escrupulosamente las normas de bioseguridad establecidas, por motivos sanitarios y de salud pública. Lo contrario supone incurrir en un delito.

Porque nada tendría que ver la información que llegaría a los espectadores si además de mostrar a los animales enfermos, lesionados o tarados se mostrasen todos los demás animales de la granja, los que están sanos y en perfectas condiciones, los que están alojados en la granja y cumpliendo todas las normas de bienestar animal exigidas por ley y supervisadas por la Administración competente a través de sus veterinarios. Es entonces cuando el espectador tendría una visión real de lo que ocurre en esa granja, vería que los animales mostrados en el reportaje son solo una pequeñísima parte del total de animales y comprendería por qué están en esa situación y cuál es su destino. Y también se vería que esta es una situación real que también ocurre en la naturaleza, normalmente con consecuencias bastante peores que en la granja, y si no pensemos qué ocurre con un animal débil o enfermo en el mundo salvaje.

Y la información recibida por un espectador todavía sería muy distinta si además de mostrar un momento específico de una granja concreta se mostrasen otras granjas de la misma especie ganadera.

Sería entonces cuando podría comprobar que en la realidad del sector, en este caso del porcino, o del sector ganadero en general, mayoritariamente se respetan escrupulosamente todas las normas de bienestar animal de obligado cumplimiento, que cada vez son más exigentes y van casi siempre en contra del rendimiento productivo, y por tanto económico, del ganadero.

Un motivo más que explica la situación en la que se encuentran muchos ganaderos de nuestro país, especialmente los pequeños, que económicamente tienen más dificultades para afrontar el cumplimiento de las cada vez más numerosas normas que se les exigen y que finalmente consiguen lo contrario de lo que se intenta promover: que las empresas ganaderas solo sean viables económicamente si son de gran tamaño.

Voy a poner otro ejemplo de lo que es «sacar de contexto», de manipulación interesada.

En una granja cualquiera observamos una numerosa manada de animales que marchan despacio y tranquilamente por un prado. El animal que va en último lugar lo hace algo descolgado del resto y con evidentes signos de cojera. La causa de la cojera la desconocemos; puede que se haya hecho una herida, que tenga un problema articular o metabólico, que esté enfermo, lo que sea. Si vemos la imagen de toda la manada en su conjunto no observaremos nada anormal que no sea este último animal, un ejemplar en mal estado entre otros muchos aparentemente sanos. Pero si tomamos una imagen solo de ese último animal, el cojo, y la publicamos con un epígrafe del tipo: «El maltrato de los animales en la granja tal», la idea y la sensación que obtienen las personas que la ven es muy diferente que la que les produciría la imagen de todo el conjunto.

Estos ejemplos de manipulación interesada de la información ocurren habitualmente y la practican un buen número de individuos y colectivos cuyo interés no es otro que dañar gravemente a un sector concreto, en este caso el ganadero.

Actualmente, con los millones de visionados de imágenes que se realizan cada minuto y que se pueden encontrar en Internet es muy fácil llegar a tocar la sensibilidad humana, especialmente la de los jóvenes consumidores de información en las redes sociales, y así conseguir que algo que ha formado parte de la historia de la civilización humana como es el sacrificio de un animal para obtener de él alimento parezca un acto bárbaro y cruel, propio de otros tiempos y del que se debe prescindir prohibiéndolo.

La imagen en primer plano de un pollo recién sacrificado en un matadero, con la boca abierta y de cuyo cuello cortado emana un chorro de sangre produce una enorme impresión y una sensación de rechazo a cualquier persona que la contemple. Debido a la desconexión de la realidad de la vida y la muerte, la persona que ve esa imagen da por hecho la existencia de un terrible sufrimiento del animal, dolor y agonía.

Esto sería siempre cierto precisamente en la naturaleza cuando, por ejemplo, un lobo mordiera y apretara el cuello de un ciervo haciéndole sangrar y asfixiándolo, mientras sus compañeros de manada también lo atacan en otras partes del cuerpo. Esto sí supondría para un animal, en este caso el ciervo, estrés, sufrimiento, dolor y agonía. Pero el pollo en el matadero ha sido sacrificado tras un aturdimiento previo en el que se le ha provocado un grado de inconsciencia suficiente para evitar precisamente lo que se sugiere con la imagen, el sufrimiento y el dolor. Por eso se habla de «sacrificio humanitario», que es el que se realiza diariamente en todos los mataderos de nuestro país.

Una imagen concreta aislada del conjunto o vista en un contexto concreto induce un sentimiento que nada tiene que ver con el que se tendría si se contemplara la totalidad de la situación o se conociera toda la información relacionada con la acción que se contempla.

Hace ya unos cuantos años, cuando la información llegaba a la sociedad únicamente a través de los medios de comunicación a través de profesionales de la información (los periodistas), existía un concepto que se llamaba la «ética periodística», que se suponía que todos respetaban.

De acuerdo con la ética periodística el pilar fundamental de la comunicación era la veracidad de la información publicada.

Cuando en un artículo periodístico prácticamente toda la información aportada es falsa o, por expresarlo más suavemente, no responde a la verdad, esto puede ser debido a dos motivos:

- La ignorancia o el desconocimiento del periodista que escribe el artículo sobre el tema tratado, por utilizar fuentes no fiables y no comprobar la veracidad de la información suministrada.
- La mala intención. El periodista, el medio o ambos, conocen la falsedad de la información, pero la publican aun a sabiendas de que no es cierta y por los motivos que sean, con la finalidad de perjudicar a un tercero.

Desgraciadamente, en la actualidad, con las redes sociales cualquier persona puede transmitir información y llegar a millones de personas sin tener absolutamente ni idea de lo que está hablando. Los llamados *influencers* de Internet tienen audiencias miles de veces mayores que los verdaderos profesionales de la información, esos que teóricamente se rigen por un código periodístico. Así que ya nunca deberíamos sorprendernos por informaciones dirigidas directamente a atacar al sector ganadero en muchos aspectos: la humanización animal, el maltrato, la salud alimentaria, el efecto ambiental u otro cualquiera.

Y así por ejemplo, una organización animalista puede realizar un informe, absolutamente parcial y sensacionalista, conteniendo informaciones erróneas o directamente falsas sobre cualquier sector que le interese atacar o prohibir como pueden ser los toros, los cerdos, la caza, los circos, los delfinarios, etc., y describir en él todas las supuestas acciones de maltrato que se realizan a los animales. Este informe normalmente incluye además impresionantes y normalmente horrorosas imágenes o vídeos de los animales, imágenes sacadas de contexto, antiguas, manipuladas u obtenidas de Internet o de otros países donde no existen normas de bienestar. Incluso se pueden incorporar al informe estudios sobre el tema de organismos, laboratorios o veterinarios con supuesta credibilidad y conocimiento del sector.

Después ese informe se pasa a agencias de prensa, a periodistas o llega a los llamados *influencers* de Internet, y todos estos, normalmente, acaban publicándolo tal cual, sin cambiar ni una coma o «maquillándolo» un poco para que no sea exactamente igual en todos los medios que lo publiquen. A toda la información publicada se le da credibilidad por la fuente de la que proviene, los grupos animalistas, a los que no sé por qué motivo aún se les concede autoridad en la materia, pero jamás se consulta con la otra parte, con el sector ganadero o con el que corresponda, con el fin de contrastar esa información y comprobar su veracidad.

Con la publicación de informes como este se está consiguiendo llegar a la población general, especialmente a la población y a los jóvenes urbanos, que están asumiendo muchas de las tesis animalistas y veganas en las que se acusa a la ganadería de ser prescindible, de prácticas de maltrato animal y de ser uno de los principales responsables del cambio climático.

De aquí el éxito de muchas de estas campañas impulsadas por todos estos grupos con objetivos como reducir el consumo de carne y otros productos de origen animal, para fomentar una alimentación exclusivamente vegana, para eliminar todo tipo de jaulas en la ganadería o prohibir las llamadas macrogranjas, los toros, el *foie gras* o directamente toda la actividad ganadera, incluso la extensiva.

Es bastante contradictorio que en las propuestas de estos grupos, a los que habitualmente les gusta enarbolar la bandera de la democracia en su llamada lucha por los derechos de los animales, la palabra más empleada sea prohibir. Democracia y prohibición son términos bastante antagónicos.

IV. SOBRE ANIMALES Y HUMANOS

Un niño y un perro se encuentran en una situación de vida o muerte y tenemos la capacidad de salvar solamente a uno de los dos. ¿A quién salvaríamos?

Nadie duda en salvar al niño frente al pollo, aunque fuese su pollo, y prácticamente nadie salvaría tampoco a un perro que no fuese el suyo frente al niño.

Pero la cosa cambia cuando la elección es entre tu perro y un niño desconocido. En este caso, la inmensa mayoría de las personas cuestionadas afirma que salvaría a su perro antes que a un niño que no conoce; incluso reconocen que también harían lo mismo personas que viven en entornos rurales desfavorecidos, en los que el problema al que se enfrentan es precisamente la falta de población. Y porque la pregunta dice que es un niño porque, si en lugar de este la persona a salvar fuese un hombre adulto es bastante posible que los entrevistados prefiriesen incluso salvar al otro perro o quién sabe si al pollo.

Y quiero pensar que nadie salvaría a su perro antes que a su hijo porque esto sí que representaría el fin de la humanidad entendida como tal.

Porque la humanidad ha llegado hasta aquí y a ser lo que es cuando la respuesta a esta pregunta ha priorizado el valor de la vida humana sobre la del resto de seres que habitan este planeta. No sé si en este planeta existe alguna otra especie animal −porque no está de más recordar que el ser humano también es una especie animal− que anteponga la vida de un ejemplar de otra especie a la suya propia, pero desde luego, si la hay, será una excepción en una situación muy concreta.

A pesar de las respuestas obtenidas quiero pensar que si la situación que se plantea fuese real, en una situación que exige una respuesta rápida e instintiva, sin tiempo para pensar, todas las personas intentarían salvar al niño, aunque fuese desconocido y aun a costa de su propio perro.

Quizá es que aún soy demasiado optimista y confío excesivamente en la humanidad.

....

El único motivo por el que en la actualidad muchos seres humanos, especialmente los que viven en entornos urbanos, estos a los que nunca les falta comida, pueden llegar a preferir salvar a un animal antes que a otro ser humano no es otro que la humanización animal, es decir, haber concedido a los animales los mismos valores y derechos que a las personas, o incluso más si cabe.

....

Un ejemplo de hasta dónde podemos haber llegado en este sentido podrían ser las corridas de toros. Un profesor universitario llevaba 20 años haciendo la misma pregunta a sus alumnos: «En una corrida de toros, ¿quién preferís que muera, el toro o el torero?». Hace 20 años solo 3 de cada 10 alumnos contestaban que el torero. Hoy en día, 9 de cada 10 contestan esto último. Aterrador.

Se puede estar en contra de las corridas de toros, por supuesto, pero de ahí a desear que muera el torero media un abismo. Hace un tiempo en las redes sociales se vilipendió a un niño con cáncer porque la ilusión de su vida era ser torero. Ese niño finalmente falleció y hubo ciertos individuos que se alegraron del hecho. Por supuesto fueron denunciados porque esto es intolerable.

En el mundo actual solamente unos pocos países árabes, asiáticos y algunos Estados de Norteamérica mantienen la pena de muerte. A la pregunta de si se está a favor o en contra de la pena de muerte, en la inmensa mayoría de las sociedades occidentales se contesta que en contra. Salvo en casos extremadamente graves, como cuando el acusado es un supuesto violador y asesino de una niña, en los que esa mayoría ya no es tal, en general la pena capital no es respaldada por la población en los países democráticos, aunque sea solamente por la mera posibilidad que existe de equivocarse y acabar asesinando a una persona inocente. Sin embargo, cuando se propone la elección entre toro y torero prácticamente todos parecen preferir que muera el torero. ¿Por qué? Porque se opina que se tortura y sacrifica a un animal.

En estas sociedades occidentales no se ve bien matar a una persona que ha asesinado a otra pero se llega a desear que muera una persona que mata a un animal.

Recientemente también hemos podido observar y conocer otros ejemplos en los que se ha priorizado la vida de algunos animales a tragedias y dramas humanos que se estaban produciendo simultáneamente y en el mismo lugar.

Me viene a la mente el caso de los podencos de la isla de La Palma, en el que se utilizaron medios económicos, tecnológicos, tiempo y la atención de numerosos recursos y personas para intentar salvarlos, cuando al mismo tiempo y en el mismo lugar estaban ocurriendo verdaderos dramas humanos.

O casos aún más graves y que, en mi opinión, son despreciables, vergonzosos y absolutamente condenables. Como el ocurrido en Afganistán, en el que se fletó un avión entero para evacuar a unos cuantos cientos de perros y gatos dejando allí, a su suerte y con riesgo de ser asesinados, a hombres, mujeres y niños.

No tengo ninguna duda de que debemos proteger a los animales, cuidar de su bienestar, evitar su muerte siempre que nos sea posible, pero todo esto nunca debería llevarse a cabo si al hacerlo perjudicamos o incluso ponemos en peligro la vida de otro ser humano.

O así debería ser.

CLASIFICACIÓN DE LOS ANIMALES EN FUNCIÓN DE SU RELACIÓN CON EL SER HUMANO

Hasta hace bien poco, cualquier persona podía tener claro e incluso realizar ella misma una clasificación de los animales en función de su relación con el ser humano. Así, podíamos hablar de:

- Animales salvajes: tigre, león, elefante, lobo, oso, tiburón, serpiente, etc.
- Animales domésticos:
  - De granja o producción: ovejas, vacas, cerdos, etc.
  - De compañía o mascotas: perros, gatos, periquitos, peces, etc.
  - De trabajo: caballos, mulos, perros (policía, guía, pastor), etc.

Esta última clasificación de los animales domésticos realmente podría simplificarse hablando simplemente de animales urbanos o no urbanos.

Y ya, así de fácil. Y creo que absolutamente todo el mundo lo entendía bastante bien.

Pero esta clasificación en los últimos tiempos ha saltado por los aires.

La desconexión con la realidad natural de la población urbana hace llegar a equiparar a ambos tipos de animales, domésticos y salvajes. Y así, en numerosas ocasiones, un animal de granja, o incluso un animal salvaje, pueden convertirse en una mascota y pasar a vivir en nuestra casa como si se tratase de un perro o un gato, comiendo de nuestra comida e incluso durmiendo en nuestra cama. Podemos tener un cerdo o un león conviviendo con nosotros en nuestro hogar.

Pero ni el cerdo ni el león serán nunca animales de compañía; podrás criarlos desde que son recién nacidos, pero siempre seguirán siendo un cerdo y un león, con las consecuencias que esto puede llegar a tener cuando lleguen a la edad adulta.

Una persona puede criar a un león desde que es un cachorro, darle el biberón, jugar con él, proporcionarle cuidados, tratamientos veterinarios, en definitiva, tratarlo como si fuese un perrito Yorkshire. Pero ojo, seguirá siendo un león. Siempre.

Y así, si un buen día, por poner un ejemplo, a nuestro Yorkshire le duelen los oídos o las muelas, nada o poco ocurrirá si, sin pretenderlo, le damos un golpe en la zona dolorida, como mucho que nos gruña o muerda un tobillo. Pero ¿qué puede llegar a ocurrir si ese mismo golpe accidental se lo damos a nuestro león? Es evidente que las consecuencias pueden ser fatales. Y ni siquiera el león querría herir a propósito a su supuesto dueño, pero en una respuesta instintiva un animal no se para a pensar, no es consciente de las consecuencias de sus actos, y la que responde es su genética, su genética de león en este caso.

Y ahora que he mencionado la palabra dueño, ser el dueño de un animal es perfectamente factible y real, pero ser el amo de un animal es muy complicado y en muchos casos directamente imposible, porque esto realmente dependerá del animal, no de nosotros. Podemos ser los dueños e incluso los amos del Yorkshire, pero en cambio del león quizá podamos ser sus dueños pero jamás sus amos, porque incluso aunque parezca que lo somos, nunca lo seremos.

Esta apreciación no solo es válida para animales como el león sino que se puede aplicar perfectamente a casi todas las especies animales, sean mascotas, ganaderas o salvajes. Porque ¿de verdad creéis que sois amos de vuestro gato?

LEY DE PROTECCIÓN DE LOS DERECHOS DE LOS ANIMALES

En España, podemos decir que esta clasificación de los animales en domésticos o salvajes ha sido eliminada ya con el Anteproyecto de Ley de Protección de Derechos de los Animales.

Mientras escribo estas líneas esta ley es aún un anteproyecto pendiente de tramitación y aprobación, pero es muy posible que en el momento en el que se publique este libro ya esté aprobada porque, como en tantos otros aspectos, los intereses políticos van siempre por delante de los verdaderos intereses y necesidades de los sectores a los que se vaya a aplicar la ley.

Así que doy por hecho que la ley será efectiva, aunque desconozco cuál será su contenido final porque ha sido ya sustancialmente modificada con respecto al primer borrador, ya que, tal y como estaba originalmente redactada, era absolutamente dogmática y prácticamente inaplicable.

Aunque, como digo, la ley que finalmente se apruebe será algo diferente del borrador inicial, voy a indagar en algunos aspectos de este primer borrador. Y voy a referirme a este porque realmente la intención de las personas que han redactado este anteproyecto pasa por conseguir aprobar todas las prohibiciones y obligaciones que incluía ese primer borrador y que muestran claramente una ideología y una mentalidad animalista y humanizadora de los animales, que pone de manifiesto de manera evidente la desconexión que existe con la naturaleza animal.

> *¿Por qué esta recién creada Dirección General de Derechos de los Animales depende del Ministerio de Derechos Sociales y no del Ministerio de Agricultura, que es donde se encuentran todos los profesionales capacitados y con la experiencia necesaria para poder legislar sobre todos los asuntos relacionados con el mundo animal?*

Entrando ya en la redacción de la ley, en este primer borrador, las especies animales «salvajes» ahora son denominadas silvestres, porque se considera que salvaje es un término peyorativo y todas las especies animales son buenas por naturaleza, aunque te puedan comer.

Lo que antes conocíamos como «mascotas» se denominan «animales de compañía», para que no pueda suponer nunca una inferioridad del animal con respecto al ser humano y descartar el que los animales puedan ser considerados cosas.

Porque los animales son seres sensibles, aunque los mismos que han redactado la ley hacen excepciones, y no a todas las especies animales se les atribuye esa sensibilidad, como por ejemplo a los peces.

A las especies animales catalogadas como de trabajo se les denomina ahora «especies asociadas a tareas humanas», porque los animales no son conscientes de que trabajan, cosa que por otra parte es cierta, y tampoco cobran nómina alguna ni pagan la Seguridad Social.

Y a las especies animales ganaderas o de producción se las incluye dentro del grupo de animales domésticos, aunque luego en la definición de este último término se hace referencia a que los animales domésticos son aquellos que viven en el hogar humano.

Y es que esta ley de derechos de los animales se cae desde sus propios cimientos desde el momento en que no especifica qué especies animales son consideradas de compañía. Porque todos los artículos que se describen posteriormente en la ley hacen referencia continua a este listado de especies animales de compañía, el denominado «listado positivo».

Así, cuando vas leyendo los distintos artículos de los que consta la ley, en un absoluto desorden, a veces se hace referencia a las especies animales en general, otras a las de compañía y otras solo a los perros o gatos.

Está claro que perros, gatos y hurones (sí, hurones) son las únicas especies animales consideradas siempre de compañía, porque así se especifica. A partir de aquí ya no queda claro si una serpiente pitón, un cerdo o una rana están en el grupo de especies animales domésticas, de compañía o silvestres.

No quiero extenderme demasiado detallando artículos de la ley porque, como digo, ya ha sido modificada y es seguro que aún sufrirá más modificaciones de aquí a que se apruebe definitivamente, pero sí quiero plasmar algunos conceptos que muestran el punto de vista de las personas que la han redactado.

En mi opinión, a esta ley podría denominársele la «ley de castración de mascotas».

Ninguna persona que no esté registrada como criador autorizado podrá tener nunca un animal que no haya sido esterilizado previamente. Ni como mascota, ni como animal de trabajo. Y tampoco podrá tener nunca más de cinco animales. Y aquí se incluía a los perros de caza, y en el primer borrador también a los perros pastores y de guarda del ganado.

Supuestamente esta ley se denomina ley de protección de derechos de los animales. Los animales tendrán los derechos que los seres humanos les otorguemos. Pero ¿cuáles son? El derecho a la vida seguro, y supongo que a otros muchos, pero ¿el derecho a reproducirse? En esta ley este derecho no existe, porque continuamente se obliga, con mayúsculas, a la esterilización de animales. ¿Por qué? Para que no se abandonen después y haya que recogerlos en centros o llevarlos a santuarios, o para su control poblacional y que en las ciudades no haya perros, gatos o palomas en número excesivo que puedan llegar a suponer un problema sanitario, etc. En definitiva, se suprime un derecho del animal en interés del ser humano, exactamente lo contrario de lo que se promulga desde los sectores animalistas, los mismos que han redactado esta ley.

Es absolutamente contradictorio el que se hayan prohibido las mutilaciones, que se haya prohibido cortarles los rabos a los cerdos, las alas a las gallinas o las orejas a los perros pero se esté fomentando la castración. Creo que no puede haber mayor mutilación que esta.

Perros y caballos, animales asociados a tareas humanas, de trabajo, vamos (perros de caza, perros pastores y caballos de monta, tiro o de carreras), deben jubilarse a partir de cierta edad, o cuando se determine que no están ya en condiciones físicas ni psicológicas —ojo, repito, condiciones psicológicas— para desempeñar su tarea.

Cuando ya no se encuentren en condiciones de ejercer su tarea los animales deben jubilarse, pero obligatoriamente ser mantenidos con vida, nunca sacrificados, y atendidos hasta que puedan ser dados en adopción con cargo al que hasta ese momento era su propietario. Mientras tanto, si ese propietario necesita otro animal para el trabajo tendrá que adquirirlo a un criador autorizado, esterilizado, por supuesto.

Las colonias de gatos urbanos tienen que tener a todos sus miembros esterilizados e identificados. La esterilización y toda la atención sanitaria de los gatos urbanos se llevará a cabo a través de servicios veterinarios con cargo a los ciudadanos.

Realmente, en esta ley los gatos tienen más derechos que muchos ciudadanos, excepto el de reproducción.

En mi opinión los gatos urbanos no son animales domésticos; son animales silvestres, pero que viven en un medio urbano y a expensas del ser humano, pero no es cierto que su supervivencia dependa únicamente de este. Las colonias de gatos urbanos se mantendrían aunque el ser humano no les proporcionase alimento, aunque es evidente que el número de individuos sería mucho menor.

Los gatos urbanos son uno de los mayores depredadores, si no los mayores, que existen sobre la faz de la Tierra; matan a cualquier animal que encuentren a su alcance: miles de aves, roedores, reptiles, insectos; casi cualquier animal de pequeño tamaño que se mueva en su presencia.

En muchos entornos urbanos existe un grave problema con la desaparición de numerosas especies de la fauna autóctona; los gatos suponen una enorme amenaza para la biodiversidad de la zona en la que habitan y representan un potencial riesgo de transmisión de enfermedades a otras especies animales e incluso al ser humano. Estos son algunos de los motivos por los que se pretende y se deben controlar las poblaciones de felinos de las colonias urbanas. Lo que no veo tan claro es que ese control poblacional deba realizarse exclusivamente vía esterilización, o si realmente no sería más ético realizar sacrificios selectivos de ciertos individuos de estas colonias.

Se prohíbe la exhibición de animales en tiendas, circos o zoológicos. En estos últimos se permite la tenencia de animales siempre que pertenezcan a especies autóctonas o a programas de recuperación de especies protegidas o estén en peligro de extinción. En los zoos podremos ver entonces ovejas, cabras y algún oso o lobo como mucho. El que quiera ver elefantes que se vaya a Tanzania.

Se prohíben los animales en belenes, cabalgatas y procesiones. Se entiende que esta prohibición es debida a que se considera que en estos eventos los animales sufren y su comportamiento es antinatural. ¿No tiene un comportamiento antinatural un perro o un gato castrado? ¿No tiene un comportamiento antinatural un galgo en un piso de 60 metros cuadrados en una ciudad? ¿O un perro alimentado con pienso y vestido con abrigo?

Los animales de compañía pasan a formar parte de la unidad familiar, incluso por delante de los propios hijos en muchos casos. De hecho ya se sabe que, oficialmente, en las grandes ciudades hay más mascotas que niños menores de 15 años. Ahora se intenta promover incluso la expedición de un DNI, con el pretexto de tener a todos los animales identificados, aunque esta identificación ya existía, pues era obligatoria la introducción de un chip en el animal para ese fin.

Prácticamente también se prohíbe el silvestrismo, o sea, capturar, criar e incluso tener pajaritos. Y si se tienen deberán estar esterilizados, como el resto de especies de animales de compañía, a no ser que se esté registrado como criador. En muchos sectores próximos ideológicamente a los que han elaborado esta ley, esta actividad está considerada prácticamente una actividad de caza, maltrato y exterminio de pequeñas especies de aves, cuando justamente es al revés:

....

La tenencia y la cría de pequeñas aves, de pajaritos, ha permitido la supervivencia e incluso la recuperación de un gran número de estas especies de aves, autóctonas y exóticas.

....

Y prohibir también la cetrería, por motivos similares a los anteriores. Y otras.

Cuando profundizas en esta ley te das cuenta también del profundo sesgo anticaza que posee y que es muy evidente. Por ejemplo, haciendo una prohibición expresa a la utilización de los gatos en la actividad cinegética, dando por hecho que los cazadores se dedican a matar gatos para entrenar o probar las armas, además de todas las prohibiciones y obligaciones que se incluyen referentes a los perros de caza, realmente la única manera que tienen los que han redactado la ley de acceder a legislar sobre la caza.

En definitiva, este borrador de anteproyecto de ley de derechos de los animales es, en mi opinión, un excelente ejemplo de equiparación de valores y derechos de animales y personas, de humanización animal total, de absoluta desconexión urbana y rural. Es un tratado repleto de prohibiciones y obligaciones para las personas, y también para los organismos oficiales.

Es seguro que este anteproyecto de ley aún será modificado, aunque sea solamente porque tal y como estaba redactado no iba a ser aprobado, pero tiene que quedar claro que la pretensión de los que lo han hecho siempre ha sido aprobarlo en todos sus términos, tal y como se redactó en el primer borrador.

LA HUMANIZACIÓN DE LOS ANIMALES (EL ANTROPOMORFISMO)

Se trata de dotar a los animales de sentimientos y cualidades humanos presuponiendo lo que ellos sienten y piensan, en definitiva, ponernos en su lugar.

Se habla de animales humanos y no humanos, queriendo equiparar los derechos de ambos. Efectivamente el ser humano es un animal, un mamífero, y como tal presenta muchas características en común con otros animales de su familia. Pero el que haya características físicas iguales o parecidas dista mucho de la igualdad. La diferencia intelectual entre el ser humano y el resto del mundo animal es de dimensiones gigantescas, para lo bueno y para lo malo.

....

No se puede atribuir a las especies animales cualidades o características exclusivamente humanas, ni en lo físico y mucho menos en lo intelectual. Y tampoco lo contrario, dotar a los humanos de cualidades animales.

....

Un día leí que un ciclista, en su recorrido por un sendero montañoso, vio como un jabalí no conseguía salir de una gran charca de agua y se estaba ahogando. Con toda su buena voluntad aparcó la bicicleta y se lanzó para ayudar al animal a salir de allí. Con gran esfuerzo consiguió arrimar y aupar al animal hasta el borde de la charca, momento en el que el jabalí lo atacó y a punto estuvo de matarlo.

No es que el jabalí fuera un desagradecido; es que es un jabalí. Y para un jabalí un ser humano es un depredador y supone un peligro para su vida. Un jabalí que ve que un ser humano le pone la mano encima nunca piensa que es para salvarlo de la muerte sino todo lo contrario. No es consciente de que el humano va a salvarle la vida porque está pensando como jabalí, no como humano; exactamente lo mismo que está haciendo este último, pensar como humano, no como jabalí. Ambos se equivocaban, aunque al ser humano se le presupone un poco más de raciocinio y conciencia en este sentido.

Las relaciones entre distintas especies

En alguna conversación con personas de ideas animalistas me comentaron que en los llamados santuarios se habían puesto de manifiesto verdaderas interacciones sentimentales entre cerdos y seres humanos, por ejemplo.

> *Las interacciones entre especies animales distintas, incluyendo a la especie humana, siempre tienen una finalidad, aunque sea solamente para una de las especies.*

Los que hayan estudiado algo de ciencias naturales o de biología podrán recordar que entre especies animales diferentes, y también entre especies de seres vivos distintos, no solo animales, pueden establecerse tres tipos de relaciones:

- La simbiosis o el mutualismo, en la que dos especies distintas se relacionan en beneficio de ambas. Por ejemplo: un ave que se alimenta de los parásitos de un gran mamífero, las hormigas que protegen a las colonias de pulgones a cambio de que estos les proporcionen alimento o las abejas que se alimentan del néctar de las flores llevándose el polen a otras plantas para fecundarlas.

- El comensalismo: en el que una de las especies sale beneficiada de la relación mientras que a la otra no le supone beneficio ni perjuicio alguno; le da lo mismo. Por ejemplo: un pequeño pez se protege entre los urticantes tentáculos de una anémona pero esta no obtiene beneficio ni perjuicio alguno por ello.

- El parasitismo: en el que una de las especies de la relación se beneficia perjudicando a la otra. Todos conocemos numerosas especies de parásitos, del ser humano y de los animales: mosquitos, piojos, pulgas, tenias, protozoos, etc.

Dentro de este parasitismo se puede incluir la depredación. En esta, una especie animal no solo perjudica a la otra, sino que se alimenta de ella. Una se beneficia a costa de la vida de la otra. En realidad esto también es un parasitismo, un parasitismo llevado al extremo. También muchos parásitos terminan acabando con la vida de su hospedador, aunque esto pueda parecer contradictorio, ya que al hacerlo se quedan sin su fuente de alimento.

Depredadores hay infinidad en nuestro planeta, el ser humano el primero. Porque el ser humano también participa en este tipo de interacciones, como especie animal que es.

Por ejemplo, en mi opinión, entre seres humanos y perros existe una simbiosis pura. El ser humano da refugio, cuida y alimenta a los perros a cambio de compañía, caza, defensa o trabajo.

También podemos considerar que entre seres humanos y gallinas existe una simbiosis: ambas especies se alimentan entre sí, ambas obtienen beneficio de su relación. El ser humano cría, alimenta y protege a las gallinas a cambio de sus huevos o incluso de sus pollos. Pero no conviene olvidar que en el momento en el que la gallina deja de poner huevos y de aportar a la relación establecida, esta termina y, al menos hasta ahora, lo hace con la muerte de la gallina. Esto nunca ocurre con los perros.

Sin embargo, entre un ser humano y un cerdo no existe una simbiosis, ni tampoco con un pollo, una oveja o una vaca. Porque, ¿qué aporta el cerdo a una relación con el ser humano? La relación de un ser humano con un cerdo vivo es unidireccional e interesada por parte de este para obtener comida, agua o algún otro tipo de sustento vital. De hecho, en el caso concreto del cerdo, como magnífico ejemplo de animal omnívoro de preferencia carnívora (igual que nosotros), a mí personalmente no me gustaría estar encerrado en el mismo sitio que él sin comida, porque en esa situación lo que es seguro es que los lametazos no iban a ser precisamente de amor.

El ser humano cría, cuida, alimenta y protege a cerdos, ovejas, vacas de carne y otras especies animales a cambio de su vida; se trata en realidad de una depredación. Lo que ocurre en estos casos es que el sacrificio de estos animales no se realiza de manera inmediata sino diferida. La especie animal vive un determinado periodo de tiempo a expensas del ser humano, sin aportar nada a la relación, hasta que este considera que ha llegado el momento de sacrificar al animal para alimentarse de él.

En realidad podríamos considerar que lo que se establece con la ganadería es una relación de depredación diferida, porque pollos, patos, conejos, vacas, corderos, cerdos, y también las gallinas cuando ya no ponen, son presas del ser humano, que se alimenta de ellas, aunque no sea de manera inmediata.

El ser humano en la actualidad establece numerosas relaciones con distintas especies animales. Puede proteger, alimentar, criar o cuidar a un animal sin obtener, al menos aparentemente, beneficio alguno. Incluso es capaz de arriesgar su vida por un determinado animal. Este tipo de relaciones no se dan prácticamente en ninguna otra especie animal. Pero también puede sacrificar a un determinado animal simplemente porque le considere dañino, moleste o directamente porque «no le guste», que es lo que ocurre con insectos, serpientes, roedores y otras especies.

Alguno me dirá que un perro puede incluso proteger con su vida a su dueño/amo, pero hay que recordar que esta era precisamente una de las condiciones por las que el ser humano alimentaba y cuidaba hasta ese momento del perro, a cambio de defensa. O también a cambio de compañía, caza o trabajo; en realidad la relación humano-perro es una simbiosis, como ya he dicho.

....

Y es esta simbiosis con el ser humano, esta adaptación de los perros y de algunas otras especies animales a la convivencia con los seres humanos, los seres dominantes de este planeta, lo que ha permitido su supervivencia con un gran número de individuos. Realmente se trata de un éxito evolutivo de la especie haber sabido proporcionar algo valioso para los seres humanos, lo que ha hecho que a estos también les interese la supervivencia de esa especie.

....

¿Por qué si no en este planeta existen muchos millones de perros y solamente algunos miles de lobos? Hablamos de especies animales prácticamente idénticas, casi hermanas, y que en el medio natural salvaje se comportarían de manera similar.

La domesticación

Los grupos animalistas más radicales están en contra de toda «utilización» de los animales en beneficio humano; son partidarios de abolir la ganadería, incluso la extensiva. Según ellos entonces, todas las especies de animales domésticos de producción, las especies ganaderas, deberían pasar a ser silvestres o salvajes. Se trata pues de evitar que continúe algo que se originó hace ya miles de años, que fue la domesticación de algunas especies animales para poder obtener productos alimentarios de ellas, que no es otra cosa que la ganadería.

Estos grupos utilizan el término domesticación en el sentido de esclavización de un animal; someter a este a un trabajo para obtener de él un producto o ser él mismo el producto.

Pero esto no es cierto. Los animales de ganadería no son esclavos del ganadero. A un esclavo no se le proporcionan cuidados, tratamiento médico, ni se le prepara la cama, se le protege de las inclemencias meteorológicas y tampoco se le alimenta diariamente con la mejor comida según sus propias necesidades.

Si lo pensamos con detenimiento nos daremos cuenta de que realmente es el ganadero el que trabaja para sus animales, el que prepara sus camas, el que les proporciona comida y cuidados, el que los limpia, los protege del frío o de los depredadores. Visto desde este punto de vista, ¿quién es realmente el domesticado o el esclavo?

Entre el ganadero y el animal doméstico existe una relación que termina en el momento en que lo decida el ganadero; es él quien tiene el poder de poner fin a la relación de manera unilateral, sin contar con el animal.

Los sentimientos

Antes he recordado los diferentes tipos de relaciones que se pueden establecer entre distintas especies de seres vivos porque quiero hacer ver que la relación entre un cerdo y un ser humano realmente es una depredación, no una simbiosis con intercambio de sentimientos, como quieren creer algunos.

El cerdo nunca aporta sentimientos de amor al ser humano e incluso pasaría a ver al ser humano como un alimento si se le dejase de proporcionar comida durante varios días. Porque el cerdo es omnívoro, come de todo, y si su supervivencia dependiera de comerse al ser humano no dudaría ni un solo segundo en hacerlo.

No pueden atribuírseles a los animales sentimientos que pueden considerarse exclusivamente humanos; se pueden buscar los ejemplos que se quieran: amistad, enamoramiento, envidia, piedad, aburrimiento... infinidad. No se puede pensar que, por ejemplo, un pollo es amigo de otro o que está enamorado de una gallina, que le da pena cuando se muere el de al lado o se aburre cuando no tiene nada que hacer.

Actualmente no deja de hablarse de la catalogación de los animales como seres sensibles, seres con sentimientos y por fin, legalmente, ya no son considerados cosas. En esto último estoy completamente de acuerdo: los animales no son cosas. Pero tampoco son seres humanos. Porque parece que, en ciertos sectores, este justo cambio se ha saltado un eslabón de más y los animales han pasado directamente de cosas a ser considerados iguales y, por tanto, con los mismos derechos que los seres humanos.

Creo que se están confundiendo conceptos. No es lo mismo sentimiento que sensibilidad ni sensación. Los animales sienten dolor, por supuesto, y frío, calor, miedo, hambre o sed. Pero ¿sienten amor, odio, amistad, envidia o pasión?

Voy a referirme al amor de madre. Una leona cuida, protege, amamanta, enseña e incluso es capaz de entregar su vida por sus cachorros. Pero ¿eso es amor? La leona presenta estas actitudes, digamos de amor, por dos motivos:

- Un motivo genético, evolutivo, de supervivencia de especie.
- Y un motivo químico, hormonal que hace que su comportamiento sea así en ese determinado momento.

Porque en el mismo instante en que su genética (su instinto) y su cuerpo (sus hormonas) le marquen que los cachorros ya son adultos y están preparados para vivir solos, los dejará de lado y pasarán a ser otros miembros más de la manada. O ni siquiera eso y tendrán que buscarse la vida por su cuenta, incluso en otro lugar, lejos de ella. Es más, podrían pasar a convertirse incluso en sus competidores.

Podemos decir que la leona, en un momento dado, deja de reconocer a sus hijos como tales, y tampoco será su amiga, e incluso alguno de ellos podría ser también el futuro padre de alguna de sus próximas camadas.

Y en cuanto al león macho, defenderá a sus cachorros si están dentro de su manada, pero jamás los reconocerá como sus hijos en el futuro. Los tratará como competidores si son machos o como miembros de su harén si son hembras. Incluso ocurren muchos casos de «asesinatos» de camadas completas de cachorros por ser hijos de otro macho.

En definitiva, hay muchos sentimientos que son exclusivamente humanos y que muchas personas, especialmente las urbanas, están atribuyendo erróneamente a los animales.

Esta línea roja de la sintiencia es muy difícil de establecer. A la hora de hablar de qué seres vivos de los que habitan en este planeta poseen sentimientos parece claro que los mamíferos sí los tienen, algunas aves también, pero los peces, los insectos, el reino vegetal y los microorganismos no.

Se establece una especie de norma que marca que los animales con sentimientos son aquellos que tienen ojos, madre o sistema nervioso, pero incluso así, como esta regla no parece quedar suficientemente clara con respecto a algunas especies animales, últimamente se intenta afinar aún más y parece que ya no es suficiente tener ojos, sino que estos deben estar al frente de la cara, como nosotros los seres humanos, y no en los laterales, como las aves por ejemplo, aunque después a estas sí se les otorgue capacidad de sentir y, por ejemplo, se refieran abiertamente a «gallinas felices».

Realmente todo esto es un sinsentido.

Porque ni siquiera a todas las especies de mamíferos parecen atribuírseles sentimientos de los que valen. Por ejemplo, los roedores tienen sistema nervioso, sienten dolor y también tienen ojos y madre, pero pueden eliminarse sin aparentes problemas de conciencia cuando se cree que pueden ocasionarle problemas al ser humano, es decir, cuando interesa.

Y por supuesto, al reino de los insectos nadie le otorga este tipo de sentimientos. Porque los insectos ¿sienten dolor? Porque animales son, ojos y madre tienen y, aunque algunos lo nieguen, también algún tipo de sistema nervioso, quizá no como el nuestro, pero se mueven conscientemente, cuando quieren, sienten el frío, el calor, y también tienen miedo, por eso huyen ante nuestra presencia, así que es seguro que algún tipo de sistema nervioso deben tener.

Y no digo ya al reino vegetal. Porque las plantas ¿sienten algo? ¿Alguien sabe si quieren que te las comas?

Podemos poner la línea de lo que se puede matar o no donde queramos. Según nuestro propio interés, eso sí.

La libertad y la felicidad animal

Una vaca que está en un campo, ¿en qué está pensando?

Puede pensar que ahora le toca comer, beber, rumiar, defecar o descansar. Pero, ¿realmente está pensando? ¿Llega a pensar? ¿Es feliz? ¿Se aburre? ¿Está estresada?

La respuesta puede ser que no está pensando en nada; su comportamiento obedece a instintos fisiológicos o a conductas innatas o aprendidas de su madre y del resto del rebaño. Pero ni siquiera de esto podemos tener certeza porque nosotros no somos ni hemos sido vacas, o si lo hemos sido no lo recordamos, desde luego. Podemos intuir su estado observando su comportamiento, pero poco más, y desde luego siempre desde nuestra perspectiva de seres humanos, de lo que imaginamos que sentiríamos si fuésemos nosotros la vaca. Esto es lo que hemos llamado humanización animal.

¿Quién vive mejor, un ciervo en el bosque o una vaca en una finca?

Desde nuestra perspectiva podemos pensar que el ciervo vive mejor porque lo hace en libertad, pero esto le va a suponer tener que buscarse por sí mismo el alimento, el agua, hacer frente a periodos de escasez, al mal tiempo, huir de depredadores, competir con otros de su especie por procrear y luchar contra enfermedades. ¿Y la vaca? Quizá tenga los movimientos limitados, pero se le proporcionan agua y alimento a diario, ya sea pasto en primavera o pienso en los duros inviernos, un lugar donde refugiarse o abrigarse, no tiene depredadores y siempre está atendida por el ganadero o por veterinarios si fuese necesario. Eso sí, será sacrificada cuando llegue el momento, marcado este por su propietario ganadero, que es el que la ha mantenido en estas condiciones ideales durante toda su vida.

En las sociedades urbanas, al referirse a los distintos tipos de huevos, a los que proceden de gallinas criadas en el suelo y con acceso al exterior, las llamadas «gallinas camperas», se dice que son «huevos éticos» procedentes de gallinas «felices». Este es un magnífico ejemplo de humanización animal. Presuponer la felicidad de una gallina simplemente por imaginar que si yo fuese la gallina sería mucho más feliz si pudiese salir a dar un paseo por el exterior en lugar de estar siempre encerrada en una nave con el resto de mis compañeras, e incluso amigas, gallinas.

Según esto, si yo fuese gallina, sería aún mucho más feliz, no solo saliendo a dar un paseo por mi parquecito exterior vallado sino si pudiese irme tranquilamente de la granja, en la que dicen que soy explotada, al bosque o al monte más cercano para vivir realmente libre.

Creo que incluso pensando como si uno fuese la gallina se da cuenta de que esto no es cierto; la vida es mejor y más fácil dentro de la granja, siempre que se cumplan las condiciones de bienestar animal que se le suponen a una gallina en una granja y que ya están perfectamente reguladas en los países desarrollados.

De hecho, utilizando este mismo ejemplo con los seres humanos, la tendencia actual es a vivir masificados dentro de las ciudades, con todas las necesidades disponibles cerca, a pesar de que la vida en las urbes presenta también muchos inconvenientes. Pero aun así, ninguno de nosotros se tira al monte a vivir desnudo y alimentarse cazando, a pesar de que allí podríamos sentirnos realmente libres.

La gallina o cualquier otro animal, incluyendo al ser humano, no piensa nunca en la libertad absoluta cuando sus necesidades básicas están perfectamente cubiertas y su estado de bienestar es el adecuado.

Hablar de felicidad en gallinas en función de suposiciones humanas en las que uno mismo piensa como si fuese gallina es un error descomunal.

Estoy seguro de que si la gallina, el ciervo o la vaca pudiesen responder a la pregunta de dónde y de qué manera preferían vivir quizá la respuesta no sería la que algunos esperaban oír.

Hace un tiempo una famosa actriz española de televisión hizo un llamamiento en redes sociales para que la gente no acudiera a delfinarios o acuarios porque ella había tenido el privilegio de nadar con delfines en libertad y había podido sentir la felicidad y la libertad de los delfines en el Océano Atlántico y no encerrados en delfinarios, donde eran maltratados, se les obligaba a hacer atracciones circenses y debían ser tratados con antibióticos y otras sustancias como consecuencia de tener que vivir encerrados.

Se puede considerar un insulto y un desprecio a los profesionales que trabajan en los delfinarios el afirmar que los animales son maltratados allí. Veterinarios, biólogos, auxiliares sanitarios y otros trabajadores, con total seguridad, aportan todos sus conocimientos y su trabajo para hacer que los delfines estén siempre en óptimas condiciones, y han sido formados para un trabajo como este, que seguro es una labor que les hace felices y que habían incluso soñado desempeñar desde que eran niños.

Los delfines que se encuentran en los delfinarios no son animales que hayan sido cazados con esta finalidad. Son animales que ya han nacido en esos recintos o que han sido rescatados del mar por algún motivo que hacía peligrar su vida en la bonita libertad del océano.

Si una futura mamá delfín pudiese elegir dónde querría que naciera su bebé, en el océano o en un delfinario, donde ambos, mamá y cría, estuvieran a salvo de depredadores, con comida asegurada y veterinarios para atenderlos a ambos si fuese necesario, es muy posible que la libertad de nadar no fuera considerada tan importante.

No todas las personas tienen la oportunidad, seguramente por motivos de poder adquisitivo, de nadar con delfines en libertad y, de hecho, si no existieran los delfinarios o los acuarios, una gran parte de la población jamás habría visto ni vería un delfín en carne y hueso.

Hay que recordar que estos recintos son realmente centros de recuperación de animales y que, para poder mantenerse en funcionamiento y no depender exclusivamente de ayudas o subvenciones de las Administraciones públicas, deben generar una actividad económica. Esta permite su existencia y permanencia, además de proporcionar también puestos de trabajo a profesionales e ingresos a sus familias.

No conviene olvidar tampoco que los delfines, como alguna otra especie animal, como perros o caballos, se utilizan también como ayuda terapéutica en personas con enfermedades graves como el cáncer o ciertas discapacidades como el autismo, por poner un ejemplo.

Todo esto es perfectamente válido también para otros centros o lugares en los que se exhiben animales, como los zoológicos u otros parques o recintos, en los que la exhibición de los animales se realiza principalmente para generar sustento económico, por ser normalmente insuficiente el aporte público para que desarrollen correctamente su actividad.

Repito que no se debe olvidar que muchos de estos centros son imprescindibles hoy en día en la recuperación de muchas especies animales en peligro de extinción y que estas aún existen gracias a la actividad de estos. Y tampoco hay que despreciar nunca el componente didáctico que todos estos centros tienen en los jóvenes, que les permiten poder ver físicamente a las distintas especies animales, cosa que de otro modo jamás sería posible, y conocerlas mejor gracias a las enseñanzas de sus responsables, profesionales perfectamente preparados y verdaderos amantes de los animales. Educación, en definitiva.

....

El enorme desarrollo de la civilización humana ha hecho que, en la práctica, ninguna especie animal sea realmente libre.

....

No permitimos el tránsito de animales libres por las calles de las ciudades, ni siquiera a los perros. Hay carreteras, puertos, aeropuertos, etc. Hay millones de kilómetros de vallado impidiendo el paso de animales a zonas urbanas o a las vías de acceso a todas esas zonas. Los animales salvajes realmente solo pueden moverse libremente por espacios alejados de los núcleos urbanos, y de una manera u otra lo hacen acotados.

Y no digamos nada si las especies animales son potencialmente peligrosas para el ser humano. A estas directamente se las encierra en parques naturales de acceso restringido para evitar desgracias en forma incluso de muerte porque, ahora todavía mucho más, el desconocimiento de los peligros de la naturaleza, consecuencia de la desconexión rural, es mucho mayor que antes. Y más aún si cabe cuando a los niños se les está educando y haciéndoles creer en la bondad y la docilidad de todas las especies animales, como el lobo, el zorro, el jabalí o el toro de lidia, por referirme a algunas especies animales potencialmente peligrosas de nuestro país.

En los momentos más duros de la pandemia por el coronavirus, y debido al confinamiento estricto de la población humana, se pudieron ver animales salvajes como corzos, jabalíes e incluso lobos, circulando por las calles de pueblos y ciudades. Esto pone de manifiesto que los animales salvajes también tienen limitados sus movimientos y solo cuando los seres humanos se retiran completamente adquieren verdadera libertad.

Los perros

Esta tendencia actual de humanización de prácticamente cualquier especie animal es consecuencia de la adjudicación de los sentimientos casi humanos que se observan en los perros al resto de especies.

El perro es seguramente la única especie animal a la que verdaderamente podrían atribuírsele sentimientos humanoides tras miles de años de estrecha convivencia con los humanos.

No tengo ningún miedo a decir que el perro sí presenta ciertos sentimientos de los que podrían catalogarse como «humanos», sentimientos realmente conscientes, no reflejos, instintos o sensaciones. Así, puede aceptarse que el perro puede amar, ser fiel, cariñoso, obedecer, estar triste, alegre e incluso aburrirse.

Pero un perro sigue siendo un perro, no un ser humano, y no lo vamos nunca a convertir en tal aunque le hagamos miembro de nuestra unidad familiar, le pongamos abrigo y botines, coma en nuestra mesa y duerma en nuestra cama. Los perros siguen aún reconociéndose entre ellos oliéndose los «culos» y limpiándose sus partes con la lengua, aunque a nosotros ambas cosas nos parezcan asquerosas y tratemos de impedírselo.

En todo caso, la relación entre humanos y perros, entre dos especies animales diferentes que están en lo alto de la escala evolutiva de la inteligencia real y emocional, en el fondo sigue siendo una relación de simbiosis, una relación en la que ambas especies obtienen un beneficio mutuo.

El ser humano da cobijo, protección, cuidados y alimentación al perro y este le devuelve estas atenciones con compañía, defensa o trabajo. Hay especies de perros que lo único que proporcionan es compañía, los perros urbanos, pero hay otras muchas especies que están asociadas con tareas de guía, rescate, guarda, defensa, trabajo, pastoreo, caza, policía y otras. Pero absolutamente todas las especies de perros devuelven algo en su relación con los seres humanos.

Pero hablando de perros y de humanización, no está de más recordar que el perro se encuentra dentro del grupo de los animales carnívoros, como el león, el tigre o su hermano el lobo. Y así lo dice su genética, su anatomía (no hay más que echarle un vistazo a su dentadura) y su fisiología. Y son carnívoras todas las razas de perros, hasta los que se pueden llevar en un bolso. Por tanto, su preferencia alimentaria sigue siendo la carne.

Es cierto que, tras tantísimos años de convivencia con los humanos, los perros realmente se han vuelto omnívoros; ya no comen solo carne cruda. En los hogares urbanos comen pienso o cualquier resto de comida de nuestras mesas, incluso verduras y dulces.

Aunque no se conocen exactamente las cifras, se estima que en el mundo hay unos 500 millones de perros. Muchísimos de estos perros habitan en las zonas urbanas de los países desarrollados, en los que parecen incluso estar sustituyendo a los hijos. En una entrevista en una televisión, una nativa de un país africano pero que actualmente vivía en un país occidental dijo que una de las cosas que más le había sorprendido de ese país era que en las calles veía muy pocos niños pero que, sin embargo, veía muchos perros con abrigo. Esto debería hacernos reflexionar sobre cuál es el rumbo que lleva nuestra moderna civilización.

En el mundo urbano los perros ya no necesitan buscarse el alimento, ya no necesitan cazar; es el ser humano el que los alimenta (a cambio de algo, como ya he dicho).

Pero tampoco ahora los humanos cazan ni cocinan nada para alimentar a los perros; los alimentan con pienso, piensos completísimos y distintos en función de su edad, raza, tipo de vida o estado físico. Esto, junto a los progresos en la medicina veterinaria y el trato que se les da como un miembro más de las familias humanas, ha permitido que la vida de los perros se alargue mucho y que la mayoría de los perros urbanos vivan maravillosamente, mejor que una enorme cantidad de seres humanos de este planeta.

El negocio de la alimentación de las mascotas, perdón, de los animales de compañía, mueve ingentes cantidades de dinero, cada año más, pero: ¿cuál es la base de las materias primas para los piensos de perros y gatos? Pues es evidente: como carnívoros que son, son derivados de productos cárnicos que proceden de la caza o la ganadería.

Con la ganadería y con la caza, ambas denostadas por cada vez más sectores de la población, no solo se alimenta a los seres humanos, sino a millones de otros animales, a millones de mascotas.

En definitiva, que para alimentar a perros y gatos también hay que matar animales.

Pero hay quien ha tomado conciencia de este hecho y por su cuenta, sin consultar a su perro, ha decidido hacerle vegano. Así, viendo ahí un nuevo nicho de negocio, alguna empresa de alimentación animal ya ha llegado a comercializar pienso vegano.

En mi opinión, hacer vegano a un perro sí que debería considerarse maltrato animal, porque pone en peligro la salud del animal. Y quién sabe si, con el tiempo, esto no pudiese originar otros problemas con consecuencias impredecibles. Y si no, conviene recordar que el origen de la llamada enfermedad de las vacas locas estuvo en la alimentación de estos animales con piensos de origen animal; es decir, en alimentar a animales herbívoros como si fuesen carnívoros. En este caso sería al revés, alimentar a carnívoros como si se tratase de herbívoros.

El que cualquier perro pueda comer macarrones o magdalenas no quiere decir que renuncie a ser carnívoro; su genética está ahí y si llega un trozo de chuleta a su boca, sobre todo si lleva hueso, este lo devolverá a su estado real y natural, el de carnívoro.

....

Ahora que se habla tanto del bienestar animal, habría que pensar que el verdadero bienestar de un perro, de un carnívoro, es comer carne, grasas y huesos, y no pienso y, desde luego, nunca un pienso vegano.

....

Los grupos autodenominados animalistas, cuando se refieren al bienestar animal casi siempre aluden a las granjas, a la ganadería. Según ellos, en las granjas, para que los animales tuviesen un verdadero bienestar animal deberían poder comportarse como lo harían en su hábitat natural.

Evidentemente esto no es posible, al menos no al cien por cien, con los animales de producción. Pero a pesar de ello siempre se busca que el comportamiento del animal en la granja en la que habita sea lo más parecido posible al que desarrollaría en el entorno natural, y para ello se han dictado grandes leyes de bienestar animal, que están basadas precisamente en comportamientos naturales de los animales.

Los animales tienen una gran capacidad de adaptación al medio que los rodea, sea la naturaleza salvaje o una granja.

Si las condiciones son las adecuadas, su vida en la granja se desarrollará sin dificultades, e incluso puede presentar comodidades de las que el animal no dispondría nunca en el medio natural.

Donde realmente no se cumple esta similitud de comportamiento natural que se exige a los animales de granja es precisamente con las mascotas y así, por ejemplo, a los perros se los alimenta con pienso en lugar de con carne, en muchas ocasiones habitan en casas con poco espacio, se les pasea atados, se los baña, se los peina y muchas veces van ataviados con lazos, abrigos e incluso con botines. Aunque, ojo, esto no quiere decir que por ello vivan mal ni estén mal atendidos, solo que, para tratarse de animales carnívoros, el comportamiento que presentan aquí dista mucho de parecerse al que tendrían en la naturaleza.

Las cualidades físicas y la edad

No podemos tampoco extrapolar esta presunta igualdad entre seres humanos y animales a las características o cualidades físicas. Todas las especies animales, incluyendo a los seres humanos, tienen sus propias cualidades físicas: unas vuelan y otras son acuáticas o terrestres, unas son de sangre caliente y otras de sangre fría, las hay carnívoras, herbívoras, granívoras u omnívoras, unas son mamíferos y otras ponen huevos, etc.

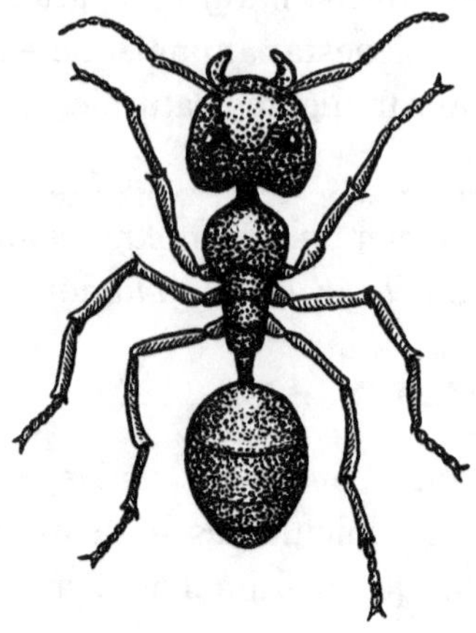

Una hormiga puede levantar 30 veces su peso, una mosca vive unos 3 días, un león puede comerse 30 kilos de carne de una sentada, una oca puede hacer 3.000 kilómetros volando sin repostar, un guepardo corre a 80 km/h, una boa puede comerse un ternero, un ser humano puede escribir lo que habla, y así hasta el infinito. Todas las millones de diferencias físicas que existen entre las distintas especies de animales, e incluso hay diferencias dentro de una misma especie.

Ninguna especie puede ponerse nunca en el lugar de otra.

Además de los sentimientos y las cualidades físicas, otra tendencia habitual de humanización que se observa es la edad de vida de los animales. Es muy frecuente hacerles a granjeros o ganaderos la pregunta de cuánto vive en la granja ese animal o ese otro y compararlo con cuánto viviría el mismo en la naturaleza y, sobre todo, compararlo con lo que vivimos los seres humanos.

Es evidente que en las granjas todas las especies animales viven menos tiempo que lo que marca su potencial genético, porque se trata de un sistema productivo y el animal es sacrificado cuando su rendimiento alcanza el máximo buscado o cuando ya no se va a obtener más rendimiento de él.

Pero esto no quiere decir que en la naturaleza fuese a vivir más tiempo. En el mundo salvaje puede ser presa de un depredador en cualquier momento, sufrir un accidente o una enfermedad, cosas que no ocurren o pueden tener remedio en una granja. A la pregunta de cuánto viviría un pollo o un pato en la naturaleza, la respuesta real sería: «Lo que tarde algún otro animal en comérselo»

Las especies animales eminentemente ganaderas ya no están adaptadas a la vida fuera de una granja y ningún individuo de esas especies sobreviviría libre en la naturaleza ni siquiera una noche.

No sabría dónde encontrar comida ni hacerse con ella; seguramente tampoco encontraría agua, sería devorado por cualquier depredador o vagaría sin rumbo para acabar atropellado en una carretera y, lo que es peor, podría provocar un accidente con grave riesgo también para la vida humana.

Todo esto es perfectamente válido, o más si cabe, para casi cualquier perro urbano. ¿Cuánto tiempo sobreviviría vuestro perrito Yorkshire libre en la naturaleza?

Hace no mucho tiempo leí que un concejal de medioambiente y transición ecológica de un Ayuntamiento tuvo la feliz idea de soltar unos burros en el monte para que hicieran labor de limpieza de los parajes cercanos al municipio. Claro, dicho concejal, como todo el mundo, había escuchado que la ganadería extensiva es una buena solución para limpiar los montes y luchar así contra los incendios, además de repoblar el campo con una especie animal autóctona y que cada vez cuenta con menos ejemplares. Así que se compraron unos burros y se soltaron tal cual, dando por hecho que se desenvolverían sin problemas libres por el monte y que además realizarían el trabajo pensado; porque para ese concejal, y para muchas otras personas, esto sería lo que haría un burro viviendo libre por el monte.

Solo un par de meses después prácticamente todos los burros estaban muertos, y los que habían sobrevivido se encontraban en unas condiciones lamentables, deshidratados y famélicos. Este es un buen ejemplo de ignorancia urbana y una buena muestra de que numerosas especies animales ya no están adaptadas a la vida libre en la naturaleza; son especies animales domésticas, viven asociadas y son dependientes del ser humano.

Cuando explicas que en una granja un pollo vive 40 o 45 días, que un pato lo hace 100 días, un cerdo unos 4 meses y una gallina ponedora o un ternero en torno a los 2 años, a todo el mundo le parece que es muy poco tiempo porque comparan ese tiempo de vida con el suyo como seres humanos y piensan que estos mismos animales, libres en la naturaleza, vivirían más tiempo.

Esto no es en absoluto cierto.

Pensemos en una pata que vive en un río. Sus huevos acaban de eclosionar y nacen sus patitos (esto si ha tenido la suerte de que ningún otro animal se haya comido algunos o todos sus huevos). Un día la vemos nadar por el río seguida de 10 crías en fila, una preciosa estampa.

Si vamos a verla a la semana siguiente posiblemente vaya seguida por 8 patitos. Y la siguiente solo por 6 patitos.

Y así sucesivamente. Tendrá suerte si consigue que 2 de sus crías lleguen a adultas.

Infinidad de especies animales paren muchas crías o ponen numerosos huevos para intentar asegurar su descendencia, porque se estima que el 90 % de las crías animales no llegan a adultas.

En cambio, se puede decir que los porcentajes de supervivencia de las especies de animales domésticas, de compañía y ganaderas rondan casi el 100 %. Pero tenemos que tener claro que la duración de la vida de estos animales es decisión casi exclusiva del ser humano, y no solo en las especies ganaderas, en las que la vida del animal termina cuando alcanza su tope productivo, sino también en las domésticas, ya que la decisión final sobre su vida también la toma el ser humano.

El tiempo que un animal pueda vivir en una granja siempre parecerá poco, e incluso ridículo, si lo comparamos con los más de 80 años de media que puede vivir una persona, pero será mucho si lo comparo con lo que vive una mosca, por ejemplo, que son unos 3 días.

Tampoco pueden compararse edades potenciales de vida de distintas especies animales porque todas son muy diferentes. Por seguir con el ejemplo de los perros, estos se consideran adultos con 1 año de vida y viven de media unos 10-12 años y lo tenemos asumido; no los comparamos con otra especie animal, y menos con el ser humano, que con 12 años no es ni siquiera adulto. Puede parecer poco, pero es lo que marca su genética, y lo que es seguro es que esa media sería menor en la naturaleza.

....

*Un animal de granja, el que sea, vivirá el tiempo mar-
cado por su característica productiva, evidentemente
menor que el de su genética, pero no necesariamente
menor que el que tendría en el medio natural, y absolutamente no comparable con el de otra especie animal distinta y mucho menos con la especie humana.*

....

En la naturaleza un animal se come al otro, es la pirámide natural; una lombriz es comida por un pollo, el cual es a su vez comido por un zorro y este por un águila. Los seres humanos somos omnívoros; nos encontramos en la parte alta de la pirámide evolutiva. Pero no estamos ahí arriba por nuestras características físicas, no tenemos garras ni dientes ni somos rápidos ni fuertes; lo estamos gracias a nuestra capacidad intelectual, al haber sido capaces de desarrollar armas para cazar o pescar, o aparejos para cultivar la tierra.

Un animal nunca se planteará dudas a la hora de comerse a otro si lo necesita, no le preocupará si le infringe sufrimiento o dolor; es una cuestión de pura supervivencia. Los seres humanos, a la hora de alimentarnos con la carne de un animal podemos lograr que la muerte de este se produzca con el menor dolor y sufrimiento posibles; se trata de una acción puramente humanitaria, pero solamente si la situación nos lo permite, porque en caso de extrema necesidad, de supervivencia, retornaríamos al modo animal y actuaríamos como cualquier otro depredador, sin importarnos el sufrimiento y el dolor del animal al sacrificarlo.

Los sentimientos Disney

En los dibujos animados, en los cuentos y en muchas películas infantiles los animales sienten, piensan y hablan como seres humanos.

Los que tenemos ya cierta edad, cuando éramos niños teníamos pocas opciones sobre lo que podíamos ver en televisión y, como niños que éramos, deseábamos con impaciencia que llegaran las horas en las que ponían los dibujos animados.

En la actualidad, la oferta de dibujos animados para los niños es enormemente extensa e inmediata. Es fácil encontrar dibujos animados en cualquier momento del día e incluso existen cadenas que emiten dibujos animados las 24 horas del día. Y si no estamos en casa siempre está el móvil para que el niño esté distraído viendo dibujos y no proteste mientras come.

Tanto antes como ahora, en la mayoría de los dibujos animados los protagonistas principales son casi siempre animales, pero con todas las características y cualidades de los seres humanos. Podemos recordar al pato Lucas, a Bugs Bunny, al ratón Mickey, a la Pantera Rosa, al oso Baloo, a la abeja Maya, etc.

Lo que ha cambiado es la posibilidad de acceso y el conocimiento de los niños de los animales reales, los de carne y hueso, y así, hoy en día, muchísimos niños solo han visto una oveja por televisión, solo han visto una oveja que habla, come en una mesa, lee el periódico e incluso va vestida; la de verdad, la que bala, rumia y huele no la han visto nunca porque en su barrio no hay ovejas y ya no salen ni en las cabalgatas de reyes ni en los belenes.

En los dibujos animados los animales son capaces de hablar e incluso escribir, piensan conscientemente, aman, se enamoran, son amigos y compañeros unos de otros, y tienen sentimientos humanos positivos.

En general, los animales «humanos» que salen en los dibujos animados son en su mayoría buenos, pero es evidente, como animales con cualidades humanas, que también tiene que haber animales con comportamientos y pensamientos negativos, y así es como en los dibujos animados y en los cuentos infantiles está siempre presente «el malo». El que quiere matar y comerse al protagonista, al bueno. El tigre Shere Khan, la araña Tecla y otros muchos. Pero sobre todos ellos, el animal malo por antonomasia ha sido siempre el lobo.

Hace poco tiempo se ha reavivado la polémica entre ganaderos, sectores anticaza con el apellido de ecologistas y la propia Administración sobre la caza del lobo. A raíz de esta nueva polémica se emitió un reportaje en televisión en el que se intentaba encontrar por qué el lobo era considerado enemigo del ser humano y por qué casi siempre también el malo de los dibujos animados y de los más célebres cuentos infantiles. Pensemos en *Caperucita y el lobo feroz* o en *Los tres cerditos y el lobo*, por ejemplo. O también en películas como *Aullidos*, *El hombre lobo* y muchas otras en las que el lobo siempre inspira miedo o incluso terror a niños, jóvenes y adultos.

¿El lobo es un ser malo y por eso es el protagonista malo de dibujos y cuentos, o es al revés y porque es el malo de los dibujos y cuentos está considerado como un animal malo?

En mi opinión, el lobo no es malo ni bueno por naturaleza; es un lobo y punto. Es un gran depredador, uno de los mejores, caza en grupo de manera organizada y podría perfectamente matar seres humanos, lo que lo sitúa en uno de los puestos más altos en la escala de miedos del ser humano junto a leones, tigres, osos, tiburones, serpientes o arañas.

Pero para evitar que los lobos u otras especies animales sean considerados malos la solución no pasa por convertirlos ahora en los buenos de los cuentos o de los dibujos. La solución no es que el lobo no se quiera comer a los cerditos ni a Caperucita ni a su abuelita y cambiar el final del cuento por un final feliz en el que el lobo no muere y se van todos juntos a comer una ensalada.

Y la solución tampoco pasa por escribir en los libros de texto de primaria que los lobos son dóciles y no comen aves ni terneros, que son prácticamente vegetarianos, porque todo esto es completamente falso; los lobos son cazadores carnívoros.

La solución pasaría por no humanizar a ninguno, ni al lobo ni a los cerditos, ni a ninguna otra especie animal. La solución sería hacer ver a los niños que animales y seres humanos somos diferentes, que no hay ni buenos ni malos y que todos debemos convivir en un equilibrio que en ocasiones es complicado y depende especialmente de nosotros, los seres humanos.

Tampoco se trata ahora de prohibir los dibujos animados ni las películas en las que los animales se comportan como humanos. La solución, como siempre, está en la educación, una educación real, sin adoctrinamientos en ningún sentido.

Una serie de dibujos animados que tuvo un éxito enorme entre los niños de hace ya unos cuantos años fue *Heidi*. Mostraba la felicidad con la que vivía una niña huérfana en los Alpes suizos criando cabras con su abuelo. O sea que Heidi era una feliz niña ganadera. (Esta serie, conforme a los parámetros actuales, se consideraría que hace apología del maltrato animal).

En los juegos o en los dibujos de los niños con animales de granja lógicamente nunca se habla de la finalidad o utilidad que los animales tienen, que no es otra que la de obtener de ellos un producto o ser ellos mismos el producto, para lo cual deberán ser sacrificados.

El concepto del sacrificio y de la muerte del animal es algo inconcebible para un niño, y en las sociedades modernas, sobre todo las urbanas, la muerte se obvia y se oculta a los niños, se supone que para evitar el sufrimiento y los sentimientos de tristeza y dolor.

Pero esta ocultación no les va a ayudar en el futuro, pues la muerte siempre estará ahí y antes o después todos deberemos enfrentarnos a ella.

En el mundo rural, al menos hasta hace poco tiempo, al igual que ocurre, por ejemplo, en una civilización indígena, los jóvenes sí tenían contacto con el sacrificio animal y con la muerte en sí, lo que les permitía establecer una separación real entre animales y seres humanos al tener claras las diferencias que existen entre ambos, tanto en lo físico como lo intelectual. Estas diferencias, debido precisamente a la falta de contacto con el mundo natural, y, por tanto, con el mundo animal, no llegan a observarse en la vida urbana y los conceptos infantiles respecto a los animales perduran en el tiempo, no se pierden al llegar a la edad adulta, lo que acaba derivando en ideas animalistas.

Incluso siendo adultos, viendo una película en la que sale algún animal nos embriaga un sentimiento de dolor y tristeza si a este le ocurre algo, es herido o muere. Nos da pena, por ejemplo, que en la película se muera un caballo cuando hasta ese momento habían muerto 20 o 30 vaqueros sin provocarnos pena alguna. En una película de la famosa saga de dinosaurios el público lloró cuando un pequeño diplodocus iba a morir y sin embargo parecía incluso regocijarse mientras un gran dinosaurio carnívoro campaba a sus anchas desmembrando humanos.

Ahora se pretende subtitular con el rótulo de ficticias las escenas de documentales y películas que muestren la muerte o el sufrimiento de un animal. Sin embargo, no es necesario subtitular cuando el que muere o sufre es un ser humano. Todos sabemos que todo es ficticio. Entonces ¿por qué esta diferencia? ¿No se está dando así más valor a la vida de los animales frente a la de los seres humanos? ¿No se está enseñando así que es normal que los seres humanos se maten entre ellos pero que los animales nunca se deben matar?

Todos estos sentimientos de pena, ternura o piedad son sentimientos «humanos», perfectamente comprensibles, sentimientos de protección de un ser inocente, pero que acaban en la humanización de los animales dándoles el mismo o incluso mayor valor que al ser humano.

LOS SUEÑOS NO SON LO QUE PARECEN

Si se le pregunta a un niño qué quiere ser de mayor, una de las respuestas más habituales es veterinario.

Solo unos pocos cumplirán su sueño de ser médicos de animales, y para entonces ya se habrán dado cuenta de que el trabajo de un veterinario no se limita a curar o prevenir enfermedades de animales, sino que también, en muchas ocasiones, es supervisar el sacrificio de animales de producción (mataderos) o incluso tener que realizar ellos mismos sacrificios de animales mediante la eutanasia de individuos que sufren o son enfermos terminales, trabajos bastante alejados de aquellos sueños de niño.

....

Y es que no es lo mismo tener que compartir tu vida con animales sanos que con animales enfermos, o incluso con animales muertos o que van a ser sacrificados.

....

A diferencia de 30 o 40 años atrás, la mayor parte de los estudiantes de las facultades de Veterinaria son mujeres y en mayorías aplastantes de en torno incluso al 80 %. Pero no solo ha cambiado el género dominante de los futuros veterinarios, sino también la actitud de los mismos respecto a su futura profesión. Debido a la desconexión existente en el mundo urbano, muchos de estos jóvenes presentan ideas animalistas y se encuentran también en muchos casos muy próximos a líneas alimentarias veganas.

Si desde el primer día que entran por la puerta de la facultad ven pancartas en las que se proclama que los animales son seres con sentimientos y «amigos» del ser humano; si cuando iban a la escuela, incluso en primaria, por parte de maestros urbanos militantes en animalismo, veganismo y sostenibilidad, ya se les estaba adoctrinando para seguir esas líneas de pensamiento, no puede extrañar el que después no haya estudiantes en las ramas de Producción animal y que muchos no se apunten nunca a las asignaturas opcionales que les supongan prácticas en mataderos o granjas.

Cada vez es más frecuente ver cómo veterinarios ya licenciados se niegan a aceptar trabajos que para ellos, según estos ideales ya bien asumidos, supongan muerte, maltrato animal, riesgos para la salud e incluso sean potenciadores del cambio climático; que no quieran trabajar en mataderos, plazas de toros o fiestas de pueblo en las que se celebren festejos taurinos, o yendo aún más allá, que no quieran trabajar en el campo con los ganaderos.

Conozco casos en los que se ha acosado a veterinarios oficiales que trabajan en mataderos acusándolos directamente de ser asesinos de animales o colaboradores de asesinato animal.

A la mayoría de los estudiantes de Veterinaria actuales, cuando se les pregunta por su futuro ideal como veterinarios responden que les gustaría trabajar en clínicas de pequeños animales (perros y gatos), y si esto no es posible, en la Administración, sacar una oposición para trabajar haciendo papeles, ser funcionarios, trabajo bastante alejado del sueño de aquel niño que quería compartir su vida con animalitos.

Pero a todos estos la realidad de la profesión se les presentará dura, ya que solo una pequeña parte de los nuevos licenciados en Veterinaria podrá trabajar en consultas de perros y gatos en las ciudades.

La gran mayoría de los veterinarios tendrán que acabar desempeñando trabajos relacionados con la ganadería y la producción de alimentos de origen animal, ya sea en granjas, fábricas de piensos, mataderos o festejos taurinos. Y el trabajo de algunos veterinarios oficiales de la Administración, los que legislan y desarrollan su puesto de trabajo en un despacho de una gran ciudad, esos que prácticamente solo hacen papeles y no manchan sus botas de barro, está fundamentalmente vinculado con la producción ganadera o la alimentación, no con la clínica de mascotas.

La profesión veterinaria tendría pocas salidas profesionales si solo existiera la clínica de pequeños animales urbanos. Si no hubiese ganadería harían falta muy poquitos veterinarios.

SACRIFICIO Y MUERTE

Hace miles de años, los primeros humanos que habitaban la tierra eran frutívoros, vegetarianos, oportunistas, carroñeros e incluso caníbales. No tenían garras ni colmillos, no volaban, no corrían lo suficiente y nadaban mal. Aún no existía la agricultura como tal y el verdadero desarrollo físico e intelectual de los primeros homínidos se produjo cuando fueron capaces de fabricar armas y cazar, cuando comenzaron a ingerir carne y grasa animal, es decir, a aportar a sus organismos gran cantidad de proteínas y calorías.

Se cazaba con lanzas o con flechas, se sacrificaba a los animales para alimentarse de ellos y, desde luego, no tenía importancia si la muerte de la presa suponía para ella sufrimiento o dolor. Se trataba de la naturaleza real, del mundo natural salvaje, en el que el ser humano se comportaba como un animal más, como un depredador, y realmente así sigue siendo, aunque lo que sí se ha producido es una enorme evolución en los métodos de sacrificio de los animales.

....

En la actualidad no se sacrifica con lanzas ni con flechas pues podemos permitirnos evitar, en la medida de lo posible, el dolor, el estrés y el sufrimiento del animal que va a ser sacrificado.

....

El sacrificio no es un asesinato; todo sacrificio tiene un fin noble. En el caso de la ganadería, de la producción animal, los animales son sacrificados para alimentar al ser humano. En algunas culturas o civilizaciones, el acto del sacrificio animal suele ir incluso acompañado de una oración o expresión en la que se pide perdón al animal por sacrificarlo, pero el fin del hecho, la muerte del animal, es necesaria y obedece a una función superior, la alimentación y, por tanto, la supervivencia del ser humano.

....

Todo sacrificio de un animal cuya finalidad es la alimentación humana es absolutamente ético.

....

En la antigüedad también se realizaban sacrificios humanos por motivos religiosos, para satisfacer a los dioses, pedir perdón o evitar castigos divinos en forma de catástrofes. Afortunadamente ya no se sacrifica a nadie para evitar que truene o conseguir que llueva.

El sacrificio en el matadero. El aturdimiento

En Europa y en los países occidentales existen multitud de normas de bienestar animal que deben cumplirse en el sacrificio de los animales: carga y descarga de los animales, en el transporte de los mismos al matadero, aturdimiento obligatorio previo al sacrificio, normas propias del acto del sacrificio, decomisos o retirada de animales enteros o partes de animales no aptos para ser sacrificados, etc.

Todas estas normas son de obligado cumplimiento y en ningún matadero puede realizarse el sacrificio sin la presencia de un veterinario oficial de la Administración competente, que desempeña el papel de autoridad.

El veterinario del matadero es la persona que garantiza el cumplimiento de todas las normas, que vela por la seguridad alimentaria posterior de todos los productos obtenidos del sacrificio del ganado.

Tiene la autoridad y la capacidad de decomisar cualquier animal o parte de animal que considere que no cumple con los criterios necesarios para seguir su camino en la cadena alimentaria.

En la ganadería, y en la profesión veterinaria en general, está permitida la eutanasia o el sacrificio humanitario, siempre como última opción y en animales enfermos, que sufren dolor o no son aptos para ser destinados a la cadena de alimentación humana por el motivo que fuere.

Como ya he dicho, es obligatorio siempre el aturdimiento previo del animal antes del sacrificio. Solo existen algunas excepciones en las que se permite sacrificar sin aturdimiento previo por motivos de índole religiosa. En las culturas árabe y judía, por ejemplo.

La finalidad del aturdimiento no es otra que evitar el sufrimiento y el dolor que supone el acto del sacrificio. Un aturdimiento correcto implica la recuperación completa del animal pasados ciertos minutos si por cualquier razón no fuese después sacrificado. Pero en este punto es importante indicar que el aturdimiento en sí, sea realizado por el método que sea, también ocasiona algún dolor, aunque siempre menor que el sacrificio en sí, porque para eso se realiza.

....

La muerte, en todos los casos, implica cierto grado de sufrimiento y dolor, sea en los animales o en los seres humanos, en la naturaleza o en un matadero, sea por enfermedad, accidente, sacrificio, asesinato o muerte súbita.

....

Incluso en la sociedad humana, en la que existen la analgesia, la sedación y la anestesia, en ciertos momentos existirá dolor.

Existen diversos métodos de aturdimiento de los animales. El más utilizado es la descarga eléctrica, que puede realizarse de distintas maneras en función de la especie de la que se trate: baño eléctrico o pistolas de descarga. También pueden utilizarse la inhalación de gas y algún otro.

¿Cómo se sacrifica un animal de granja en un matadero? Esta es una pregunta muy recurrente que se realiza en visitas a granjas o mataderos.

Es importante explicar que la muerte de todos los animales que van a ser destinados a la cadena de alimentación humana se produce siempre por desangrado del animal tras realizársele un corte en el cuello.

Con aturdimiento previo obligatorio, recuerdo.

La canal, es decir, la carne del animal sacrificado, debe quedar siempre vacía de sangre; este es el motivo por el que se realiza de esta manera, por desangrado.

El sacrificio en la naturaleza

La naturaleza es cruel; en ella no cabe la piedad.

....

En la naturaleza, la víctima, la presa, va a sufrir sin ninguna duda un estrés y un dolor mucho mayores que el que podamos provocar nosotros con un sacrificio en un matadero. Esto nos diferencia del resto del reino animal y nos hace diferentes, nos da esa cualidad «humana».

....

Todos podemos ser capaces de imaginar el estrés y el sufrimiento que puede sentir un animal, primero al ser perseguido durante largo tiempo por una manada de depredadores, un ciervo perseguido por una manada de lobos o un pequeño antílope perseguido por una manada de leonas, y después cuando termina por ser atrapado y devorado vivo.

En la naturaleza también se producen comportamientos de espera e incluso de recreación por parte de los depredadores con la presa antes de darle muerte y devorarla o, en ocasiones, ni esto último. Una leona, por ejemplo, puede cazar a una presa y dejarla incapacitada o inmóvil para que sean sus cachorros los que acaben sacrificándola y devorándola como método de aprendizaje. Aunque acabarán aprendiendo, al principio los cachorros no saben cómo matar correcta y rápidamente al animal, así que podemos suponer una muerte lenta y sufrida de la presa. Un gato juguetea en ocasiones con un ratón durante cierto tiempo antes de acabar dándole muerte y dejarle allí moribundo para que acabe muriendo por las heridas provocadas durante el jugueteo.

Estos comportamientos de espera o recreación se contemplan como normales en el marco de la naturaleza pero serían absolutamente inconcebibles si fuese el ser humano el que los llevara a cabo. Por eso vuelvo a referirme y a insistir en calificar de ético cualquier sacrificio cuyo fin sea la alimentación del ser humano.

....

También se ha acusado al ser humano en muchas ocasiones de ser el único animal capaz de matar sin necesidad de alimentarse.

....

Esto no solo no es cierto sino que es más bien al revés. En la naturaleza existen muchas especies animales que matan por motivos distintos a la alimentación. Un zorro que consigue penetrar en un gallinero mata a todas las gallinas aunque no se coma más que un par de ellas y se lleve otro par para alimentar a su prole. También existen muchas especies animales capaces de matar a una camada de cachorros de una hembra de su propia especie porque no son descendencia suya. Muertes por competencia sexual, por competencia territorial, por motivos distintos al puramente alimenticio.

Sin embargo, como norma general podríamos atrevernos a decir que el ser humano no mata animales que no vayan a ser destinados a la cadena alimentaria, que no vayan a proporcionar alimento, salvo que se trate de sacrificios por motivos humanitarios como la eutanasia. Todos los demás comportamientos que supongan muertes de animales no autorizadas ya están tipificados como faltas o delitos en el marco legal de cualquier país desarrollado.

El sacrificio animal

Sacrificar, dar muerte a un animal, es el origen del que parte toda la ideología animalista y su derivado denominado veganismo.

Toda la desconexión originada al otorgar sentimientos y cualidades humanas a los animales desde que los niños son muy pequeños, con los dibujos animados, apoyada fuertemente después durante su educación desde esas mismas concepciones de los animales como seres con todo tipo de capacidades humanas, e incluso sobrehumanas, desemboca inexorablemente en que casi cualquier persona, especialmente en los entornos urbanos, contemple el sacrifico animal como un verdadero asesinato.

Esta visión del sacrificio animal como un asesinato es el origen del movimiento animalista, que ha creado partidos políticos que gozan de gran respaldo popular consecuencia de esta desconexión humana del mundo animal y del descontento con los partidos políticos tradicionales, incapaces de solucionar los problemas más importantes de la sociedad del país.

EL ANIMALISMO

Hasta hoy el término animalista no figura en el diccionario de la RAE como lo que entendemos todos que significa ahora; solo hace referencia a representaciones de animales en escultura o pintura.

El concepto actual de animalista define a una persona a la que le gustan los animales, que ama a los animales, que defiende los derechos de los animales, que vela por el bienestar de los animales... Según esto, prácticamente toda la población es animalista porque, ¿a quién no le gustan los animales? ¿Quién maltrata a los animales? ¿Quién no tiene o no ha tenido nunca una mascota, la ha cuidado y mimado, y ha llorado cuando ha muerto?

Lo que ocurre es que del término animalista se han apropiado extremistas y sectarios militantes de algunas llamadas ONG que promulgan la igualdad de derechos entre animales y seres humanos.

El derecho es un concepto puramente humano, hasta ahora aplicado a personas cuando se vive en sociedad: derecho al trabajo, a la huelga, a la vivienda... Pero normalmente los derechos deben ir siempre asociados a obligaciones. Podemos dotar a los animales de los derechos que queramos porque ellos nunca van a reclamar ninguno. El principal derecho es el derecho a la vida, claro, pero luego podemos añadir, por ejemplo, el derecho a alimentarse, ¿aunque lo hagan de seres humanos? El derecho a tener un lugar donde vivir, ¿aunque lo hagan en nuestra casa o dentro de nuestro cuerpo?

Estamos hablando de un animalismo de salón: me gustan los animales, amo a los animales luego no como animales, soy animalista y vegano.

Dentro del reino animal también se encuentran las serpientes, las arañas, las avispas, los parásitos e incluso, apurando el término, las bacterias. Todos estos también deberían tener derecho a vivir, el derecho principal, incluso si lo hacen en tu casa o dentro de tu propio cuerpo, y también todos los demás derechos que queramos añadir.

Si no es así, hablamos de un concepto puramente demagógico e incluso hipócrita, un concepto puramente antropocéntrico, en el que el ser humano es el centro y al resto de seres vivos se les puede, o no, matar y comer atendiendo a criterios puramente humanos, justamente lo contrario de lo que promulgan estos mismos sectores en sus eslóganes de igualdad entre animales y seres humanos.

El auténtico animalismo pasa por salvar animales de incendios o catástrofes, evitar el tráfico de animales exóticos, luchar contra la caza furtiva, y trabajar en perreras o centros de recuperación de animales.

Otro concepto del que se les puede oír hablar hasta niveles de saturación a estos autodenominados animalistas es el de luchar contra el maltrato animal. Por supuesto que hay que luchar contra cualquier tipo de maltrato animal; el problema radica en qué situaciones consideramos que se produce verdaderamente un maltrato animal. Todos tenemos claro que apalear a un perro es maltrato, fuese cual fuese la razón por la que se hiciera, pero cuando afirmamos que una actividad como la ganadería es maltrato animal o que en los zoos o los delfinarios se maltrata a los animales estamos hablando de concepciones radicales de este animalismo.

Esta corriente animalista está estrechamente relacionada con el veganismo en la alimentación. Antes había dietas vegetarianas, que teóricamente lo que defendían era una alimentación sana, pero ahora este tipo de dietas empiezan a ser ya directamente veganas, en las que lo realmente importante es que no se produzca, no ya solo el sacrificio del animal, sino cualquier tipo de explotación de este, pues esto mismo ya se considera maltrato animal *per se*.

Este animalismo/veganismo se ha convertido en una razón de fe, una imposición de ideas y sentimientos frente a la realidad biológica del cuerpo humano, que incita al consumo de carne y productos animales. Se trata de algo similar al concepto de las vacas sagradas de la India, pero extendido y aplicado a cualquier especie animal.

Pero lo peor de esta ideología es que trata de imponer estas ideas en los demás porque lo que se defiende es lo correcto, porque lo que piensan y hacen los demás, que es lo que se había hecho hasta ahora, está equivocado, es atroz, ancestral.

El problema radica en que se «empatiza» y se da más importancia al pollo que al ganadero; lo que realmente importa es que el pollo viva bien, tenga su espacio, su comida, su agua para beber… que sea «feliz»; todo a costa del ganadero, claro, y lo que a este le ocurra pues es su problema o es problema de otros.

Como buen radicalismo, no tiene término medio, y en el sector del maltrato animal incluyen corridas y festejos taurinos, caza, pesca, ganadería, zoos, circos, animales de experimentación e incluso a cualquier persona que posea un animal en cautividad o fuera de su hábitat natural: pájaros enjaulados, peceras, terrarios, perros de caza, etc.

EL SACRIFICIO CERO

En los programas políticos de los partidos autodenominados animalistas se marca como objetivo principal el sacrificio animal cero, esto es, conseguir que el ser humano no sacrifique a ningún animal, sea de la especie que sea y por el motivo que sea.

Y así, se pretende prohibir:

- El sacrificio de perros y de cualquier otro animal en todos los centros de protección y conservación de especies animales, en lo que anteriormente se llamaban perreras o en cualquier otro centro autorizado que albergue animales, excepto la eutanasia autorizada por motivos humanitarios.
- Las corridas de toros y todos los festejos taurinos u otros en los que se utilicen animales.
- La caza.
- La utilización de animales en experimentación.
- La ganadería, incluso la extensiva.

Pero estos grupos animalistas pretenden prohibir, no solo el sacrificio de cualquier animal, sino también cualquier acontecimiento en el que se muestre o exhiba a algún animal por distintos motivos. Hablamos de circos, zoológicos, acuarios, delfinarios, procesiones, romerías, cabalgatas, belenes, la cetrería, el silvestrismo (cazar y criar pajaritos) y las tiendas de animales (excepto los peces). Solo se permitirá tener animales en cautividad en centros autorizados para la conservación o la protección de distintas especies animales.

En realidad, todo esto es una auténtica utopía:

- Porque los festejos taurinos están profundamente arraigados en la cultura de nuestro país y suponen millones de euros en el producto interior bruto del país y proporcionan miles de puestos de trabajo directos e indirectos.
- Porque la caza es absolutamente necesaria, especialmente para el control y la regulación de la fauna salvaje.

- Porque los animales de experimentación son imprescindibles para el desarrollo de fármacos, vacunas y medicamentos que lograrán salvar millones de vidas humanas en el futuro, como lo han hecho en el pasado.

....

La ganadería y los productos obtenidos de ella siguen siendo, y, aunque a muchos les pese, seguirán siendo, un pilar básico y fundamental de la alimentación humana.

....

- Huevos, leche, carne y pescado son alimentos primordiales para el ser humano y esto se observa con claridad cuando se producen situaciones de crisis o de desabastecimiento, como ocurrió en los momentos más duros de la pandemia por coronavirus, o si se observa lo que sucede en cualquier país o región del mundo donde existen problemas de abastecimiento y adquisición de alimentos.

Las perreras y otros centros de protección animal

Se pretende prohibir el sacrificio en las perreras o cualquier otro centro de protección animal. El perro, como el gato y algún otro animal más en menor medida, se ha convertido en uno más de la familia, llegando hasta el punto de que en este país, legal y oficialmente, se considera ya miembro de la unidad familiar, incluso por delante de los hijos. En muchos casos, especialmente en los entornos urbanos, los perros parecen incluso haber sustituido a los hijos propios y así, se calcula que en España hay en la actualidad más mascotas que niños menores de 15 años.

Recientemente, los animales de compañía se han dejado de considerar legalmente como cosas, lo cual me parece perfecto, porque no lo son, no son cosas. Pero debería quedar claro que tampoco son personas, ni hijos, y creo que el salto que se ha dado en este aspecto ha sido mayor que el que debería. Así, por ejemplo, ahora los jueces pueden establecer custodias compartidas de los perros en caso de separaciones matrimoniales e incluso otorgar regímenes de visitas para el otro «progenitor» cuando no sea su turno de custodia.

Durante mucho tiempo la abundancia de perros y gatos en los hogares urbanos propició el abandono de muchos de ellos. Por supuesto, este abandono también hace tiempo que es considerado un delito y perseguido incluso penalmente.

Esta sobrepoblación canina provocó un colapso de perreras y centros de adopción y recogida de animales. Estos normalmente sobreviven gracias a las ayudas públicas y a donaciones de organizaciones o particulares, pero todos ellos se encuentran casi siempre desbordados y saturados de animales. Esta falta de espacio físico, sumada al riesgo que supone un excesivo número de animales desde el punto de vista sanitario, finalmente los aboca a realizar una planificación de sacrificios selectivos de los animales, ya que el número de los que se adoptan es, prácticamente siempre, menor que el de los que entran en el centro.

Por supuesto, en el anteproyecto de ley de derechos de los animales se prohíbe completamente el sacrificio de cualquier animal, así que para intentar dar una solución a este gran problema se han buscado distintas posibilidades:

- Crear, con dinero público, un numeroso grupo de entidades de protección animal, incluyendo santuarios, con el objetivo de dar cabida al excedente de animales.

- Intentar conseguir la identificación plena de todos los animales de compañía, incluso creando DNIs para perros, para evitar el abandono de los mismos y perseguir a sus propietarios en caso de que esto ocurriese.

- Pero, sobre todo, la esterilización de todos los animales de estos centros. En mi opinión, como ya he dicho, esto atenta contra un derecho fundamental de cualquier animal, que es el de reproducirse, y además provoca en él un cambio físico, fisiológico y de comportamiento. Una norma que, sin duda, va en contra de los propios dogmas animalistas.

En las perreras o en los centros de acogida de animales, que suena mejor, siempre ha habido gatos. Por supuesto, tampoco estos se pueden sacrificar, y lo que se propone para intentar solucionar su enorme proliferación en las ciudades y que no acaben con la fauna avícola urbana (porque los gatos son los principales responsables de que esto ocurra, ya que matan pájaros a millares; su carácter de felinos les convierte en excelentes depredadores, si no los mejores) es controlar las colonias felinas urbanas. Y ¿cómo se propone controlar esto? Pues capturando a los gatos, esterilizándolos y devolviéndolos a la colonia. De nuevo la castración animal como solución a un problema humano: la proliferación de gatos en las ciudades.

La eutanasia en todos estos centros de protección animal está permitida y se realiza de manera habitual con los animales que están gravemente enfermos (cuando se considera que su enfermedad supone ya un sufrimiento para ellos), también en animales violentos o peligrosos, y en animales potencialmente infecciosos y que supongan un peligro real, tanto para la población humana como para la de la propia especie animal.

Aunque la eutanasia animal en estos casos se considera humanitaria, ética y en general está bien vista por la población, los sectores animalistas parecen mostrarse en contra y solo la consideran previo informe veterinario que la aconseje por motivos físicos o psicológicos del animal.

Conviene recordar, por ejemplo, que se produjeron manifestaciones contra el sacrificio del perro de la enfermera española que contrajo el ébola pese a que suponía un potencial riesgo de contagio de la enfermedad para la población.

Y ahora, aunque un perro mate a un niño, antes de proceder a su sacrificio se impone un estudio psicológico del animal para descartar toda posibilidad de que sea socialmente reinsertable. Hay que descartar que la muerte del niño no haya sido un brote de locura del perro, se deba a un accidente, sea culpa del propietario o incluso el propio niño sea el que, con su conducta o actitud, haya desencadenado el ataque del perro.

Porque, según ellos, el perro conscientemente nunca tiene la intención de matar a un niño; todos los perros son buenos por naturaleza, la culpa hay que buscarla en otro lugar. Una vez más olvidan que los perros son perros, igual que los leones son leones, y estos hechos pueden ocurrir cuando el perro, o el animal que sea, tiene el potencial físico para acabar con la vida de una persona.

Estas son cosas que pueden suceder cuando se humaniza a los animales.

Los festejos taurinos y las corridas de toros

Pretenden la prohibición de cualquier tipo de festejo taurino, no solamente de las corridas de toros.

La prohibición de las corridas de toros es el objetivo número uno de cualquier organización que se autodenomine animalista, no solo porque suponga el sacrificio del animal, sino porque todo el festejo en sí les parece que supone una tortura para este.

El toro de lidia, pese a ser criado por el ser humano y considerarse ganado, no es lo que coloquialmente se entiende como un animal doméstico: es un animal peligroso, agresivo, y no solo con los seres humanos, sino con cualquier otro animal que se encuentre en su territorio, e incluso con sus propios compañeros de grupo, aunque sean sus hermanos.

Digo esto porque en círculos animalistas ha intentado venderse una imagen del toro como la de un animal manso y dócil cuando no se le perturba y al que se le puede poner un manojo de hierba en la boca para que coma. Evidentemente esto no es en absoluto cierto.

Porque siendo un animal verdaderamente peligroso como es nunca se permitiría que circulara libremente por los campos y bosques; debería acotarse su movimiento a parques o entornos protegidos donde los seres humanos no tengan libre acceso. Como si se tratara de un tigre, en definitiva. Y si no, pensemos qué ocurre y cuál suele ser el desenlace cuando se escapa algún toro de alguna plaza o encierro y comienza a correr libremente por las calles de un pueblo o por el campo. Desde luego la historia casi nunca termina con un final feliz, al menos no para el toro.

No está de más recordar que el destino final del toro de lidia es obtener de él productos para la alimentación; no se trata en ningún caso de un acontecimiento únicamente para el divertimento humano. De los toros se obtiene una excelente carne y otros productos que forman parte, casi en exclusiva, de la rica gastronomía de nuestro país.

Es difícil encontrar una especie animal, ni entre la ganadería ni en el medio natural, cuya vida sea más placentera que la que tiene el toro de lidia, una vida llena de comodidades y atenciones que nunca encontraría si no formase parte del mundo de la ganadería.

La cría del toro de lidia mantiene, casi por sí sola, un enorme ecosistema de vital importancia en nuestro país, cientos de miles de hectáreas de dehesa. Ahora que se habla tanto de sostenibilidad y cambio climático debería tenerse en cuenta la enorme importancia de esta ganadería en concreto y mirar mucho más allá de los minutos que dura cualquier festejo taurino o los que tarda en sacrificarse al animal en una plaza.

La cría del toro de lidia, evidentemente, se lleva a cabo en el medio rural, ayudando a luchar contra otro de los graves problemas que asolan a nuestro país: la despoblación del medio rural.

Y por último, y no menos importante, la ganadería del toro de lidia genera también una enorme actividad económica. Es patrimonio cultural, historia pura de este país y proporciona miles de puestos de trabajo, directos e indirectos. Como en cualquier otra actividad ganadera, de ella no viven solo el criador y el torero, que es lo que parece que solo se tiene en cuenta y se intenta vender desde esos sectores autodenominados defensores de los animales. No es solo el pastor y sus ovejas. De esta actividad depende directamente la alimentación de muchos miles de bocas humanas e indirectamente la de otros muchos miles. Parece darse a entender que de ella solo vive el torero, pero comienza con el peón que atiende a un toro recién nacido en una finca ganadera y puede terminar en una persona vendiendo un «souvenir» taurino en una pequeña tienda o un camarero sirviendo un plato de rabo de toro a un turista en una ciudad o un pequeño pueblo español.

No me equivoco al afirmar que si el toro de lidia no fuese ganado, sin las corridas de toros o los festejos taurinos de pueblos y ciudades, sería una especie en peligro de extinción, con todos sus ejemplares protegidos en fincas o parques perfectamente acotados al que solo podríamos ver montados en un vehículo adecuado y con un número de individuos infinitamente más pequeño que con el que contamos hoy en día.

Pero como especie ganadera que es, su destino final será la obtención de un producto alimentario, su carne en este caso, y será sacrificado cuando alcance la edad y el peso apropiados para ello.

En cuanto al acontecimiento previo al sacrificio, a lo que es una corrida de toros en sí, son respetables todos los puntos de vista, pero sí es conveniente recordar que la muerte de un ser vivo siempre va a conllevar estrés, sufrimiento y dolor, sea este más o menos prolongado en el tiempo y se produzca en la naturaleza, el matadero o en una plaza. Solo hay una especie animal que puede conseguir una muerte sin dolor: el ser humano. Pero por recordarlo, incluso con esta capacidad de eliminar el dolor, todavía existe un debate ético abierto en todo el mundo con la eutanasia humana.

Las corridas de toros y otros festejos taurinos continúan siendo a día de hoy actividades absolutamente legales y forman parte del patrimonio cultural del país. De hecho, en muchos círculos aún conservan la denominación de «fiesta nacional». Para su prohibición sería necesario un respaldo popular suficiente y que la autoridad competente, apoyándose en ese respaldo popular, promulgara una ley o un decreto que así lo indicara.

Resumiendo, cuando se pide la prohibición de las corridas de toros o de cualquier otro festejo taurino solo se está pensando en un momento concreto, el final de la vida de un animal, en este caso el toro, y no se está considerando todo lo que conlleva. No se está teniendo en cuenta:

- Al propio animal. Si estas actividades se prohibiesen el número de ejemplares sería infinitamente menor y su vida nada tendría que ver con la que llevan actualmente. ¿O es que alguien cree que los toros de lidia vivirían mejor completamente libres por los montes, con el peligro que suponen para las personas, que en las dehesas con todas las atenciones que se les proporcionan?
- A todas las personas que, directa o indirectamente, viven gracias a estas actividades. Muchos miles de ellas, muchas más de las que se imaginan.
- Que son actividades que se originan y realizan en el medio rural, colaborando de manera importante en la lucha contra la despoblación de este.
- Que colaboran de manera importante en el mantenimiento de la biodiversidad y de un ecosistema importantísimo como es la dehesa.
- Que suponen millones de euros que engrosan el producto interior bruto y empujan la economía nacional.
- Que se encuentran profundamente arraigadas en la cultura española y son patrimonio cultural del país.
- La gastronomía y, por ende, el turismo, pilares fundamentales de la economía española.

Podemos imaginar lo que suponen, por ejemplo, unas fiestas como las de San Fermín para una ciudad como Pamplona. Y todo esto es también perfectamente extrapolable a otras muchas ciudades y pueblos, yo diría que a casi todos los de este país.

Prácticamente todas las fiestas de España tienen acontecimientos relacionados con la tauromaquia, y en muchas de ellas se podría decir que es el acontecimiento principal de las fiestas: encierros, vaquillas, muchas variantes.

Casi no se pueden entender unas fiestas populares en España sin un festejo taurino.

En algunos pueblos se ha intentado sustituir la tauromaquia por algún festejo alternativo, pero finalmente no ha solido cuajar en la propia población local.

La caza

Los «animalistas» también pretenden la prohibición de la caza y de otras actividades cinegéticas.

En muchos entornos urbanos, especialmente entre las nuevas generaciones de jóvenes, se tiene una concepción del cazador como la de una persona que se levanta una mañana con su escopeta para pegar tiros y matar a algún animal «por deporte».

Como me dijo un día un cazador: «Si me atas un ciervo a un árbol y me dices que le pegue un tiro no lo haría jamás, porque a mí lo que me gusta es cazar, no matar».

Creo que esto describe perfectamente lo que supone la caza para alguien verdaderamente aficionado a ella, para un verdadero cazador. Porque lo que ha hecho a los seres humanos cazadores ha sido, desde hace millones de años, su necesidad de alimentarse, lo que ha permitido que hayamos llegado hasta aquí y seamos ahora lo que somos: las proteínas y las calorías de la carne y la grasa de un animal.

El ser humano ha sido siempre, y continúa siéndolo, aunque ahora en las civilizaciones urbanas más desarrolladas permanezca oculto, cazador recolector. La caza está en la genética humana.

Lo que verdaderamente ama una persona de la caza no es propiamente el acto de matar al animal, sino toda la actividad que implica salir a cazar. Aunque hay muchos tipos distintos de caza, un día de caza puede suponer, por ejemplo, levantarse antes de salir el sol, preparar a los perros, desplazarse hasta el coto o el monte donde se va a cazar, juntarse con otros cazadores para emprender una marcha de kilómetros con los perros en plena naturaleza respirando aire puro y haciendo de paso una actividad física, acechar a las presas para, si se tiene suerte y puntería, finalmente matar a alguna de ellas. Y aquí está el quid de la cuestión por el que la caza es atacada por todos los defensores del sacrificio cero de animales: la caza supone finalmente la muerte de un animal.

Porque, al menos hasta ahora, una caza con éxito siempre termina con la muerte de un animal, si no no sería caza; sería pasear por el monte con un arma al hombro. Pero la tecnología avanza tanto y las presiones en el sentido de no matar animales son tan grandes que, posiblemente y en algún tiempo, habrá escopetas «virtuales», como si se tratase de un videojuego o una actividad de «paintball», en la que al animal se le disparará una bola de pintura en lugar de una bala, o se realizará algo similar a lo que ocurre actualmente con la pesca sin muerte.

Pero aun así siempre seguirá siendo necesario cazar con muerte para controlar poblaciones de determinadas especies animales o para alimentarnos, para no perder una joya gastronómica tradicional de este país como son todos los platos de productos derivados de la caza y que, en muchos casos, suponen el pilar económico de la población de las zonas rurales de la «España Vacía».

Como crítica a la actividad cinegética he oído calificar a la caza como una actividad de ricos, y para intentar demostrarlo se muestran imágenes o textos en los que se observa o cita a reyes haciendo safaris o cazando a caballo, como antiguamente en las cacerías de zorros por ejemplo. Es cierto que mediáticamente es lo que llegaba a la población, pero mientras el rey salía a cazar un día cada cierto tiempo como entretenimiento porque a él y a su corte nunca les faltaba el alimento, todo el resto de la población debía salir a cazar prácticamente a diario si quería llevarse algo de comer a la boca.

La caza es más una actividad de pobres o de supervivientes que de ricos; a estos no les hace falta cazar porque hay otros que lo hacen por ellos.

Lo que intento hacer ver con esto es que todo el mundo cazaba y caza, el rey y todos los demás.

Y aunque en general predomina una percepción de los cazadores como de personas que matan animales, se obvia por interés o se desconoce que son ellos, los cazadores, junto con los ganaderos, los que en determinados momentos de penuria para la fauna silvestre, como pueden ser incendios, nevadas copiosas o sequías, se preocupan de que a los animales no les falte el agua o el alimento. Son ellos los que instalan o llenan los abrevaderos en los montes para que los animales beban o les proporcionan paja o pienso en lugares concretos para que puedan sobrevivir. Y no solamente a las especies que se pueden cazar, sino a cualquier animal que pueda acceder a estos puntos en busca de comida o bebida.

Cuando suceden acontecimientos verdaderamente dramáticos que comprometen la vida de la fauna silvestre es cuando se puede descubrir quiénes son los auténticos animalistas, los que de verdad defienden la vida animal y los derechos de los animales.

Desde los medios de comunicación, las redes sociales, los despachos y determinadas organizaciones resulta muy fácil señalar, pero después es difícil ver a ninguna persona de esos sectores calzarse las botas, coger una pala y tirarse al monte para salvar animales cuando estos los necesitan. Existe vida animal más allá de los perros y los gatos urbanos.

Y hablando de perros, existen numerosas razas de perros de aptitud cazadora. Muchas de estas razas han sido «recicladas» a perros de compañía en los medios urbanos, pero al igual que ocurre con el ser humano y su genética cazadora, estas razas de perros continúan siendo cazadoras: *setter, pointer, cocker, teckel, beagle,* braco, galgo, podenco, etc.

Recientemente he leído que en una encuesta realizada entre la población general (entiendo que cuando habla de población general se refiere a población urbana, como no podía ser de otra forma), más del 70 % de los encuestados opinaban que estaban en contra de que se utilizaran perros en las cacerías, ya que consideraban que estos perros eran sistemáticamente maltratados por sus dueños cazadores durante prácticamente toda su vida.

Un nuevo ejemplo de desconexión rural, porque aparte de que, como norma general, esto es absolutamente falso, la pregunta que me surge inmediatamente es ¿qué ocurriría con todos estos perros de razas de aptitud cazadora? ¿Deberían reconvertirse todos a animales de compañía y vivir con los seres humanos en un piso o una casa de ciudad?

Ahora que está de moda hablar de felicidad animal y que el bienestar de un animal se basa en intentar reproducir lo máximo posible el comportamiento que el animal tendría en su hábitat natural, creo que no puede haber felicidad mayor y un comportamiento más natural para un perro de una cualquiera de estas razas que salir a cazar por la naturaleza. Desde luego infinitamente mayor bienestar que bajar atado desde su piso de ciudad al parque más próximo para hacer sus necesidades en una esquina.

Y aunque en todos los aspectos de la vida siempre existen excepciones, los cazadores propietarios de perros de caza cuidan, alimentan y atienden con mimo a sus animales porque son fundamentales para esa actividad. Justo al contrario de lo que piensan los sectores animalistas urbanos, profundos desconocedores en general de la actividad cinegética, que venden siempre una imagen del cazador como de persona maltratadora de perros, a los que finalmente acaba por abandonar e incluso matar cuando ya no son capaces de cazar porque se han hecho viejos o les ha surgido algún problema físico.

....

*Cuando uno lee la nueva ley de protección de dere-
chos de los animales se da cuenta de que en ella se
considera al cazador como uno de los principales, si
no el principal, responsables del maltrato y abandono de los perros. Y así, muchos de sus artículos
van dirigidos directamente a legislar, dificultando lo
máximo posible la tenencia de perros de caza.*

....

Parecen haber olvidado a todas esas personas que compran un perrito por Navidad como regalo para su hijo y al
que abandonan después en cualquier lugar y de cualquier
manera cuando el animal crece y ya no es tan «mono», cuando ya no es un juguete sino un ser vivo que necesita atenciones, alimento, al que hay que sacar varias veces al día para
que haga sus necesidades y con el que además no saben qué
hacer cuando pretenden irse de vacaciones.

Invito a todo aquel que tenga dudas sobre los principales responsables del abandono de perros a que se dé una
vuelta por alguna perrera o centro de protección animal y
observe qué tipo de perros son los que, en aplastante mayoría, habitan en esos lugares, cuántos de esos perros pertenecen a razas de aptitud cazadora y han sido abandonados por
cazadores. Se darán cuenta de que son una pequeña minoría.

En lo que afecta a los cazadores sobre sus perros, en el
primer borrador de la ley de protección de derechos de los
animales se obligaba a tener a los animales esterilizados
salvo que se fuese criador autorizado, se prohibía la tenencia de más de 5 perros, se indicaban normas estrictas sobre
el transporte de perros, se sancionaba con multas de hasta
600.000 euros el abandono de perros, se obligaba a una revi-
sión anual del perro a partir de los 7 años por un veterinario
para decidir si estaba en condiciones físicas o psicológicas
para seguir cazando, se obligaba también a la jubilación y

al mantenimiento del perro una vez no tuviese esas condiciones, nunca debía dejarse el perro atado si se encontraba solo, era obligatoria una visita diaria al perro cada 24 h para asegurarse de que estaba en perfectas condiciones, se instauraba el DNI canino por ser el perro miembro de la unidad familiar y alguna otra más.

Ninguna de estas normas debería sorprendernos ya que la ley ha sido redactada desde un despacho urbano por «autoridades» desconocedoras de la realidad de lo que supone para el medio rural una actividad humana histórica como es la caza.

La caza como «salir a pegar tiros porque me apetece» hace mucho tiempo que dejó de tener sentido, incluso entre los propios cazadores.

Es cierto que el furtivismo no ha desaparecido del todo y debe ser perseguido, es ilegal y su práctica perjudica, no solo a la fauna silvestre, sino a todo el sector de la caza, porque los sectores animalistas radicales utilizan los casos que ocurren para hacer de la excepción la norma y generar en la opinión pública un sentimiento de rechazo general a todo el sector.

También es cierto que entre bastantes individuos cazadores aún perdura el sentimiento de «trofeitis», de intentar cazar al animal más grande o con la cornamenta de mayor tamaño para luego poder mostrarse como grandes cazadores e incluso los mejores cazadores. Este sentimiento existe en todos los aspectos de la vida humana; nadie está a salvo de querer ser el mejor en algo: el más rápido, el más fuerte, el más listo o el más guapo. Y este sentimiento está también presente entre los cazadores, por supuesto. Pero no es mejor cazador el que obtiene la pieza más grande sino el que mejor caza cumpliendo las normas.

La caza es una de las actividades humanas con mayor legislación, regulación y prohibiciones que existen y es absolutamente necesaria e imprescindible desde varios aspectos:

- Todos los productos obtenidos con la caza son destinados a la alimentación, ya sea la humana o la de otros animales, como por ejemplo la alimentación de las mascotas de los habitantes urbanos. Históricamente, incluso genéticamente, el objetivo de cazar no era otro que el de obtener alimento. Que a nadie le quepa duda de que si la sociedad, tal y como está concebida actualmente, saltara por los aires, inmediatamente todos volveríamos a ser lo que nunca hemos dejado de ser realmente: cazadores recolectores. Por el motivo que sea, ante la ausencia de alimento, el ser humano retorna al modo cazador e intentará cazar, para poder alimentarse, cualquier animal que tenga a su alcance, ya sea un conejo o un grillo.

- La caza es imprescindible para el control de ciertas poblaciones de animales, cuyo incremento puede resultar perjudicial e incluso peligroso, no solo para el ser humano, sino para el equilibrio natural del ecosistema. Todos hemos oído hablar de problemas con las poblaciones de jabalíes, conejos, topillos, ciertas aves y, sobre todo, ciervos o corzos. Y lo mismo sucede con las especies animales depredadoras, como los lobos o los zorros.

  Estas sobrepoblaciones de animales originan graves problemas en los cultivos agrícolas, matan el ganado o provocan accidentes cuando algunos de sus individuos penetran en las carreteras. En las carreteras de algunas provincias de la España despoblada llegan a producirse de media diaria anual hasta 6 accidentes de vehículos en los que se encuentra implicado algún animal de la fauna silvestre. Y eso que se trata de la España despoblada, con un movimiento de vehículos en carretera muy inferior al de cualquier otra zona de España.

También debe tenerse en cuenta que una población excesiva de algunas especies animales supone un aumento considerable del riesgo de transmisión de enfermedades, tanto a otras especies silvestres como a los animales domésticos, al ganado e incluso al ser humano.

El desarrollo de la humanidad ha quebrado el equilibrio natural, de modo que la caza es la única manera de poder controlar ciertas poblaciones animales.

Nos guste o no, el ser humano maneja todo el ecosistema. Los humanos construimos ciudades, carreteras, puertos, aeropuertos, industrias, etc., lo que ha hecho que los animales hayan tenido que ir paulatinamente retirándose de sus hábitats naturales y así, prácticamente todos los que viven ahora salvajes y en libertad lo hacen en reservas, parques naturales o zonas acotadas o restringidas. No permitimos que ningún animal circule libremente (ni siquiera nuestros perros) por las calles o las calzadas de las ciudades y, cuando esto ocurre de manera accidental, el animal en cuestión es devuelto a su hábitat o capturado.

Muchos individuos de los sectores anticaza proponen como solución a este problema de sobrepoblación de determinadas especies animales en algunas zonas o regiones el introducir otras especies depredadoras de las primeras, pero esto no solo no solucionará el problema sino que seguramente provocará otros. Por ejemplo, para luchar contra un excesivo número de jabalíes, ¿qué especie depredadora introduciríamos? ¿Leones? Porque el único depredador que tiene el jabalí es el ser humano. El jabalí es un animal tremendamente poderoso y muy peligroso en un momento dado, un gran riesgo para cualquiera que intente atacarlo a él o a su prole. Cualquier depredador, incluso aunque fuese un león, preferiría cazar otra especie animal que hubiera en esa zona antes de arriesgar su vida intentando cazar un jabalí. O para luchar contra una sobrepoblación de corzos, ¿introducimos lobos? Ya hay corzos y lobos, y resulta que los lobos, aunque sí llegan a matar corzos, muchas veces prefieren matar terneros o corderos.

Introducir alguna especie animal con verdadera capacidad depredadora sobre otra podría llevar incluso a tener que acabar luchando también contra una futura sobrepoblación de la especie introducida, precisamente por el éxito en el objetivo del control de la primera especie origen del problema.

En los parques nacionales de este país está prohibida la caza. En alguno de ellos han tenido que comenzar ya a realizar sacrificios de algunas especies animales (ciervos o cabras montesas por ejemplo) debido a que su numerosa población estaba comenzando a terminar con la flora autóctona y creando un importante desequilibrio en el ecosistema del parque. Al estar prohibida la caza por ley, la eliminación de este exceso de animales se está realizando poniéndoles trampas. Una vez en ellas, los animales pueden permanecer allí horas para finalmente ser también eliminados, eso sí, por el método que esté considerado menos doloroso (que normalmente suele ser un tiro, por cierto).

Pueden llamarlo como quieran pero esto también es cazar, y desde mi punto de vista, matar a un animal de esta manera es bastante menos «humano» y más sufrido para el animal que la caza tradicional. Me gustaría recordar que, como norma general, la caza con cepos o lazos está prohibida porque supone sufrimiento del animal, aunque sí se permiten algunos sistemas más selectivos y las trampas.

Realmente lo único importante en todo esto es que no haya cazadores, que no haya personas cazando con escopetas, aunque finalmente también haya que matar animales porque no quede otro remedio.

La solución al control poblacional de determinadas especies animales pasa inexorablemente por la caza.

- La caza supone un enorme beneficio económico para la población rural; su restricción excesiva o su prohibición supondría la estocada final para muchos pequeños pueblos de lo que ahora conocemos como la «España Vacía». En muchos de ellos la caza supone prácticamente la única fuente externa de ingresos anual a través de los cánones que se pagan por cazar en territorios municipales. De la actividad cinegética dependen también las casas rurales y los pocos y pequeños establecimientos, bares y restaurantes que aún sobreviven en esos lugares tan apartados y despoblados. En muchos de estos establecimientos los productos de la caza constituyen elementos clave como atractivo para visitantes amantes de la gastronomía.

Como he mencionado antes, la caza es una de las actividades más reguladas que existen. Existe un exhaustivo control de la actividad de caza por parte de la Administración estatal y autonómica.

Para empezar, nadie puede tener un arma de fuego sin un permiso de armas. Para obtener un permiso de armas es necesario pasar un examen teórico, otro práctico y un test psicotécnico.

En España, afortunadamente, existe un riguroso control para la posesión de armas de fuego, sean del tipo que sean.

Uno no puede entrar en una armería y comprar una escopeta de buenas a primeras. Las fuerzas de seguridad tienen un absoluto control sobre todas las personas que poseen algún tipo de arma de fuego, ya sean escopetas de caza, rifles, pistolas de tiro deportivo, revólveres de miembros de la seguridad privada, etc.

Pero incluso después de obtener un permiso de armas, para poder cazar es necesario tener una licencia; la caza es una actividad federada. Nadie puede salir al monte a disparar un solo tiro por su cuenta, como creen algunos desde ciertos entornos urbanos. En España, la federación de caza es una de que mayor número de personas federadas tiene, claramente por detrás de la federación de fútbol, pero al nivel de otras importantes federaciones deportivas como las de baloncesto, golf o los deportes de montaña.. Una cifra verdaderamente considerable y que se debe tener en cuenta, porque si esto es así será por algún motivo que, estoy seguro, no es precisamente el de salir armado a matar animales por puro placer.

La caza se realiza en cotos privados o en reservas naturales, y en estas últimas la caza no puede llevarse a cabo si no se va acompañado de un guarda. Ambos, cotos y reservas, están controlados por la Administración competente y existen limitaciones sobre el número de animales que se pueden cazar y las épocas del año en la que no puede practicarse la caza en ellos, las vedas.

Estas vedas son distintas en función de la especie animal e incluso del sexo o la edad del animal. Por ejemplo, no se permite cazar una determinada especie en los periodos en los que las hembras están preñadas o tienen a su cargo crías lactantes o de corta edad. Y por supuesto, es perfectamente posible prohibir la caza de una determinada especie animal durante un cierto periodo de tiempo, e incluso indefinidamente, si se observara que el número de individuos de esa especie alcanza cifras que ponen en peligro su supervivencia, que se encontrara al borde de ser considerada en peligro de extinción.

Cualquier falta o delito en alguno de estos aspectos es fuertemente penado, incluso con penas de prisión.

....

La caza es absolutamente imprescindible para poder mantener un equilibrio entre la naturaleza y la sociedad humana, para la supervivencia del mundo rural y además proporciona alimento al ser humano.

....

La caza del lobo

No seré yo quien desde estas líneas vaya a dar la solución al problema secular de coexistencia entre ganaderos y lobos, pero sí me gustaría hacer unos apuntes para la reflexión.

El lobo no es un asesino, es simplemente una gran especie depredadora que se encuentra en lo más alto de la cadena trófica y que no tiene depredadores más allá del ser humano. Pero tampoco es vegetariano, como prácticamente se insinúa y se puede leer en algunos libros de primaria de este país, en los que literalmente se dice que los lobos son «dóciles y majos» y que nunca se alimentan de aves ni de terneros.

El lobo fue implacablemente perseguido porque en los tiempos de penuria económica y alimentaria, en los que tener terneros o corderos era sinónimo de poder alimentarse, no era posible permitir que un animal, el que fuese, acabase con la vida del único sustento alimentario de muchos seres humanos. ¿Qué haría absolutamente cualquiera si alguien pretendiese acabar con prácticamente su única fuente de alimento?

Es cierto que el lobo fue brutalmente perseguido durante años y su caza indiscriminada redujo su población hasta convertirla en una especie en peligro de extinción, pero en la actualidad, en las comunidades autónomas españolas en las que habita, gracias a los planes de gestión de la especie (que hasta ahora incluían la caza del lobo para su control poblacional) se ha conseguido recuperar mucho las poblaciones de lobos, con lo que se demuestra que estos planes estaban funcionando.

Sin embargo, paralelamente al aumento del número de lobos se ha observado una drástica disminución en el número de ganaderos en esas zonas y, a su vez, un aumento en el número de incendios en lugares donde hasta hacía bien poco estos se podían contar con los dedos de una mano.

Quizá estos planes de gestión del lobo fuesen un éxito en lo que al lobo respecta y un absoluto fracaso en estos otros aspectos.

El aumento de las poblaciones de lobos ha llevado consigo un aumento de los ataques al ganado, ya que en los lugares donde habitan en muchas ocasiones escasean las presas silvestres y el ganado les supone un fácil, excelente y abundante aporte cárnico con el que poder alimentarse prácticamente todos los integrantes de la manada.

Pero recientemente las instituciones estatales han aprobado prohibir la caza del lobo con el pretexto, avalado por la comunidad científica (todos ellos sentados en alguna mesa de alguna gran ciudad), de proteger a la especie. Esto ha vuelto a reabrir la herida entre los ganaderos y la Administración sobre el control poblacional del lobo.

Aquí es donde todos debemos reflexionar:

- Por qué se quiere prohibir ahora la caza del lobo para protegerlo cuando en los planes de su gestión poblacional, que incluía su caza regulada, se estaba obteniendo un éxito comprobado.

- Cómo es posible prohibir la caza del lobo gracias a los votos de los representantes de las comunidades autónomas en las que no hay lobos y con el voto en contra de todas las que sí lo tienen. Se quiebra el espíritu de solidaridad que, se supone, debe existir entre las diferentes comunidades para solucionar los problemas de todos. En mi opinión es como si, por ejemplo, en el caso de la erupción del volcán de La Palma, una comunidad autónoma votase en contra de proporcionar una ayuda económica a esta isla porque en la suya no hay volcanes.

- Cómo es posible y responsabilidad de quién el que en algunos libros de texto de educación primaria, de niños de entre 6 y 13 años, esté escrito que los lobos no matan ganado cuando está comprobado que esto ocurre casi a diario.

Como ocurre con el resto de la caza, en la opinión pública urbana parece haber calado la idea de que los lobos son perseguidos y asesinados libremente por cazadores y ganaderos, lo que está llevando a la desaparición de una apreciada y valorada especie autóctona casi exclusiva de nuestro país. La realidad es bien diferente: la población de lobos ha aumentado considerablemente en estos últimos años pese a estar permitida su caza controlada y ello está originando un verdadero problema de supervivencia a una especie que no solo no está protegida sino que, de continuar así, podría acabar desapareciendo: el ganadero.

Los animales de experimentación

Prohibir el sacrificio de los animales de experimentación es darle a la vida humana el mismo valor que la de un ratón. Es posible que para determinados grupos radicales ambas vidas tengan el mismo valor; esto es fácil de decir pero difícil de creer e imposible alcanzar a comprenderlo.

El sacrificio de estos animales de experimentación ha conseguido la salvación de millones de vidas humanas a lo largo de toda la historia de la humanidad, gracias a la realización de ensayos para la obtención de vacunas y antibióticos, sobre trasplantes de órganos y otros muchos.

Las especies que se utilizan para la experimentación son animales con vidas medias muy cortas y generaciones de descendientes muy rápidas, casi siempre roedores, para poder así validar con celeridad los resultados de los ensayos.

Solo en el caso de obtener resultados satisfactorios en estos animales los ensayos pasan entonces a realizarse en especies animales con anatomías y fisiologías próximas al ser humano, como pueden ser los cerdos y los primates.

Con independencia de los ensayos a los que son sometidos todos estos animales, se procura siempre que su vida sea la mejor posible, y hasta en este aspecto existen normas de obligado cumplimiento.

OTRAS PROHIBICIONES

Circos, zoológicos, acuarios y delfinarios

Pretenden que se prohíba la exhibición de animales en recintos fuera de su hábitat natural, aunque es cierto que se realizan algunas excepciones por fuerza mayor, por ejemplo, cuando se trata de especies animales en peligro de extinción.

Zoológicos, circos y acuarios fueron concebidos en sus comienzos como escaparates del mundo animal, y durante toda su historia así se han comportado. En ellos se han realizado durante años atracciones con animales para divertimento del público, si bien es cierto que muchos de estos recintos no han sido precisamente un paradigma del bienestar animal.

Todos estos recintos han ido reconvirtiéndose en centros de recuperación y conservación de diferentes especies de animales, sobre todo salvajes.

Desde luego, actualmente, al menos en los países europeos, los animales que se encuentran en ellos no proceden directamente de la caza; no se va a su hábitat natural a cazarlos para llevarlos al centro. Se trata de animales que ya han nacido en esos recintos o que han sido llevados a ellos porque no podían sobrevivir en el medio natural o su vida corría peligro en él.

También habitan en estos centros animales de especies en peligro de extinción, para su protección y también para intentar lograr una futura repoblación de algún paraje natural del que ya habían desaparecido o en el que se intenta introducir una determinada especie animal.

Los trabajadores de estos centros son personas amantes de los animales, verdaderos animalistas que dedican su vida a los mismos y también, por qué no decirlo, que viven de ello. Estamos hablando de profesionales veterinarios, biólogos, zoólogos y otras profesiones relacionadas con la sanidad y la vida animal, desde luego, la antítesis de cualquier maltratador de animales.

Estos centros sobreviven normalmente gracias a dinero público y a aportaciones particulares, pero su mantenimiento es muy costoso y no cabe duda de que la mejor financiación que pueden conseguir es a través del público. Es por este motivo, y no por otro, por el que se realizan atracciones o exhibiciones con los animales, para atraer público y, por consiguiente, dinero para poder seguir con la actividad.

Llevar a los niños a un zoo o a un circo supone, incluso hoy en día, todo un acontecimiento para ellos. A todos los niños les gusta ver animales, animales que no sean perros, gatos, pajaritos o pececitos y si, además, algunos de estos animales realizan exhibiciones de sus asombrosas cualidades físicas, el resultado es alucinante además de enriquecedor, porque lo que realmente se consigue con esto es que los niños aprendan a amar y respetar aún más a los animales.

Ha sido así como muchos de nosotros hemos podido tener acceso a contemplar especies animales que de otra manera nunca hubiésemos podido observar, por pertenecer a la fauna de lejanos países o continentes.

Todos estos recintos, en muchos casos, suponen el único contacto posible de la población urbana con muchas especies animales, sobre todo salvajes, aunque hoy en día, por la desconexión existente, podrían mostrarse también incluso ovejas o vacas.

Los animales tienen siempre en estos centros el espacio suficiente para desarrollar sus actividades normales (regulado legalmente) y es raro observar a los animales enjaulados, a no ser por una causa mayor, como una enfermedad, o porque con su libertad se ponga en peligro su propia vida, la de los otros animales o la de las personas que los atienden.

Directamente se ha prohibido ya la tenencia de animales en los circos y se pretende que en los zoos o acuarios solo se muestren especies animales autóctonas o aquellas que se encuentren en peligro de extinción o estén dentro de algún programa de recuperación o protección de la especie.

Así que, en pocos años, los animales que podremos ver en los zoos serán ovejas, vacas, toros de lidia, algún lobo, oso o lince y quizá algún delfín u otro animal en peligro de extinción. El que quiera ver un elefante que se vaya a África.

Tiendas de animales, ferias, procesiones, romerías, cabalgatas y belenes

En la ley de protección de los derechos de los animales que se pretende aprobar se hace referencia explícita a todos estos eventos, en los que habitualmente se podían observar siempre distintos animales, como actividades en las que se encuentran fuera de su entorno natural y que, por tanto, suponen estrés y sufrimiento para ellos, así que en los mismos directamente se prohíbe la presencia de animales o se restringe a algo muy simbólico y enormemente regulado y controlado.

Una vez más, en esta ley se parte de una humanización animal y, como en el caso del toro de lidia, solo se está considerando un momento o periodo muy concreto, en que el animal se considera que sufre.

Pero realmente no se está teniendo en cuenta al propio animal, qué ocurriría con él si no existiese dicho evento. Y por supuesto, no se tiene en cuenta a la persona cuyo sustento depende del animal, ni el medio rural en el que vive el animal, ni el medioambiente, ni la economía, ni la cultura, la historia o la tradición.

Lo que más me duele es que no se está teniendo en cuenta a los niños. A estos se les privará, una vez más, de ver lo que realmente desean ver ellos siempre en todos estos eventos: a los animales.

Porque a los niños lo que más les gusta ver en una cabalgata, en un belén, en una feria o en una procesión es a los animales. A los niños, especialmente a los niños urbanos, les gusta ver ovejas, caballos, camellos, bueyes, gallinas, ocas o patos, animales que no pueden ver habitualmente en sus ciudades. Allí, en sus urbes llenas de asfalto solo pueden ver perros, gatos o pájaros (a todos estos que ahora además se pretende castrar), y alguna otra especie de vida urbana, normalmente aves como gorriones y palomas, porque a los animales terrestres no se les permite circular libres por las calles ni calzadas.

Y lo que me produce verdadera tristeza, e incluso vergüenza ajena, es sustituir a los animales de una cabalgata o una procesión por globos con siluetas de animal, animales mecánicos o poner por megafonía sonidos de animales: relinchos de caballos o cacareos de gallinas. Es lamentable y lo único que se consigue así es confundir del todo a los niños.

Además, se está adoctrinando a los niños desde bien pequeños en la idea de que los animales sufren en estos eventos, que sufren por estar fuera de su entorno natural y porque se les obliga a realizar tareas penosas y excesivas para su capacidad física y, sobre todo, psicológica.

Suponen que un caballo sufre cuando se le monta y marcha kilómetros a paso tranquilo o incluso tirando de un carro en una procesión, como si fuesen ellos mismos los que estuviesen siendo montados o tirando del carro, olvidando que ellos no son caballos. Suponen también que una vaca sufre estando tumbada mientras rumia en un recinto cercado de una feria o detrás de las personas en un belén, o que unas ocas están estresadas marchando en fila en una cabalgata de Reyes.

Ese momento tiene una corta y determinada duración, y después el animal no solo no es sacrificado ni nada parecido, sino que vuelve a su vida normal de caballo, vaca u oca; su vida de animal doméstico criado, alimentado, protegido e incluso mimado por un ser humano, por el ganadero.

Y sin embargo, las personas en los medios urbanos viven con galgos, perros pastores o pitbulls en pisos de 60 metros cuadrados, a los que se saca a hacer pipí al parque de debajo de su casa, atados, con bozal o incluso vestidos con abrigo. ¿Es que estos no están fuera de su entorno natural?

Fuera de todas las prohibiciones están los peces. Estos pueden venderse en una tienda y mostrarse encerrados en un cubo de cristal de 1 metro cúbico o de menos. ¿Por qué? Supongo que por la misma razón por la que muchos veganos, cuando por prescripción médica deben consumir proteínas animales, comen pescado y nunca carne. Porque parece que a los peces se les puede matar y comer sin problemas de conciencia, porque según algunos no son seres sensibles y no tienen sentimientos. Así que con ellos puede hacer uno casi lo que quiera y además, como tampoco pueden andar, no los veremos nunca en procesiones ni cabalgatas.

Lo único que se consigue con todas estas leyes y prohibiciones es fomentar aún más la desconexión rural, especialmente la de los niños, fomentar la desconexión de todos del mundo animal, del mundo natural y rural, desconexión que acaba desembocando en ideologías radicales.

Los caballos y otros equinos

Más allá de los perros, si hay otros animales que han acompañado a los seres humanos a lo largo de la historia han sido los equinos, especialmente los caballos.

Seres humanos y equinos han establecido una relación que ha durado siglos pero que ahora está en claro declive por distintos motivos.

Los equinos han sido casi siempre considerados animales de trabajo, un trabajo remunerado con alimento, cuidados y protección. Y así:

- Han sido el principal medio de transporte de los seres humanos durante muchísimos años. El caballo otorgó a las personas la posibilidad de desplazarse largas distancias y en mucho menos tiempo, ya fuera montadas sobre sus lomos o cómodamente sentadas sobre un carromato o dentro de una carroza.

- Han realizado las tareas más duras en el campo, las que los seres humanos no eran capaces de hacer por sí mismos o les suponía un tiempo excesivo.
- Han sido utilizados como divertimento o en actividades deportivas por sus excepcionales cualidades físicas, velocidad, resistencia, capacidad de salto, capacidad de aprendizaje y alto nivel de inteligencia.
- Han servido como animales de compañía, incluso como mascotas, para gentes de la alta aristocracia y la realeza.
- Y han proporcionado, y aún proporcionan, alimento al ser humano. En cierto sentido siempre han sido ganado. Porque la carne de caballo es excelente, una de las mejores en aporte de hierro, y es muy apreciada en algunos países.

En España, la carne de caballo no es muy consumida por una razón exclusivamente cultural. En España un caballo tiene un «estatus» muy elevado para la sociedad y se encuentra casi al nivel del perro.

En general, los seres humanos han cuidado a los caballos de manera excelente, precisamente por el trabajo o la «utilidad» que tenían y los beneficios que les aportaban.

Pero es absolutamente cierto que, a lo largo de la historia, también han sido enormemente maltratados: se les ha apaleado sin motivo, se les ha hecho morir exhaustos por trabajar en exceso o por correr por encima de sus posibilidades, se les ha tiroteado para derribar a su jinete, se les ha drogado para que corrieran más, se los ha utilizado en guerras incluso como bombas andantes y otras barbaridades. Esto es lo que hay que erradicar porque es inaceptable y es auténtico maltrato animal.

Con las excepciones que siempre habrá, los caballos son normalmente muy bien tratados por sus propietarios y por las personas a cuyo cargo se encuentran:

- Se les entrena con preparadores físicos, tienen nutricionistas, veterinarios e incluso fisioterapeutas cuando se dedican a la hípica o las carreras.
- Son casi un matrimonio o una pareja de baile en la doma y también en la hípica.
- Son cuidados con esmero y dedicación cuando realizan actividades de trabajo.
- Son un soldado más en el Ejército.
- Cuando son ganado destinado a la alimentación humana viven siempre en semilibertad pastando por prados verdes o alimentados con pienso o forraje cuando no hay pasto.
- Y no digamos qué tipo de vida presentan cuando su función es la de mascota, cuando alguien tiene un caballo por el mero hecho de que le gustan los caballos y puede permitirse tener uno, porque esto es algo que no está al alcance de cualquiera.

Es absolutamente gratuito afirmar que un caballo se estresa marchando en una cabalgata o en una procesión, que sufre plantado de pie detrás de las personas en un belén, que es maltratado cuando se le monta o que es asesinado en un matadero para obtener su carne con la que después se alimentará a seres humanos.

Pero las líneas de pensamiento animalistas van en este sentido y están calando en la sociedad urbana. Personalmente ya he tenido conocimiento de alguna joven que ha dejado de montar a su caballo, cosa que hacía desde bien niña y que era lo que más le gustaba hacer hasta ese momento, porque ahora considera que así está maltratando a su caballo.

MUERTE DE OTROS ANIMALES

Cuando los grupos animalistas hablan de sacrificio cero toman siempre como referencia a animales como perros, gatos, toros, delfines, cerdos, etc. No están incluyendo en este «cero» a otras muy numerosas especies animales, lo que pone de manifiesto que para estos grupos también existen diferencias de trato para los animales en función de unos determinados criterios.

Es muy complicado establecer un criterio por el cual unos seres vivos, no solo animales, pueden ser sacrificados o utilizados y otros no. Por eso pueden dividir a los seres vivos en función de si poseen o no sistema nervioso, es decir, de si son capaces de sentir o no dolor. Es una manera de quitarse de en medio a un grupo completo de seres vivos como es el de los vegetales, de modo que estos sí pueden sacrificarse y comerse para continuar teniendo un comportamiento alimentario «ético» y seguir viviendo así con la conciencia tranquila.

Los insectos, si tampoco los consideramos como seres sintientes, también pueden eliminarse, aunque no sea para comerse, y evitar así plagas que acaban con nuestras cosechas vegetales de las que sí podemos alimentarnos sin miedo. En la actualidad también se está observando el florecimiento de tendencias que abogan por una futura alimentación humana a base de insectos, que son una buena fuente de proteínas de origen animal. Parece tratarse de convertir a los seres humanos en insectívoros para evitar así alimentarse de seres sensibles y siempre partiendo del hecho de que los insectos no tienen ningún tipo de sensibilidad, aunque realmente sí tengan ojos, madre y sistema nervioso.

Pero hay familias de animales en los que la línea que separa el que puedan ser sacrificados sin traicionar a esta «ética» es muy fina. Por ejemplo los roedores, capaces de multiplicarse por millares y constituir una plaga, de transmitir enfermedades al ser humano, como pasó con la peste bubónica. O ahora también en los murciélagos, como posibles huéspedes origen del coronavirus. Con estos animales, ¿obraríamos correcta y éticamente si los sacrificáramos?

Los rodenticidas han sido los venenos de elección para el control de las plagas de roedores, pero presentaban varios problemas:

- El sufrimiento del animal, ya que este veneno provoca un efecto anticoagulante y la muerte por hemorragia interna.

- Que el animal, bajo los efectos del veneno, vaga agonizante y es fácilmente cazado por algunos depredadores como las rapaces que, al ingerirlo, resultan envenenadas y mueren también.

- El riesgo de que una persona, sobre todo un niño, pueda ingerir el veneno, ya que normalmente los rodenticidas se presentan en forma de cubos de colores vivos que resultan muy llamativos para los niños.

Así que se han sustituido los venenos por papeles adhesivos en los que el roedor se queda pegado por las patas y no se puede mover, hasta que muere. Normalmente esta muerte se produce por hambre o incluso por agotamiento y estrés al intentar despegarse, e incluso se han dado casos en los que los animales han roído sus propias patas para intentar liberarse.

Ya no se envenena pues a ningún roedor, pero en cuanto a una muerte sin sufrimiento no hemos mejorado nada. Pero si la finalidad última es matar al ratón, eso sí se consigue, sí.

Pero siempre quedarán sectores o grupos de individuos que irán más allá.

Hace algunos años se decidió vaciar el estanque de la Casa de Campo de Madrid. Era necesario porque se había convertido prácticamente en un vertedero y rozaba lo insalubre. Se hizo a las bravas, es cierto, eliminando de un plumazo las 14.000 carpas que habitaban en el estanque, especie invasora y que no tenía sentido conservar, además de ser del todo imposible dar cabida en ningún sitio a semejante cantidad de animales. Pues aun así hubo protestas que reclamaron que antes de haber vaciado al estanque había que haber buscado una ubicación adecuada para que las carpas pudiesen continuar con vida. Tenían ese derecho, claro.

La chinche de la malva es un escarabajo que se alimenta de la savia de plantas y árboles. Cuando encuentra las condiciones ideales para su reproducción lo hace formando grupos de millones de individuos que colonizan plantas y árboles, pudiendo llegar a secarlos. Hace un tiempo, en un foro de Internet, una persona explicaba que tenía una plaga de esos insectos en su jardín y preguntaba qué métodos podía utilizar para eliminarlos. Las respuestas que recibía eran del tipo de: ¿qué te han hecho las chinches a ti? O ¿es que ellas no tienen también derecho a vivir? Me pregunto qué pasaría si hubieran sido estas personas las que hubiesen tenido la plaga en su jardín o en su casa. Aunque todos imaginamos lo que ocurriría.

Los insectos se eliminan preferentemente (sobre todo cuando se trata de un gran número de individuos, lo que llamamos plaga) con productos químicos, los insecticidas. También hablamos de pesticidas o plaguicidas cuando los productos se utilizan para combatir esas plagas de animales, hongos o plantas en la agricultura, sobre todo en la agricultura intensiva a gran escala. Todos estos productos también están en el punto de mira de grupos ecologistas y de los consumidores por sus efectos nocivos sobre el medioambiente y por el posible paso de sus residuos a la cadena alimentaria humana. Así, se los acusa de ser origen de diversos tipos de cánceres, alergias y otros efectos nocivos para la salud humana.

Los militantes más radicales del animalismo abogan por un sacrificio cero absoluto, sosteniendo la teoría de que el ser humano puede alimentarse correctamente sin necesidad de matar a ningún tipo de animal. Y por este motivo surgen con fuerza tendencias alimentarias como el veganismo, que prescinde de toda alimentación cuyos productos sean de origen animal y basa su alimentación en productos vegetales, procedentes de la agricultura.

....

Considerar que alimentándote solo de vegetales no provocas ninguna muerte animal es una absoluta equivocación.

....

Con la agricultura se matan numerosas especies de seres vivos, no solo vegetales sino también animales. No son animales de los que podíamos llamar mediáticos, esos animales sensibles como nosotros, y muchas veces su muerte tampoco se produce directamente sino indirectamente al destruir su entorno para crear inmensos campos de cultivo. Hablamos de muchas especies de aves, reptiles, insectos, nematodos y millones de microorganismos vivos.

....

En una cucharada sopera de tierra vegetal existen millones de especies distintas de minúsculos seres vivos.

....

V. LA GANADERÍA

En estos últimos tiempos se ha atacado a la ganadería, sobre todo a la ganadería intensiva, desde tres puntos de vista: se la acusa de realizar prácticas sistemáticas que suponen maltrato animal, de producir alimentos poco saludables y de ser contaminante y una de las principales responsables del cambio climático.

Se identifica a la ganadería, sobre todo a la ganadería intensiva, con maltrato animal y así, se califica a los productos de origen animal como productos «no éticos» o directamente procedentes del maltrato animal.

Primero, y esto debe quedar meridianamente claro: los productos para la alimentación humana procedentes de una ganadería practicada cumpliendo todas las normas sanitarias y la legislación vigente en materia de bienestar animal son absolutamente éticos.

La ganadería la practica el ser humano desde hace miles de años con la única finalidad de obtener alimento de los animales, bien a través de su carne mediante su sacrificio o de algún otro producto obtenido de ellos.

No puede haber unas personas más interesadas en el bienestar de sus animales que los ganaderos. Es perfectamente comprensible que cuanto más sanos y en mejores condiciones se encuentren los animales mayor rendimiento obtendrá de ellos el ganadero; el ganado es su modo de vida, su sustento y el de su familia.

Un animal, cualquiera que fuese, sometido a maltrato no produce. Para poder obtener un producto de un animal debe estar en perfectas condiciones. Una gallina ponedora que fuese sometida a maltrato lo primero que haría sería dejar de poner huevos. Un cerdo cuyas condiciones de vida no fuesen las ideales dejaría de comer y no engordaría.

Se acusa a los ganaderos de «cosificar» a los animales, de tratarlos como si fuesen objetos, de explotarlos y obtener un rendimiento económico a costa suya.

Pero una cosa es cosificar y otra humanizar, y no es ni una cosa ni la otra; de lo que realmente se trata es de «animalizar», es decir, de tratarlos como lo que son: animales. No son cosas, pero tampoco son seres humanos.

Un animal doméstico siempre tiene una finalidad para el hombre, desde una mascota que proporciona compañía hasta el animal que es sacrificado para obtener de él alimento. Todo el mundo debe comprender que una vaca que ya no da leche o una gallina que ya no pone huevos, es decir, animales que han perdido su capacidad productiva, no pueden seguir siendo mantenidos hasta que mueran, primero por motivos económicos y segundo sanitarios.

¿Qué se debería hacer si no cuando el animal termina su vida productiva? ¿Esperar a que se haga viejo y muera por enfermedad pero mientras seguir alimentándolo altruista-mente? Algunos contestarían que sí para responder a esta última pregunta, pero eso solo es posible con las mascotas, nunca en la ganadería; la ganadería es una actividad econó-mica que permite que de ella vivan personas.

También deberíamos tener en cuenta que muchas es-pecies animales prácticamente se dejan morir cuando su ciclo vital llega al final, cuando dejan de ser «útiles» para su propia especie. Un león se deja morir cuando ya ha sido superado y sustituido por otro joven macho. La mayoría de los insectos macho mueren, son asesinados o incluso se dejan comer cuando han cumplido su función de fecundar a la hembra. En las especies ganaderas, de manera natural, muchos individuos no viven tampoco mucho más tiempo a partir del momento en que dejan de producir, cuando dejan de poner huevos o dar leche, o, dicho de otro modo, cuando llegan a la vejez.

Por supuesto que los animales de ganado podrían se-guir viviendo si se les proporcionan cuidados y alimento, pero esto no tiene ningún sentido en la ganadería que, como acabo de decir, es una actividad económica y no se lleva a cabo como *hobby* o como si fuese otra actividad de ocio. Y una granja tampoco es un centro de conservación ni de recu-peración de animales, ni lo que ahora llaman «santuarios», en los que un grupo de animales conviven con seres huma-nos al estilo de las comunas *hippies* de los años 70.

La ganadería se realiza para producir alimentos y, guste o no, el animal es el producto o el que propor-ciona el producto, y finalmente será siempre sacrifi-cado, aunque eso sí, cumpliendo toda la normativa y de forma humanitaria, sin sufrimiento.

Para un ganadero, cuyo sustento vital depende de la productividad del animal, ya no tiene sentido seguir manteniendo a un animal que ha terminado su ciclo productivo, porque ha alcanzado la edad adecuada para su sacrificio o ha dejado de producir. En cualquier caso, si alguien tuviese la capacidad de adquirir y mantener, por ejemplo, 5.000 gallinas que ya han dejado de poner huevos para evitar que las sacrifiquen, es seguro que ningún ganadero pondrá pega alguna a que se las lleven.

No se debe olvidar tampoco que respecto a estas gallinas que ya han dejado de producir y que son llevadas a sacrificio, este no es realizado en vano; las gallinas no serán productos de desecho, pues también tendrán una utilidad productiva como producto cárnico y sus restos podrán utilizarse, por ejemplo, como materia prima de pienso para mascotas, perros y gatos urbanos.

Muchas personas ni siquiera se han preguntado de dónde proceden los componentes de los piensos con los que alimentan a sus mascotas. O si se lo han preguntado no han tenido más remedio que mirar para otro lado al descubrir que el origen de los principales componentes de los piensos de la dieta de sus animales no es otro que los productos o subproductos cárnicos de los animales sacrificados en los mataderos; en definitiva, que proceden de la ganadería, esta que a muchos individuos de estos sectores mal llamados animalistas tan deplorable les parece y que, según ellos, debería desaparecer.

La crisis del coronavirus llegó justo en el momento en el que ganaderos y agricultores llenaban las calles de las ciudades españolas para protestar por estar siendo ninguneados, por no poder llegar a cubrir ni los costes productivos, por estar al borde de la ruina. Tuvo que llegar una crisis de ese calado para que la población se diese cuenta de la verdadera importancia en una sociedad urbana del papel de la ganadería y la agricultura, que los tenía, no solo olvidados, sino arrinconados e injustamente acusados de ser causa de todos los males de este mundo.

Cuando estalla una crisis grave, el factor más importante después de la salud es la alimentación de la población, y esta solo puede realizarse a partir de la agricultura y la ganadería. En situaciones así todo lo que no sea la propia producción de alimentos carece de importancia y además hace aflorar la realidad del sector: ni hay maltrato ni los ganaderos son los causantes principales de la contaminación.

Porque a los productos de origen animal y a la carne en particular se los acusa también de ser alimentos poco saludables e incluso perjudiciales para la salud. El ser humano ha consumido carne desde el primer momento en que pudo hacerlo, desde que fue capaz de sacrificar animales para alimentarse de ellos. Las grasas y las proteínas de la carne se pueden considerar los pilares alimentarios fundamentales para el desarrollo de la humanidad. El ser humano se considera omnívoro, pero es preferentemente carnívoro. Su anatomía y su fisiología, su sistema digestivo, es similar al de los mamíferos carnívoros, no al de los herbívoros; es como el del león, no como el de la vaca.

En las generaciones actuales se observa cada vez más la aparición de alergias de todo tipo, también a muchos alimentos: a los frutos secos, al marisco, al gluten y otras muchas, pero curiosamente, no es nada frecuente, por no decir que no se observa en absoluto, la alergia a la carne. La respuesta es sencilla: nuestro organismo está perfectamente preparado para alimentarse de carne.

Hoy en día, en los países desarrollados se puede prescindir de la carne y de los productos de origen animal en la alimentación humana ya que la sobreabundancia de alimentos de todo tipo permite suplir casi todas las cualidades nutritivas de estos productos con otros de origen vegetal o incluso, ahora cada vez más, de origen artificial o sintético. Pero en una situación de déficit o carencia de alimentos, en una situación de pura supervivencia, la genética humana nos llevará a la búsqueda de proteínas y calorías, a la búsqueda de productos que «alimenten y aporten», esto es, un animal, un mamífero, un ave, un pez, algo que «se mueva» y siempre con prioridad frente a una fruta, unas raíces o unas hojas.

La búsqueda de alimentos proteicos y calóricos está en los genes del ser humano y las situaciones de necesidad le hacen volver al mundo animal y olvidarse de las consideraciones superfluas y sin sentido que envuelven a las sociedades modernas en el campo de la alimentación.

Y por último, y a veces se pasa por alto pero debería ser un importante factor a considerar, está el disfrute de un alimento de este tipo, de un alimento de origen animal. Esta afinidad genética carnívora del ser humano está catalizada por el placer de los sentidos, el sabor y el olor de un producto como el jamón ibérico, una chuleta a la brasa, unos huevos fritos, un besugo a la parrilla, un maravilloso bizcocho, de tantos...

Ya más recientemente se ha acusado también a la ganadería de ser uno de los principales responsables del cambio climático y la contaminación del planeta. Se trata sin duda de una acusación interesada dirigida desde sectores verdaderamente contaminantes. Se acusa al sector vacuno de ser el mayor responsable del agujero en la capa de ozono a causa de la exhalación del metano procedente de sus digestiones, y al sector intensivo porcino de altas emisiones y la contaminación de acuíferos y suelos por sus purines. Todo esto por encima de toda la actividad propiamente humana: de las industrias, los gigantescos parques automovilísticos, los miles de aviones que sobrevuelan los cielos, todas las calefacciones y aires acondicionados de ciudades y pueblos, los plásticos, los vertidos de todo tipo, los residuos fisiológicos de toda la humanidad...

LAS GRANJAS EN LA ECONOMÍA

Otro aspecto importante que debe considerarse cuando nos referimos a la carne y los productos de origen animal es la gran influencia que tienen en la economía del país.

El principal motor económico de este país es el turismo, con mucho. El turismo es indisoluble de la gastronomía, la cocina, la hostelería. La gastronomía española está llena de platos y productos derivados de la carne y los productos de origen animal en prácticamente todas las regiones. Todos los menús de los bares y restaurantes españoles muestran infinidad de platos con carne, pescados, huevos o leche, sin olvidarnos de la repostería.

La economía funciona como una pista de fichas de dominó: todos los sectores económicos están relacionados aunque su actividad parezca a simple vista muy diferente, y así, cuando cae una ficha, un sector económico, todas las demás fichas, los demás sectores económicos, también acaban cayendo.

La actividad de una granja cualquiera de animales también participa y forma parte importante de la economía, sobre todo de la del municipio en el que se encuentra ubicada, y más si este es pequeño y se trata de una zona desfavorecida. Cualquier actividad económica que se realice en una zona rural o poco poblada es una ayuda indispensable para mantener con vida esa zona.

Un error que habitualmente se comete es pensar que lo importante para aportar riqueza a una zona son los puestos de trabajo que proporciona una empresa, una granja en este caso. Esto no es así.

Lo realmente importante es toda la actividad que genera esa empresa, no solo de manera directa con puestos de trabajo, sino indirecta, mucho más grande, resultado de todo el movimiento económico que rodea a la propia actividad.

Instalar una granja en un municipio, incluso aunque se encuentre en una zona desfavorecida y necesitada de actividad, no es nada sencillo, ya que no se pueden montar granjas en cualquier lugar, por muy apartado y deshabitado que parezca. Las granjas se encuentran clasificadas dentro del apartado de actividades nocivas, insalubres o peligrosas. Sí, así es, y por tanto, para su instalación se deben cumplir un gran número de requisitos.

Así, por ejemplo, el lugar donde se pretenda instalar esa granja debe respetar ciertas distancias con núcleos urbanos, mataderos, otras industrias, otras granjas, carreteras, líneas de ferrocarril, ríos o embalses. El terreno donde vaya a ubicarse no debe pertenecer a parques naturales ni nacionales, ni ser tampoco monte público ni zona de estancia o paso de especies animales protegidas y otras.

Aunque parezca poco creíble, se ha impedido la instalación de granjas en algunos parajes:

- Porque era una zona de nidificación de algunas especies de aves.
- Porque allí habitaba alguna especie de insecto o mariposa en peligro de extinción.
- Porque la flora del entorno era de especial interés por ser exclusiva y endémica de esa zona.
- Porque afeaba el paisaje o las vistas y se iba a ahuyentar el turismo de la zona.
- Porque olía mal.

Se puede estar incluso de acuerdo en impedir una actividad económica ganadera que va a proporcionar riqueza a una determinada zona rural porque allí habita un coleóptero autóctono, pero posiblemente esto mismo se pasaría por alto si de lo que se tratase fuera de construir viviendas, autovías u otras edificaciones de hormigón con el objetivo de expandir zonas urbanas o mejorar los accesos o las comunicaciones a estas.

Para poder instalar una granja es necesario realizar un proyecto en el que se incluyan todas las actividades que se realizarán en ella, el posible impacto ambiental o ecológico, las emisiones al medioambiente, la gestión de residuos o purines, y otras de esta índole. En la actualidad este es el apartado al que se da más importancia a la hora de conceder un permiso para instalar una granja.

Las normas en este sentido son cada vez más estrictas y en muchos casos hacen que incluso sea inviable el iniciar cualquier actividad ganadera en una determinada zona.

Tampoco debemos olvidar que la zona donde pretenda instalarse una granja debe estar provista de energía eléctrica, de la manera que sea, ya sea de la red general o renovable, y también de agua en abundancia, de la propia red urbana u obtenida a través de un pozo, para cuya perforación y explotación también hace falta un permiso, que tampoco en todas las ocasiones es concedido.

La instalación de una granja en una determinada zona casi siempre cuenta con la oposición de los grupos ecologistas locales. Estos siempre encuentran un motivo por el que la instalación no debe realizarse allí y, si realmente les parece de suficiente peso, se lanzan campañas en la zona para contar también con la oposición de la población local.

Una vez obtenidos todos los permisos y superadas las posibles trabas, e incluso antes de comenzar la propia actividad de la granja, habremos entrado en la rueda de la economía local, pues la obtención de permisos supone un desembolso económico en forma de tasas, al igual que la realización del proyecto a la empresa de ingeniería que lo ha elaborado. Asimismo, todo lo que implica la construcción de la granja origina ya una importante actividad económica para todas las empresas encargadas de completar la obra, esto es: albañiles, fontaneros, electricistas, empresas de hormigón, de material ganadero, vallados, silos, etc. Todas estas empresas generan una enorme riqueza en la zona, especialmente si hablamos de una zona rural, ya que todo su personal suele comer y dormir en esa área, pues su trabajo suele prolongarse durante días o meses, y si además se trata de personal de empresas locales pues aún mejor, ya que los trabajos de calado no suelen abundar.

Una vez que la granja está terminada y comienza su actividad propiamente ganadera contribuye de lleno a la economía de la zona:

Creación de una empresa con uno o varios trabajadores: empleo directo, cotizaciones a Hacienda y a la Seguridad Social (dinero público, empleo público), impuestos a Ayuntamientos y Comunidades Autónomas, etc.

Y todo el movimiento económico que genera a partir de su propia actividad, de manera directa o indirecta: proveedores de animales, transporte de ganado, proveedores de alimento, transporte de ese alimento, consumos de agua, electricidad, gas, fontaneros, albañiles, electricistas, ventilación, maquinaria, mutuas, seguros, veterinarios, comerciales, medicamentos, mataderos, gestores de residuos, de cadáveres, etc.

Toda esta actividad ganadera genera finalmente un producto alimentario que acaba llegando al consumidor final a través de supermercados, bares, hoteles, restaurantes y también al turismo, el motor más importante de la economía española.

....

Incluso la actividad de una pequeña granja de una pequeña zona rural tiene importancia en la economía nacional, y no solo por los puestos de trabajo que puede generar.

....

Es absolutamente gratuito pensar que terminar o prohibir la actividad de una pequeña granja porque resulta molesta para algunos, por el motivo que sea, no tiene consecuencias más allá de eliminar al ganadero y los puestos de trabajo que genera de manera directa. Debe valorarse siempre la gran cantidad de personas a las que se les sustrae una parte, por pequeña que sea, de su actividad.

Tampoco debe olvidarse que algunas de estas pequeñas empresas ganaderas rurales colaboran de forma altruista en alguna otra actividad que se realiza en la zona, como ayudar económicamente al deporte, los festejos locales o incluso a algunas entidades sociales, por poner algunos ejemplos. Generan riqueza en zonas normalmente muy necesitadas de ella.

EL BIENESTAR ANIMAL EN LA GANADERÍA

Hasta el surgimiento de noticias como la pandemia por coronavirus o la reciente invasión rusa de Ucrania por ejemplo, en las que el resto de noticias pasa a un segundo plano o directamente desaparece, en los medios de comunicación y las redes sociales estábamos siendo sometidos a un diario e incesante bombardeo de noticias sobre maltrato animal.

Maltrato animal en general, a los perros urbanos, en la caza o la ganadería. Esto había provocado que la población asumiese que el maltrato animal, en el sector que fuese, fuera algo habitual, cosa que se puede asegurar que no solo no es cierta sino que cuando ocurre es una excepción.

Vaya por delante que considero que las leyes de bienestar animal son necesarias e imprescindibles para crear un marco mínimo de normas de obligado cumplimiento para todos los seres humanos que garanticen el bienestar de todas las especies: los animales domésticos, los salvajes y la ganadería.

Pero una cosa es crear unas normas obligatorias mínimas de trato sobre los animales y otra muy distinta el que la creación de estas normas se realice partiendo de un criterio de humanización animal, en el que se otorgue a los animales las mismas cualidades físicas e intelectuales que a los seres humanos y, por tanto, los mismos derechos.

Una cosa es tratar bien a tu mascota, alimentarla, cuidarla o protegerla, y otra bien distinta que coma en tu mesa, duerma en tu cama o se duche contigo. Lo mismo sirve para la ganadería: una cosa es proporcionarle al ganado espacio, refugio, alimento y cuidados y otra tener que peinarlo, cantarle y acabar por jubilarlo, y parece que ahora es bueno incluso castrarlo.

Existen ya multitud de normas europeas, nacionales y autonómicas de obligado cumplimiento sobre el bienestar animal en general y la ganadería en particular. Normas que afectan al bienestar animal en las propias granjas, al transporte de animales y al sacrificio de los mismos en el matadero.

El bienestar animal en las granjas

El bienestar animal ha llegado ya hasta el consumidor final, de modo que algunas empresas lo están incluyendo en el etiquetado como estrategia de *marketing*, como si en sus granjas se practicara con carácter excepcional y en el resto no.

Esto ha desembocado en la aparición de certificaciones de bienestar animal para los productos alimentarios y la exigencia por parte de la gran distribución a las empresas proveedoras de alimentos de dicha certificación para comprar esos productos, derivada de la presión mediática y la opinión pública en este sentido.

En bastantes anuncios publicitarios se muestra el exquisito trato de los ganaderos de una determinada marca o empresa a sus animales para vender sus productos como procedentes de granjas que se rigen conforme a prácticas de bienestar animal. En estos anuncios siempre se acaba teniendo la impresión de que este comportamiento es algo excepcional, que solo lo practican ellos, cuando es la norma general de la ganadería.

La certificación de un producto como de bienestar animal solo se puede entender como un paso más respecto a estas normas mínimas de obligado cumplimiento, un paso que quiere dar el ganadero o la empresa ganadera para diferenciarse del resto de profesionales de su sector, porque las normas de bienestar animal ya está obligado a cumplirlas siempre.

Seguramente este esfuerzo extra en el bienestar animal se hace con el fin de mejorar las ventas de sus productos, como estrategia de *marketing*, y no tanto por una preocupación por mejorar las condiciones de vida de sus animales que, con las normas mínimas impuestas, ya estaba asegurado.

Personalmente no puedo comprender el que dentro de una misma marca comercial haya un mismo producto con una certificación de bienestar animal y otro no. Quizá pueda entenderlo entre empresas o marcas distintas, como estrategia de ventas para hacer ver que el producto es teóricamente más respetuoso con el bienestar de los animales que el de la competencia, pero no dentro de la misma marca. ¿Es que sus ganaderos tienen criterios diferentes respecto al bienestar animal? Es decir, ¿unos cumplen las normas mínimas y otros van más allá?

Por poner un ejemplo, si una norma de bienestar animal dictase que se deben tener como máximo 10 animales por metro cuadrado de terreno, entonces se le otorga la certificación de bienestar animal a un ganadero que tiene 5 animales por metro cuadrado y no a otro que tiene 10, para diferenciarlo y darle un plus al primero. Pero es que el segundo también cumple la norma de bienestar animal, la mínima pero la cumple.

....

A la opinión pública se le está transmitiendo la idea de que las certificaciones de bienestar animal se otorgan a las empresas o a los productos que cumplen las normas en este campo y que el resto no las cumple o ni siquiera aplica estas normas. Esto es lo que le llega a la gente y no es la realidad. La realidad es que todos, absolutamente todos, deben cumplir las normas.

....

Lo que sí es prácticamente seguro es que estas posibles mejoras certificadas en el bienestar de los animales suponen otro aumento en los costes de producción de quienes las aplican, aumento que, una vez más, quizá solo pueden permitirse las grandes empresas ganaderas, diferenciándose aún más de los pequeños ganaderos productores, los mismos que, para gran parte de la opinión pública urbana, eran precisamente los garantes del bienestar animal frente a las grandes empresas «explotadoras y cosificadoras» de animales.

No hay mejor indicador de bienestar animal que la propia producción ganadera. Un animal estresado, un animal maltratado, un animal que vive en malas condiciones deja de producir o produce menos. Una gallina que no fuese «feliz» pondría menos huevos o ni siquiera pondría.

Pero nunca se debe pensar que el ganadero trata bien a sus animales solo porque así producen más y mejor, sino porque si no te gustan los animales jamás podrás ser ganadero; es una profesión absolutamente vocacional.

La ganadería es una profesión que no entiende de días de fiesta ni de vacaciones, en la que se trabaja los 365 días del año, haga sol, llueva, nieve, calor o frío, una profesión dura. Pero también es una profesión bonita; criar animales es bonito, muchos niños sueñan de pequeños con criar animales aunque desconozcan que luego hay que sacrificarlos. Esto último los ganaderos lo tienen claro; conocen cuál es la finalidad de su bonita profesión de criadores de animales: obtener de ellos un producto alimentario, aunque sea a costa de sacrificar al animal.

En ciertos anuncios publicitarios se canta o peina a unas vacas relucientes mientras ellas pastan en un maravilloso prado verde. Esta estrategia de *marketing* fomenta la humanización del ganado y provoca la consiguiente desconexión de la sociedad urbana, del consumidor final con la ganadería, ya que esta no es la realidad de la ganadería. En el mundo real, fuera de las pantallas de los televisores, los animales huelen, no suelen ser dóciles, defecan allá por donde pasan, no siempre están en libertad y pastan en prados verdes (entre otros motivos porque no todo el año hay pasto verde en los campos) y tampoco se les canta o toca el piano.

Se entiende la estrategia desde el punto de vista del *marketing* y las ventas, pero esta misma estrategia con el tiempo irá en contra de los propios ganaderos, de su propio sistema productivo, porque no es la realidad. Lo único que se consigue es fomentar aún más la desconexión rural.

Aunque existan estudios de bienestar animal en las granjas basados en la observación del comportamiento de los animales, estudios fisiológicos o químicos, estudios del tipo que sean sobre el estrés de los animales en las granjas, el bienestar de un animal siempre es valorado desde un punto de vista humano.

Dos personas pueden tener percepciones muy distintas acerca del bienestar de un animal en una determinada situación al observar el comportamiento de este, e incluso al interpretar el resultado de una determinada prueba física o química que, teóricamente, marca estados de bienestar de los animales. Verdaderamente solo hay un ser que conoce el bienestar de un animal y es él mismo.

Pero aunque este bienestar sea un concepto valorado por los seres humanos, sí es necesario al menos otorgar a los animales un mínimo de lo que creemos que supone un mayor bienestar para ellos.

Pero una cosa es bienestar animal y otra bien distinta maltrato animal. Hay un océano separando ambos conceptos. No hay que perder nunca la perspectiva de lo que son una cosa y otra; siempre hay líneas que no se pueden ni se deben cruzar en ambos conceptos. Una cosa es que las gallinas tengan su espacio (las ya célebres «gallinas felices»), su cama, su nido, su alimento o su agua, y otra es que vivan en mi casa, coman de mi mesa y duerman en mi cama. Tampoco se debe tratar nunca a los animales a golpes ni provocarles dolor o lesiones de ningún tipo. Ni una cosa ni la otra.

Desde la perspectiva humana pensamos que vive mejor, y por tanto tiene mayor bienestar, un pollo o un cerdo que puede salir al exterior, o que directamente vive a la intemperie, que uno que se encuentra dentro de una nave. Pero esto no tiene por qué ser cierto, y en ocasiones puede incluso ser un inconveniente para el propio animal.

Podemos volver al ejemplo del ciervo y la vaca. Desde nuestra perspectiva vemos que el ciervo vive en libertad y la vaca no, pero esto no quiere decir que el ciervo tenga mayor bienestar que la vaca, e incluso realmente es al contrario.

Y es que el concepto de libertad es un concepto muy humano al que probablemente los animales no le otorguen la importancia que nosotros creemos que tiene.

La realidad de la felicidad de la gallina no pasa tanto por la libertad de salir al exterior sino por la proximidad del agua, el alimento y la protección de su vida.

Así, por mucho terreno «de libertad» que se le conceda a una gallina, esta no abandona su nave (su casa) cuando llueve, ni cuando hace mucho calor o mucho frío fuera, ni cuando ve o siente la proximidad de un ave rapaz volando sobre su cabeza. Podríamos incluso quitar el vallado del recinto en el que habitan las gallinas, proporcionarles una libertad absoluta, y no irían mucho más allá de lo que supone la protección de la nave en la que habitan, que no es otra cosa que la protección del ser humano.

Lo que sí se debe tener en cuenta es que proporcionar mayor libertad a los animales seguro que va en contra del coste productivo del ganadero o de la empresa ganadera. Se puede comprender que no es lo mismo necesitar solamente una nave para criar a los animales que tener que poseer además cierto terreno para cumplir con la normativa de bienestar animal que corresponda.

Uno de los principales conceptos que se tienen en cuenta en el bienestar de los animales de granja es la densidad, el número máximo de animales que debe haber en un determinado espacio de terreno en la granja. En este aspecto casi todas las especies animales tienen una regulación estricta que se debe aplicar y que todos los ganaderos deben cumplir. Por supuesto, debe ser una norma equilibrada, porque todo el mundo debe comprender que no se puede dar a un pollo de carne 100 metros cuadrados de terreno porque es inviable económicamente, como tampoco pueden meterse 50 pollos en 1 metro cuadrado porque eso sí sería maltrato y los animales sufrirían. Pero es que esto último jamás lo haría un buen ganadero; primero porque en una situación así los animales producirían menos o directamente morirían, lo que iría en contra de sus intereses económicos, y segundo porque el buen ganadero ama a sus animales y se preocupa por ellos, por lo que siempre buscará su bienestar, aunque ahora desde muchos sectores urbanos esto último se dé por hecho que no es así. Me refiero siempre a los buenos ganaderos; malos hay en todos los sectores del mundo humano.

Una idea que también circula entre los habitantes urbanos sobre la felicidad de las gallinas camperas, esas que pueden salir al exterior, es que pueden picotear y escarbar en la tierra, alimentándose de lombrices y bichitos que allí encuentran. Claro, una vez más están asociando la felicidad de las gallinas al comportamiento que estas tenían en las antiguas casas de los pueblos, en las que siempre había seis o siete gallinas sueltas que merodeaban por allí.

Ahora podemos intentar trasladar este comportamiento natural de las gallinas a una granja con miles de ellas. Podemos intentar imaginar a miles de gallinas picoteando, escarbando y buscando lombrices por el terreno que tienen disponible en función de la norma de bienestar animal que se deba aplicar en este caso. Y así sucesivamente, con este lote de miles de gallinas y con el siguiente y el siguiente. Porque claro, la granja dispondrá de un terreno limitado, y aunque suele aplicarse la rotación de terrenos, que consiste en utilizar unos y dejar descansar y recuperarse a los otros mientras tanto, ningún ganadero podrá permitirse tener tantísimo terreno como para que las gallinas dispongan siempre de terreno virgen en el que poder escarbar y buscar las ansiadas lombrices.

Cabe recordar que este comportamiento considerado por muchos como idílico y natural, el de unas pocas gallinas escarbando para buscar lombrices, no está tan bien considerado cuando se ve desde otro punto de vista, y es que estas gallinas estaban allí porque proporcionaban alimento a los propietarios de la casa en forma de huevos, que tampoco tenían libertad más allá de lo que fuese el corral de la casa, que eran alimentadas con sobras o con lo que hubiese porque en aquellos años el alimento humano tampoco era abundante, y sobre todo, que las gallinas eran sacrificadas en cuanto dejaban de poner huevos y sus restos utilizados para hacer caldo.

Aunque realmente todo esto último ha sido lo habitual y normal desde que las gallinas pasaron a ser animales domésticos, a vivir en una simbiosis casi perfecta con los seres humanos, desde hace ya algún tiempo las organizaciones animalistas lo consideran explotación y cosificación y luchan por abolirlo. Pretenden abolir la domesticación, impedir la utilización de los animales en beneficio humano, incluso también prohibir el que una persona pueda tener 6 gallinas sueltas en un corral en su casa porque, según ellos, eso también es explotación del animal.

La base principal sobre la que se redactan las leyes de bienestar animal es intentar reproducir el comportamiento natural que una determinada especie animal tendría si se encontrase en libertad en la naturaleza. Y así, por ejemplo, es obligatorio que las gallinas puedan escarbar, que los cerdos puedan olisquear y morder objetos o que los patos estén siempre en grupos mayores de dos individuos; en definitiva, tener el comportamiento normal esperado para su especie.

¿Esperado por quién? Esperado por nosotros los seres humanos, es decir, el comportamiento que nosotros tendríamos si fuésemos un individuo de esa especie animal. Y he aquí el error.

El comportamiento de un animal en una granja nunca será el mismo que el que tendría si estuviese libre en el medio natural. Pero no debemos olvidar que estamos hablando de especies de animales domésticos que llevan miles de años conviviendo y viviendo a expensas del ser humano. Porque hoy en día, ¿qué comportamiento tendría una gallina o un cerdo o una oveja en la naturaleza?

Muchas de estas especies de animales morirían casi de inmediato si estuvieran completamente libres en el medio natural, ya no están adaptadas a una vida fuera de la protección y los cuidados de los seres humanos. Posiblemente, y con mucho tiempo por delante, algunas de estas especies domésticas se acabarían adaptando a la vida silvestre, pero por el camino se quedarían cientos de razas y miles de individuos.

En definitiva, el concepto de bienestar animal debe consistir en darle al animal la opción de poder hacer lo que realmente «quiera» hacer, pero esto no siempre es posible en la ganadería, y lo que es seguro es que va en sentido contrario al aspecto productivo y económico.

El bienestar animal, aunque necesario, redunda siempre en el coste final del producto obtenido: mayor coste productivo del animal, mayor necesidad de espacio físico en las granjas, reducción de la cabaña ganadera, menor control ambiental y del propio animal, etc. Este coste no puede ser asumido exclusivamente por los ganaderos, especialmente por los pequeños, y terminará en el consumidor final. Si este último está verdaderamente dispuesto a asumir que los productos sean más caros a costa de mejorar el bienestar de los animales, que no se tenga dudas de que la ganadería también caminará siempre en ese sentido.

Mientras los consumidores, especialmente los urbanos, sigan acudiendo masivamente a los supermercados de bajo coste y eligiendo en base al precio sobre otras consideraciones, los ganaderos tendrán que continuar dando prioridad a sus costes frente a un mayor bienestar de sus animales.

Por decirlo de otro modo, si un ganadero está obligado por ley a tener 10 animales por metro cuadrado en su granja pero se aprueba una ley que implica que a partir de ese momento solo se le permitirá tener 8 animales con los mismos gastos fijos, esto supondrá que sus animales le resultarán más caros de criar y mantener. Si el consumidor final o sus intermediarios son capaces de asumir ese coste, el ganadero no solo no tendrá ningún problema sino que se mostrará encantado de obtener el mismo rendimiento criando un menor número de animales y con mejores condiciones de vida. En caso contrario pasará a obtener menor beneficio con el que poder ganarse la vida, o incluso puede que ningún beneficio y verse abocado a cerrar su granja para no terminar arruinado.

Un buen ejemplo de todo esto es la cría de gallinas ponedoras. Al realizar encuestas sobre el asunto, la mayorías de los consumidores afirma comprar huevos de gallinas camperas, las gallinas «felices» que pueden salir al exterior; sin embargo, las cifras de ventas de huevos indican que casi la aplastante mayoría de los huevos que se consumen son de gallinas criadas en naves, no solo sin acceso al exterior sino criadas durante prácticamente toda la vida en el interior de jaulas.

En contra de lo que manifiestan las encuestas, el consumidor final prioriza el coste sobre el bienestar animal.

El fin de la era de las jaulas

Este rimbombante y peliculero título se refiere a una disposición europea que pretende acabar en unos años con la crianza en jaulas de cualquier especie animal.

Más de un millón y medio de firmas llegaron al Parlamento europeo instándolo a redactar una ley que prohibiera el uso de jaulas para los animales en general y en la ganadería en particular. Aunque son un gran número de firmas, si pensamos con detenimiento en el asunto podemos darnos cuenta de que realmente estas firmas son muy fáciles de conseguir. Es tan sencillo como elegir unas fotografías de animales encerrados en jaulas y mostrárselas a los millones de ciudadanos en las principales calles o plazas de las grandes ciudades pidiéndoles una firma para luchar por el bienestar y la libertad de los animales. Yo también firmaría.

Lo que ocurre es que se debería ver el contexto real en el que se han realizado las fotografías de esos animales y preguntarnos por qué están en esa situación. Pero esto es prácticamente imposible en el mundo actual, especialmente en el mundo estrictamente urbano, en el que una persona se siente por un momento hámster o periquito aunque jamás pueda pensar ni sentir como ellos.

Esta futura prohibición de las jaulas afectará a varias especies animales ganaderas que, al menos en algún momento de su vida, son criadas en jaulas, como gallinas, patos, cerdos, conejos, codornices y otros.

Tener encerrados a animales dentro de jaulas es identificado inmediatamente con maltrato y sufrimiento animal. Una vez más, la humanización de los animales hace que nos pongamos en el lugar y el pensamiento del animal como si fuésemos él mismo y nos imaginemos las sensaciones que tendríamos nosotros si estuviésemos dentro de la jaula.

....

En algunas especies animales domésticas la estancia en jaulas se produce solo durante un corto periodo o un momento concreto de la vida en la granja y que incluso, aunque parezca contradictorio, esa estancia en la jaula busca el beneficio del propio animal o de sus semejantes, como ocurre por ejemplo en el caso de las cerdas gestantes o recién paridas.

....

Pero aunque el estrés o el sufrimiento de un animal provocado por el hecho de tener coartada su libertad quizá no sea tan valorado por este como creemos los seres humanos, sin duda un parámetro importante en el bienestar general de los animales es poder tener cierta libertad de movimientos, tener cierta libertad. Porque como ya he dicho antes, ningún animal, ni siquiera los seres humanos, tenemos libertad absoluta para movernos por donde queramos.

El verdadero dilema aquí pasa por definir qué es una jaula.

Incluso mirando la definición de la RAE es difícil llegar a definir o considerar cuándo un animal está encerrado en una jaula. Porque la imagen típica de jaula que tenemos todos es la de los pajaritos o los hámsters en las casas o la de los presos en las cárceles. Pero ¿es una jaula un recinto limitado en el que viven varios animales sin barrotes y abierto por arriba? ¿Es un corral de gallinas de un caserío? ¿Es el recinto vallado de una finca de ganado vacuno aunque tenga 100 hectáreas?

Lo que pretendo hacer ver es que puede llegar a ser muy difícil establecer cuándo un animal está encerrado en una jaula. Es muy sencillo decir que se van a prohibir todos los tipos de jaulas y muy difícil concretar qué se debe prohibir y qué no y, por supuesto, no quedará más remedio que hacer excepciones y tendrá que permitirse que, en determinados momentos o situaciones, alguna especie animal o algún individuo concreto deba tener limitada su movilidad, por su propio bienestar, su seguridad o la de los demás.

....

No es posible generalizar jaula. Nunca será lo mismo una jaula para una vaca que para un pollo. Se debe concretar, especie por especie, en qué recinto, en qué situaciones sí y en cuáles no, se permitirá vivir a estos animales tan distintos.

....

Y como siempre, un factor muy importante a considerar es el factor económico. Llevar a cabo la cría sin jaulas de algunas especies ganaderas actualmente es inviable, especialmente desde el punto de vista económico. Para poder continuar con su actividad ganadera muchas empresas, muchas familias, requerirán inversiones que, especialmente los más pequeños, no podrán asumir, lo que acabará provocando lo que ya viene ocurriendo desde hace tiempo: que solo continuarán con la actividad ganadera las grandes corporaciones o integraciones, justamente lo contrario de lo que se pretende desde los mismos sectores de los que parten estas iniciativas.

En definitiva, estas prohibiciones no van a poder llevarse a cabo en un plazo corto de tiempo; debe contemplarse el impacto económico y social que tendrán en la población rural, tendrán que ser muy discutidas por todo tipo de expertos en materia de bienestar animal y deberán ser individualizadas, especie por especie. Una tarea ardua pero que se entiende en el marco de la continua búsqueda de una verdadera mejora en el bienestar de los animales.

El bienestar de los animales durante el transporte

Realizar un correcto transporte de los animales, ya sea para llevarlos a un matadero o para cambiarlos de ubicación, es muy importante para su salud y bienestar, e igualmente para la propia producción animal. De nada sirve haber cuidado de manera excelente a los animales si luego se realiza un transporte de los mismos en pésimas condiciones.

Un buen transporte es casi tan importante como una buena cría, para todos: animales, ganaderos, veterinarios y personas.

Por este motivo, en el transporte de los animales también existen numerosas normas de bienestar animal en el ámbito europeo, nacional y autonómico, y que son de obligado cumplimiento. Enumero algunas de ellas:

- Normas de carga y descarga de los animales.
- Normas de densidad de los animales dentro del vehículo.
- El conductor debe poseer un certificado que acredite que ha realizado un curso de bienestar animal en el transporte.
- Los vehículos deben estar autorizados y cumplir las normas que se exigen para el transporte de animales.
- Normas de bioseguridad. Desinfección obligatoria de los vehículos en centros autorizados tras la realización de un transporte con animales e incluso antes y durante el transporte y las cargas o descargas de animales. Muy importantes para evitar la transmisión y diseminación de agentes patógenos.
- Los viajes deben contemplar planes de contingencia para salvaguardar a los animales si se produce un imprevisto, como un accidente o un atasco de tráfico.
- El viaje debe ser planificado con antelación para evitar estos imprevistos.
- Son necesarias guías de transporte, expedidas por las unidades veterinarias correspondientes, en las que figuren origen y destino de los animales, especie animal, número de animales y otras.
- Los vehículos deben poseer un sistema de iluminación para que los animales nunca se encuentren completamente a oscuras.
- Si el viaje tiene una duración extremadamente larga es obligatorio hacer una parada y dar al menos de beber a los animales, etc.

Realmente, hoy en día, los vehículos de transporte de animales son verdaderos «hoteles rodantes»: están diseñados para que los animales viajen en ellos de manera confortable, con agua, luz, cama, espacio suficiente para cada ejemplar y sin esquinas ni salientes que les puedan provocar lesiones.

En varias ocasiones he oído a personas dar por hecho que se estaba produciendo maltrato y sufrimiento animal al escuchar agudos chillidos de cerdos que estaban siendo transportados en un camión. El que un cerdo chille dentro de un camión no implica nada; cualquiera que conozca un poco su naturaleza sabrá que un cerdo chilla simplemente con que otro lo haya empujado con fuerza, le ponga una pata encima o le haya intentado morder.

¿Por qué se da por hecho que cuando un cerdo chilla en el interior de un camión es porque está siendo maltratado? Por el mismo motivo de siempre, por la humanización animal, por ponernos en el lugar de unos cerdos que están siendo transportados asumiendo que nosotros somos los cerdos, que nos llevan al matadero y que estamos siendo trasladados en pésimas condiciones, hacinados y estresados.

Los cerdos viajan en un camión de transporte de animales en unas condiciones muchísimo mejores que muchas personas en el metro de una gran ciudad en hora punta, pero nadie va chillando por eso. ¿Por qué? Porque no son cerdos, son personas.

En definitiva, existen un gran número de normas de obligado cumplimiento para el bienestar de los animales en el transporte que hacen que los animales viajen en los vehículos en las mejores condiciones posibles, lo que contrasta con el cada vez menor bienestar que tenemos los humanos a la hora de viajar en nuestros propios medios de transporte.

El bienestar animal en el matadero

Y por supuesto, en el matadero también deben cumplirse todas las normas vigentes en materia de bienestar animal con respecto al sacrificio de los animales:

- Normas de descarga de los animales de los vehículos de transporte.
- Aturdimiento obligatorio previo al sacrificio.
- Normas propias del acto del sacrificio.
- Personal autorizado y certificado para la descarga y el sacrificio de animales.
- Presencia obligatoria de un veterinario oficial de la Administración competente, etc.

Ya comenté que una de las preguntas más recurrentes que se hace a los ganaderos o a los veterinarios es cómo se sacrifica a un animal en un matadero.

El sacrificio de animales en un matadero cuyo destino sea la obtención de productos y derivados cárnicos para la alimentación humana se realiza siempre por desangrado mediante un corte en el cuello.

El principal motivo, si no el único, de utilizar este método de sacrificio en estos animales no es otro que vaciar completamente de sangre el cuerpo del animal, para que en los productos obtenidos posteriormente de él no haya presencia de sangre. Es decir, que cuando cortes una chuleta no te salga un chorro de sangre de ella.

En lo que respecta propiamente al bienestar de los animales que van a ser sacrificados, quiero volver a incidir en dos puntos muy importantes:

Primero: el aturdimiento. En un matadero no puede realizarse el sacrificio de un animal sin aturdimiento previo. Esto vale para cualquier sacrificio animal, no solo para los animales de los que después se obtengan productos cárnicos, sino para cualquier animal que sea sacrificado en un matadero por el motivo que sea. Aunque hay alguna excepción de índole religiosa.

La finalidad del aturdimiento no es otra que evitar en lo posible el sufrimiento del animal que va a ser sacrificado, provocarle cierto grado de inconsciencia para que sienta el menor dolor posible, hacer que el animal tenga un «sacrificio humanitario».

Existen distintos métodos para conseguir un correcto aturdimiento de los animales en un matadero pero el más frecuentemente utilizado es la descarga eléctrica. También pueden utilizarse ciertos gases y algún otro método.

Un animal que ha sido correctamente aturdido recuperaría completamente la consciencia en varios minutos si por cualquier motivo después no fuese sacrificado. Se trata de aturdir, no de matar; el animal siempre debe morir ya aturdido.

Segundo: el veterinario oficial. Nunca puede realizarse el sacrificio de un animal sin la presencia de un veterinario oficial de la Administración competente, que tiene el papel de autoridad y que es la persona responsable de que se cumplan todas las normas de documentación, recepción y descarga de los animales, del aturdimiento y el sacrificio de los animales, todas las normas de bienestar animal en el matadero.

En definitiva, el veterinario oficial es la autoridad máxima en un matadero, la persona que vela por la seguridad y la salud de las personas y por el bienestar de los animales, un cargo de enorme responsabilidad. Este hecho, la presencia obligada de un veterinario en los mataderos de animales, es desconocido por una gran parte de la opinión pública.

En definitiva, el bienestar animal en la ganadería tiene como objetivo mejorar la vida del animal mientras está siendo criado o desarrolla su actividad en la granja, pero no debemos perder la perspectiva de la finalidad para la que ese animal está siendo criado, que no es otra que proporcionar alimento al ser humano, bien a través de su sacrificio o mediante la obtención de productos que él nos proporciona hasta que llega al final de su vida productiva.

El bienestar animal es necesario y redunda en nuestro propio beneficio, pero no deja de representar un comportamiento «ético y humanitario» que nosotros queremos darle al animal siempre que la situación nos lo permita.

LA GANADERÍA ACUSADA

Las corrientes animalistas y el veganismo en la alimentación caminan juntos en pos de conseguir que el ser humano no se alimente de productos de origen animal para evitar así el sacrificio de cualquier tipo de animal por motivos éticos o de conciencia, a los que se añaden también motivos de salud y más recientemente ecológicos, acusando a la ganadería de responsabilidad en el cambio climático.

Un cóctel de acusaciones que ha calado en muchos sectores de la población, empujados por determinados medios de comunicación, seguramente con intereses varios de tipo político y económico.

Más recientemente se ataca también a la ganadería desde la propia educación de los jóvenes a través de profesores desconocedores de la realidad y libros de texto en los que se acusa directamente a los «pedos» de las vacas de ser los principales responsables del cambio climático, en los que se promueve una alimentación teóricamente sana basada en las frutas y las verduras, y que además considera la ganadería como una práctica sistemática de maltrato animal.

La ganadería no es ética

Los motivos denominados éticos, como ya he comentado, realmente son creencias e ideologías basadas en considerar a los animales seres iguales al ser humano, habiéndoles otorgado también los mismos derechos que a este, con lo que lógicamente no pueden ser sacrificados y ni siquiera utilizados para la alimentación del ser humano.

En algunas culturas o religiones determinadas especies animales pueden incluso considerarse seres sagrados, como pasa en algunos países (las vacas en la India), o seres impuros (el cerdo en los países islámicos), con lo que evidentemente no pueden criarse, y menos aún permitir a la población alimentarse de ellos.

Recientemente, un juez en un país europeo reconoció el veganismo como una filosofía. Esto sería así si las ideas y los conceptos que poseen determinados individuos fuesen consecuencia de decisiones propias y de la libertad que tienen para pensar y decidir. Pero se convierte en una religión radical cuando esta supuesta filosofía trata de imponerse porque se considera la única «verdad» y que los demás están equivocados, y además se trata de aplicar a golpe de prohibiciones.

Realmente, acusar a la ganadería de ser una práctica no ética es la acusación principal y la más importante, pero como se basa en una humanización del animal, en una equiparación de valores y cualidades entre animales y seres humanos, nunca obtendría el respaldo suficiente entre la opinión pública si no estuviera apoyada en argumentos de mayor calado en las conciencias de la población, y especialmente de la población urbana, como son la defensa del medioambiente y la salud.

La ganadería produce alimentos poco saludables

Alegar que los alimentos de origen animal son poco sanos o incluso perjudiciales para la salud si se comparan con los vegetales no puede considerarse nunca algo correcto aunque sea solamente por el hecho de que una alimentación vegetariana en exclusiva, vegana, será deficitaria siempre y necesitará de suplementación. Este motivo por sí solo es suficiente para considerar al veganismo como una dieta alimentaria incorrecta.

Una alimentación vegana realmente implicaría un cambio en el grupo alimentario animal al que pertenece desde siempre el ser humano, que es el de los omnívoros, para pasar al grupo de los herbívoros; pasaríamos a estar en el mismo grupo que las vacas.

Realmente es saltarse un paso en la cadena alimentaria natural, porque el ser humano no puede digerir la celulosa vegetal como los rumiantes. Estos se alimentan de hierba y plantas, y nosotros nos alimentamos de ellos, porque estos sí nos proporcionan los nutrientes esenciales que necesitamos para la vida, que son las grasas y las proteínas de su carne o su leche. Y lo mismo ocurre con las aves como las gallinas; ellas se alimentan de grano o lombrices y nosotros nos alimentamos de su carne o sus huevos.

Porque aunque desde muchos sectores se esté promoviendo que lo sano y lo correcto para el ser humano es alimentarse de vegetales, frutas, y sobre todo de cereales, una correcta alimentación humana debería basarse en las proteínas y las grasas, y no en los hidratos de carbono y el azúcar.

Y ¿cuáles son las mejores fuentes de proteínas y grasas? Los productos de origen animal, sin duda. ¡Ah! Y también son los más sabrosos y los de mayor disfrute para el paladar humano, aunque ahora la batalla en los medios urbanos la esté ganando el azúcar, especialmente en forma de hidratos de carbono.

Siempre que se ha hablado de alimentos esenciales, primordiales o de primera necesidad para el ser humano, se ha hecho referencia a alimentos como la carne, el pescado, la leche o los huevos, todos ellos productos de origen animal. Si le añadimos algo vegetal, fruta y pan, todas las necesidades de un ser humano estarían cubiertas; una alimentación omnívora, en definitiva.

De verdad que no creo que existan mejores alimentos para la salud humana que la carne, el pescado, los huevos o la leche. Todos consumidos moderadamente, como debe ser.

La ganadería no es sostenible

Y el último motivo por el que se ataca a la ganadería es la responsabilidad directa que parece tener en el cambio climático.

Lo que casi nadie pone en duda, aunque algunos sí, es que el cambio climático es consecuencia de la actividad humana, de toda la actividad humana, y la ganadería también lo es.

El ser humano comenzó a contaminar este planeta desde el mismo momento en el que se bajó de los árboles y encendió un fuego en la puerta de una cueva para calentarse y protegerse. Y así sigue siendo ahora, pero elevado a la enésima potencia.

Ahora se está promoviendo una vuelta atrás en la obtención de energía, abandonando la nuclear y la procedente del carbón, alegando que son peligrosas y no sostenibles. Se están buscando otras fuentes alternativas de obtención de energía en las llamadas energías renovables (sol y viento) y nuevamente, como antaño, en la madera.

Existen muchos motivos por los que hemos llegado a esta peligrosa situación climática en nuestro planeta. Uno de ellos pueden ser las fuentes de energía, pero incluso aunque para cocinar y calentarnos utilizásemos solo hogueras, como en la Prehistoria, también estaríamos contaminando el planeta porque necesitaríamos hacer miles de millones de hogueras para poder obtener energía para toda la población.

Es toda la actividad humana, la que realizan todos los habitantes de este planeta simultáneamente, y día tras día, la que nos está llevando a esta situación.

Una de las soluciones que se están promoviendo para luchar contra el cambio climático es disminuir el consumo de carne, pues se acusa a la ganadería intensiva, sobre todo a la vacuna y la porcina, de ser la mayor responsable de las emisiones que provocan este cambio climático.

Desde estas líneas invito a todo el mundo a que un día cualquiera, desde que se levanta por la mañana en su casa, preste atención y reflexione sobre cada acción que realice a lo largo de todo el día, por muy simple que parezca, y se dará cuenta de que continuamente está generando residuos y emisiones, incluso hasta cuando está durmiendo, aunque no sea consciente de ello.

Pensemos en basura, plástico, comida desperdiciada, aviones, coches, camiones, autobuses, barcos, agua de bebida, duchas, lavadoras, lavavajillas, detergentes, aceites, jabones, aguas fecales, fábricas, calefacciones, aires acondicionados, electricidad, asfalto, hormigón, energía, embalses, metales, minería, petróleo, gas, madera, papel, ropa de vestir, productos químicos, incendios, viajes espaciales y todas las cosas que no puedo poner porque la lista sería interminable.

Y he dejado para el final una actividad que genera una enorme cantidad de residuos y que supone un enorme coste medioambiental, pero que imagino que no interesa nunca nombrar, y cuya obtención y eliminación de desechos se realizan siempre bien lejos de nuestros ecológicos países occidentales; no se ve y no lo queremos ver pero está ahí, porque todos habitamos en el mismo planeta. Me refiero a la tecnología, a todos los aparatos y sistemas electrónicos que obtenemos, utilizamos y tiramos diariamente: móviles, ordenadores, baterías, televisores, GPS, etc.

¿De verdad puede alguien llegar a pensar que el principal responsable del cambio climático es la ganadería?

Pero sí, la ganadería, sea intensiva o no, también colabora en la contaminación del planeta y el cambio climático, aunque como cualquier otra actividad humana.

LAS MACROGRANJAS

Al menos hasta hoy, las macrogranjas no existen desde un punto de vista legal. No está definido cuál es el número de animales de cada especie ganadera que debe haber en un determinado lugar para poder decir que se trata de una macrogranja. Pero, como siempre, los distintos estamentos y autoridades del ramo, a rebufo de la opinión pública urbana, profundamente desconocedora y desconectada de toda la normativa obligatoria que cualquier granja debe cumplir, ya se han puesto manos a la obra para intentar legislar este aspecto e intentar separar los conceptos de granja y macrogranja. Ya se intenta definir cuándo una granja es una granja a secas y cuándo una macrogranja.

El objetivo final es que no haya macrogranjas, que no haya granjas con un número excesivo de animales. El asunto es determinar cuál es ese número para limitarlo y conforme a qué parámetros.

Pero todos sabemos a qué se refieren cuando se habla de macrogranjas. Mentalmente, cualquier persona visualiza un recinto cerrado y sin luz natural en el que los animales viven hacinados, son alimentados para que produzcan más suministrándoles para ello hormonas o antibióticos, con lo que los productos obtenidos de ellos son de mala calidad y perjudiciales para la salud, además de producir desechos y emisiones altamente contaminantes y, por tanto, dañinos para el medioambiente.

En definitiva, una vez más hablamos de acusaciones a la actividad ganadera de maltrato animal, origen para algunos de productos insalubres y contaminación ambiental.

¿Y a qué tipo de ganadería se le aplica este concepto de macrogranja? Pues prácticamente todo el mundo piensa en las granjas intensivas porcinas, las de vacuno de leche y las de pollos de carne.

Es muy importante recordar que absolutamente ninguna granja puede iniciar su actividad si no cumple la amplia y estricta normativa que existe para poder instalarla en un determinado lugar, especialmente en relación a temas ambientales y de control de emisiones. A grandes rasgos ya enumeré muchas de las normas de obligado cumplimiento para la instalación de una granja en el apartado en el que hablaba de su importancia en la economía rural.

Pero es que una vez obtenidos los permisos de instalación e iniciada la actividad ganadera igualmente debe atenerse a toda la normativa existente, la cual es periódicamente controlada por la Administración competente a través de sus veterinarios, agentes medioambientales e incluso fuerzas de seguridad. Normas de bioseguridad, bienestar animal, sanitarias y ambientales.

Normas de obligado cumplimiento en una granja

A continuación, como ejemplo y solo a título informativo, para que uno pueda hacerse una idea de la cantidad de requisitos y normas que se deben cumplir durante el ejercicio de una actividad ganadera cualquiera, procedo a citar una gran parte de ellas:

- Libro de explotación ganadera: debe estar siempre actualizado, deben conservarse todas las guías y registros durante al menos 5 años y puede ser requerido en cualquier momento por la autoridad competente (veterinarios oficiales de la Administración o agentes medioambientales). En él deben incluirse:
  - Titular de la explotación ganadera.
  - Número de registro de la explotación.
  - Capacidad máxima autorizada de animales.
  - Veterinario titular.

- Actividad productiva (carne, leche, huevos u otra).
- Tipo de cría de los animales (intensiva, extensiva o mixta).
- Censo actualizado de la explotación: registro con fechas de todos los movimientos de animales en la explotación, entradas, salidas y bajas, con sus correspondientes guías.
- Registro de todos los alimentos suministrados a los animales, con fechas, tipo de alimento, cantidades de alimento, lote de animales a los que se les proporciona y sus correspondientes albaranes.
- Registro de tratamientos veterinarios: antibióticos y piensos medicamentosos que se administren. Recetas veterinarias, nombre y tipo de medicamento, fechas de comienzo y final del tratamiento, y lotes de animales a los que se les aplica el tratamiento.
- Registro de tratamientos antiparasitarios. Como el anterior.

- Libros de registro de transporte del ganado: debe acompañarse siempre de las correspondientes autorizaciones para el transporte de animales de la empresa transportista, vehículo y conductor (con el título de bienestar animal en el transporte). En él deben constar:
  - Conductor y NIF.
  - Fechas y hora de carga y descarga de los animales.
  - Explotaciones de origen y destino de los animales transportados.
  - Especie, lotes y número de animales transportados.
  - Guías oficiales de transporte expedidas por la autoridad competente.
  - Número de precinto del vehículo (los vehículos cargados deben ir precintados).

- Centro, fecha y certificado de desinfección del vehículo.
- Otros registros:
    - Libro de visitas de la explotación: en él se anotan todas las personas ajenas a la actividad laboral que entran en la explotación ganadera, con nombre, NIF, fecha, hora, procedencia, motivo de la visita y persona que lo autoriza.
    - Registro de desinfecciones de vehículos, locales y naves: fecha, producto utilizado, vehículo o nave desinfectados.
    - Registro de recogida de residuos: medicamentos, desinfectantes, purines, estiércol y cadáveres.
    - Registro de analíticas de piensos, aguas o animales.
    - Registro de inspecciones veterinarias u otras.

Al citar todas estas normas solo quiero mostrar que, contrariamente a lo que se piensa desde muchos sectores urbanos, cualquier actividad ganadera está absolutamente controlada por la Administración correspondiente.

Una actividad ganadera profesional es también una actividad empresarial y como tal lleva aparejada toda la carga burocrática estatal, autonómica y local correspondiente: albaranes, facturas, nóminas, impuestos, tasas, mutuas, seguros, asesoría, rentas, bancos, etc.

....

La ganadería es muchísimo más que un ganadero y sus animales, un pastor y sus ovejas: es una actividad económica, y por muy pequeña e insignificante que pueda parecer, desempeña uno de los papeles más importantes que se pueden tener en la sociedad, que es el de alimentar a la población.

....

Motivos de la proliferación de las macrogranjas

Así como, en general, la ganadería extensiva está bien vista por la población, en cambio cada vez más se tiene un concepto negativo de las granjas intensivas, a las que ahora llaman macrogranjas.

Se considera que en las granjas de cría intensiva los animales sufren durante toda su vida, que los alimentos que se obtienen de ellas son de mala calidad y que los residuos y emisiones que producen son malos para el medioambiente.

Lo que deberíamos preguntarnos es por qué han proliferado estas macrogranjas, por qué han desaparecido casi todos los pequeños ganaderos y las pequeñas granjas de pueblo y si realmente no somos todos nosotros los verdaderos culpables de esta situación.

Deberíamos preguntarnos:
- Por qué continuamos comprando, en aplastante proporción, alimentos baratos frente a alimentos de mayor calidad (y bastante más caros).
- Por qué seguimos comprando alimentos de importación frente a alimentos locales, también sorprendentemente más caros.
- Por qué los alimentos ecológicos siguen siendo residuales en nuestra cesta de la compra.
- Por qué hoy en día es prácticamente imposible instalar una pequeña granja de pollos, cerdos, vacas lecheras o gallinas ponedoras en una zona rural si no se entra en integración con una gran empresa.
- Cómo podemos alimentar a ciudades de muchos millones de habitantes con pequeñas granjas locales y que, además, nos proporcionen alimentos ecológicos y estacionales.

La proliferación de las llamadas macrogranjas, la ganadería intensiva a gran escala, frente a los pequeños ganaderos, e incluso frente a la ganadería extensiva, se ha debido a tres motivos: económico, social y de gestión ambiental.

Motivo económico

El principal motivo por el que la ganadería intensiva se ha desarrollado tanto es el económico. Tener más animales localizados y controlados en un mismo lugar disminuye mucho los costes de producción, lo que permite obtener alimentos (no olvidar nunca que este es el objetivo final: alimentar a seres humanos) más baratos y en mayor cantidad.

El resultado final es que el consumidor encontrará más alimentos y también más baratos en su cesta de la compra.

Mientras el consumidor final siga priorizando el precio frente a otros factores será prácticamente imposible cambiar este modelo de intensividad tan denostado incluso por el propio consumidor.

También hay que tener en cuenta la enorme cantidad de personas a las que es necesario alimentar, millones de bocas que quieren comer todos los días y, si es posible, tres veces al día. Esto sería prácticamente imposible de conseguir solo con pequeñas granjas con animales al aire libre y criados en régimen ecológico.

Económicamente es imposible que un pequeño ganadero pueda competir en costes productivos, y por tanto, con el precio final de sus productos con cualquier empresa ganadera que posea granjas en sistemas intensivos. Solo pequeños ganaderos con producciones locales pequeñas, de calidad o con algún aspecto diferenciador como la cría ecológica, tienen un nicho de mercado frente a las grandes empresas ganaderas que crían animales con sistemas intensivos.

Actualmente es prácticamente imposible obtener rentabilidad con una granja de pollos de carne, gallinas ponedoras, cerdos de cebo o vacuno de leche si no se pertenece a una integración o una gran empresa ganadera. Y con otras especies animales, o las que se crían en extensivo, tampoco es nada fácil, aunque estas suelen presentar otras problemáticas.

Motivo social

Ahora que se habla tanto de la conciliación familiar, de incluso legislar para que las personas puedan tener una vida laboral que no comprometa su vida familiar, hay que destacar que la ganadería intensiva ha mejorado ostensiblemente este aspecto respecto a la ganadería tradicional.

Creo que a este tema no se le da la importancia que realmente tiene.

....

En la ganadería tradicional los ganaderos trabajan los 365 días del año y casi todas las horas del día, con lo que su vida social, su vida familiar, está siempre comprometida.

....

La llegada de la ganadería intensiva y las enormes mejoras tecnológicas han permitido localizar y controlar un mayor número de animales en un mismo sitio, logrando que los trabajadores puedan disminuir muchísimo sus jornadas de trabajo e incluso, en las empresas grandes, realizar turnos, lo que les permite tener días de fiesta e incluso vacaciones. Algo casi impensable hasta hace unos años para cualquier ganadero.

Motivo ambiental

La exigente normativa de gestión de residuos y control de la emisión de gases y productos contaminantes al medioambiente ha provocado un aumento considerable de la inversión, los costes productivos y los gastos de la gestión de estos residuos. Una vez más, todos estos costes son más fáciles de asumir si se pertenece a una integradora o a una gran corporación ganadera que si se afrontan en solitario.

Hablando de macrogranjas, las mayores macrogranjas que conozco son ciudades como Méjico, Nueva York, Pekín o cualquier otra gran urbe de las muchas que hay actualmente en nuestro planeta. En ellas, millones de individuos viven en un mismo lugar, se mueven en transportes contaminantes y muchas veces en condiciones de hacinamiento, se alimentan con productos verdaderamente perjudiciales para la salud y generan toneladas de residuos y emisiones absolutamente contaminantes para el medioambiente. Jamás podría instalarse una granja de animales en estas condiciones en ningún lugar de este país ni de la Unión Europea.

Porque se habla mucho de la contaminación de tierras o aguas por los purines de los cerdos y, aún más si cabe, de los efectos de los «pedos de las vacas» en el agujero en la capa de ozono. Es por estos motivos por los que se generan extensas normativas que la ganadería debe cumplir inexorablemente. Pero nunca acaban de ponerse de acuerdo en cuanto a generar estrictas normativas que sean capaces de paliar y reducir a mínimos todos los vertidos urbanos de aguas fecales a ríos y mares, los residuos orgánicos e inorgánicos de los seres humanos, la cantidad de comida desperdiciada que podría alimentar a otros seres humanos o a otros animales y que supone que la muerte de un animal haya sido realizada en vano, los gases emitidos, los plásticos, etc.

Exigimos normativas para criar animales que no aplicamos a nuestra propia vida como seres humanos.

Acusaciones contra las macrogranjas

¿Qué es mejor, una macrogranja con, por ejemplo, 17.000 animales o 17 microgranjas con 1.000 animales?

Hace cierto tiempo leí un estudio que decía que toda la población mundial, actualmente unos 8.000 millones de personas, podía vivir en una provincia española del tamaño de Soria, dejando el resto del planeta digamos que libre.

Desde el punto de vista del bienestar de las personas, de la sostenibilidad del planeta y la alimentación de toda esta población, ¿qué sería mejor? ¿8.000 millones de personas viviendo juntas, cosa que poco a poco está ocurriendo, o toda la población humana dispersa por todo el planeta?

Que cada uno reflexione por sí mismo.

Acusaciones de maltrato animal

Acusar a los ganaderos de maltratar animales, sea cual sea el sistema de cría de los mismos, puede considerarse un insulto y muestra un profundo desconocimiento del trabajo diario de personas que crían animales con mimo y dedicación para ganarse la vida.

Los ganaderos son personas amantes de los animales, si no fuera así jamás podrían dedicarse a esta profesión, pero nunca pierden la perspectiva de la finalidad para la que lo hacen: proporcionar productos alimentarios para el ser humano.

Es una temeridad atreverse a decir que, en lo más crudo del invierno, cerdos que se encuentran en una nave a 22 grados de temperatura ambiental, con agua y comida a libre disposición, están siendo maltratados por el hecho de encontrarse encerrados en una nave mientras en el exterior los animales silvestres y, lo que es peor, muchos seres humanos, tienen que soportar las temperaturas propias de esa época y ganarse el pan yendo a trabajar o buscarse el alimento cazando. Igualmente podría referirme a las vacas lecheras, que disponen de ventilación y humidificación en los corrales en las semanas más sofocantes del verano. Y lo mismo ocurre con los pollos, los conejos o cualquier otra especie que se críe en una de esas que ahora llaman macrogranjas.

En la ganadería intensiva a gran escala, en esas macrogranjas, se debe cumplir toda la normativa de bienestar animal existente o ni siquiera podría instalarse esa granja. Exactamente lo mismo que ocurre con el resto de granjas, sean del tamaño que sean.

Otra cosa es que esa normativa sea del gusto de todo el mundo, pero se supone que ha sido regulada y aprobada por las instituciones competentes y tras la realización de estudios de contrastados expertos en bienestar de los animales.

Esta normativa no es algo inamovible y cada cierto tiempo se modifican parámetros sobre el bienestar de los animales que las empresas ganaderas deben aplicar, modificaciones que, como ya he dicho, suelen conllevar inversiones que en muchas ocasiones solo las grandes corporaciones se pueden permitir.

Acusaciones de contaminación ambiental

Desde el punto de vista ambiental, prácticamente todo el mundo considera ya que la ganadería intensiva, especialmente la de vacuno de leche y la del porcino, son altamente contaminantes para la atmósfera y el suelo por las emisiones de metano del vacuno y los purines del porcino.

No me gusta nada dar cifras porque, según la procedencia del estudio del que se trate, y sobre todo, de la entidad que financie el estudio, estas varían enormemente.

Lo que sí es seguro es que el metano exhalado (sale por el sistema respiratorio, no por el ano; no son pedos) por las vacas procedente de su digestión (fermentación) produce unas 25 veces más efecto invernadero que el CO_2. Otra cosa es su grado de responsabilidad en el efecto invernadero, que es lo que varía dependiendo del estudio realizado y por quién.

Es importante considerar que la vida media del metano y su grado de abundancia en la atmósfera son enormemente inferiores a las del resto de gases de efecto invernadero, sobre todo si lo comparamos con el CO_2 procedente de la actividad humana derivado de la utilización de combustibles fósiles, y el más abundante de todos por mucho.

Aunque la capacidad de absorción de calor del metano, su efecto invernadero, es mucho mayor que la del CO_2, su duración en la atmósfera se estima en torno a unos 10 años, frente a los 10.000 años que se calcula que permanece el CO_2 de procedencia fósil, una diferencia abismal.

Las cifras de emisión de metano por parte del ganado vacuno resultan prácticamente ridículas si se comparan con los millones de toneladas de gases de efecto invernadero que se liberan en nuestro planeta por el resto de actividades que se realizan, especialmente del ser humano.

Así, se calcula que el metano exhalado por el vacuno supone un 5 % de ese efecto invernadero y que otro 5 % proviene de la propia actividad ganadera en sí, ajena al animal, así que la actividad ganadera vacuna en su conjunto sería la responsable de aproximadamente el 10 % de ese efecto invernadero. Aunque, como digo, otros estudios llegan a cifras bastante superiores.

Se habla mucho de todas estas cifras de emisiones contaminantes responsabilidad del ganado vacuno y así, desde distintos sectores se promueve disminuir el consumo de su carne. Pero en cambio no se habla prácticamente nada de la responsabilidad que tiene, por ejemplo, la agricultura, cuyas emisiones muchos cifran que están incluso bastante por encima de las de la ganadería. Sin embargo, nunca se promueven campañas para disminuir el consumo de productos vegetales. Claro que de todo no se puede prescindir, algo tendremos que comer.

La agricultura y la actividad que la rodea serían tan responsables o más de ese efecto invernadero como la actividad ganadera. Una reducción de la cabaña ganadera, una reducción de los hábitos alimenticios de consumo de carne, sí podría mejorar los niveles de contaminación del planeta, pero nunca en favor de un veganismo estricto, porque esto no haría otra cosa que empeorar la situación.

El círculo agricultura-ganadería funciona desde que ambas actividades existen y no se le puede culpar de ser la causa principal de los problemas de contaminación de este planeta. Pero sí es cierto que se debe mantener un equilibrio de ambas actividades con el medio natural, ya que el desmesurado aumento de la población mundial ha obligado a incrementar considerablemente la producción de ambas para poder llegar a proporcionar diariamente alimentos para todos y en todo el planeta.

....

¿Por qué se insiste tanto en disminuir ese 10 % de emisiones del vacuno y no el 90 % de las emisiones procedentes de todo el resto de actividad humana, todas esas que producen los seres humanos cada segundo de su vida?

....

Está bastante claro que existen grandes intereses en culpar a la ganadería, especialmente a la vacuna, de ser la principal responsable del cambio climático de este planeta. Personalmente estas acusaciones me parecen indignantes; culpar a vacas y ganaderos de algo que estamos provocando los seres humanos con nuestra actividad, especialmente la actividad urbana, día a día, minuto a minuto. Ahora va a resultar que una vaca eructando en su montaña contamina más que un coche y es la culpable de que el planeta se esté calentando.

Podríamos dormir tranquilamente encerrados en un garaje con una vaca sin problema alguno por mucho que la vaca respire o eructe durante toda la noche, pero ¿alguien quiere arriesgarse a dormir en el garaje con el coche arrancado?

El metano es un excelente combustible que está absolutamente desaprovechado y es ahí donde se podría encontrar una buena parte de la solución a este problema.

Pero es de suponer que los intereses económicos y políticos de los Gobiernos no van por este camino.

El propio sector ganadero realiza inversiones y estudios en pos de disminuir las emisiones de metano del ganado. Por ejemplo, se está estudiando la incorporación al pienso de ciertos aditivos que disminuyen considerablemente las cifras de emisión del gas durante la digestión de los alimentos por los animales.

Esto está muy bien pero, en ocasiones, en la búsqueda de soluciones para este problema se están considerando alternativas bastante radicales y, en mi opinión, absolutamente desmesuradas, por no calificarlas de ridículas. Así, recientemente he leído que una de las grandes multinacionales del sector lácteo estaba investigando y realizando ensayos con unas mascarillas que, colocadas en los hocicos de las vacas conseguían disminuir su exhalación de metano al medioambiente. Lo siento, no puedo alcanzar a imaginarme un rebaño de vacas en una pradera pertrechadas con una mascarilla para no contaminar el planeta. Y lo mismo en una granja de vacas en intensivo. Parece que este caso, seguramente alegando una causa de fuerza mayor como es la salvación de nuestro planeta, sí se puede prescindir del bienestar de los animales y su comportamiento natural. Perros con abrigo y vacas con mascarilla, ¿qué va a ser lo siguiente?

Pero, a pesar de estas ideas algo desproporcionadas y disparatadas, desde luego, al menos desde el sector ganadero se está intentando buscar soluciones para una mejor sostenibilidad de su actividad; ojalá muchos otros sectores hiciesen lo mismo.

También a la ganadería intensiva porcina se la acusa de ser gran contaminante por sus emisiones, olores, y la contaminación de acuíferos y tierras.

El sector porcino no presenta el problema del metano, ya que los cerdos no son rumiantes. Son omnívoros (como el ser humano), pero lo que sí producen es una gran cantidad de desechos llamados purines (orina y heces), ricos en nitrógeno, que se consideran contaminantes en dosis altas, pero que también son elemento primordial para la fertilización de los campos en la agricultura.

....

Se puede decir que sin nitrógeno no hay agricultura, pues es el compuesto principal de todos los abonos del campo.

....

Casi todo el mundo sabe que el estiércol es bueno para el campo, que «la caca hace que las plantas crezcan».

En la ganadería intensiva porcina los purines se almacenan en balsas que deben ser estancas e impermeables (no se permite la instalación de una granja porcina si no se cumple este apartado). Es decir, los purines almacenados en las balsas no pueden ni deben pasar nunca a la tierra colindante, ni consiguientemente a los acuíferos, si los hay.

Los purines también son combustible; pueden utilizarse para la generación de gas en plantas de reciclaje. Al igual que sucede con el metano, la utilización de los purines porcinos como generadores de energía está infrautilizada, es de suponer que por los mismos motivos que el metano del vacuno.

Los purines no son realmente un residuo: son un producto, ya que constituyen un excelente abono para la agricultura. Los purines del ganado porcino son uno de los mejores abonos, si no el mejor, que se pueden utilizar para fertilizar los campos agrícolas. El problema surge cuando se depositan en exceso en el campo, lo que provoca una acumulación de nitrógeno, contaminando las tierras y pudiendo llegar a filtrarse hasta los acuíferos, lo que termina por contaminar también el agua.

⋯⋯⋯⋯⋯⋯⋯⋯⋯⋯⋯⋯⋯⋯⋯⋯⋯⋯⋯⋯

La contaminación del campo y de los acuíferos por el vertido excesivo de purines del porcino como abono llega continuamente a la opinión pública a través de los medios de comunicación, como si la ganadería porcina fuese la única responsable de la contaminación de suelos y aguas.

⋯⋯⋯⋯⋯⋯⋯⋯⋯⋯⋯⋯⋯⋯⋯⋯⋯⋯⋯⋯

Estas informaciones nunca explican que la mayoría de los agricultores, para abonar sus tierras, no utilizan fertilizantes orgánicos (los purines) sino inorgánicos (sintéticos), más baratos, de mayor disponibilidad, más fáciles de aplicar y que además no presentan el desagradable olor de los purines. Pero eso sí, son menos eficientes, menos sostenibles (ya que proceden de combustibles fósiles y resultan fuertemente contaminantes en su proceso de producción), y sobre todo presentan mayor capacidad de filtración y, por tanto, mayor capacidad contaminante de los acuíferos.

La legislación permite ciertos niveles de nitrógeno en los campos de cultivo. Estos niveles máximos permitidos se han disminuido legalmente en los últimos años intentando luchar contra la contaminación de tierras y acuíferos. Así, se habla de zonas vulnerables como aquellas que presentan altos niveles de nitrógeno, es decir, altos niveles de contaminación, y sobre ellas no se debe verter ningún tipo de purín o las cantidades que de este pueden echarse deben ser mucho menores.

La pregunta que debe uno hacerse es cómo es posible que zonas donde no existe granja porcina alguna, es decir, sobre la que no se ha vertido ningún tipo de purín, deban ser declaradas vulnerables por sus altos niveles de nitrógeno. La respuesta es sencilla: por la utilización excesiva (porque en dosis adecuadas su utilización es perfectamente correcta) de fertilizantes inorgánicos en la agricultura. También puede haber otros motivos, no menos importantes y de los que prácticamente no se habla, como las actividades industriales, urbanas y otras varias.

Por determinados intereses políticos, económicos, ecológicos, animalistas, alimentarios, etc. desde los medios de comunicación, y también ahora desde los propios centros educativos, se culpa exclusivamente a la ganadería de la contaminación de tierras y acuíferos.

Pocas veces se culpa a la agricultura y, prácticamente nunca al resto de actividades humanas. Esto ha llegado a la población, como siempre especialmente a la población urbana, y así se observa cuando se le pregunta sobre el origen de la contaminación de tierras, ríos e incluso mares.

La tecnología actual permite conocer exactamente la cantidad de nitrógeno que tiene un terreno, es decir, su grado real de contaminación. Igualmente, gracias a la tecnología, las cisternas de los tractores permiten echar al campo con exactitud la cantidad de purín necesaria para fertilizarlo sin sobrepasar el límite permitido.

Esto quiere decir que, si las cosas se hacen como es debido, aplicar purín procedente de las granjas porcinas en la tierra no debería provocar su contaminación sino su fertilización, para el correcto crecimiento y desarrollo de los cultivos.

Igualmente es obligatorio el que ganaderos y agricultores tengan instalados en sus vehículos sistemas de vertido de purines que lo introduzcan en el interior de la tierra. No está permitido utilizar sistemas que «lancen» el purín al aire, para evitar su dispersión y, sobre todo, para evitar olores desagradables que lleguen a los habitantes de los pueblos cercanos, paseantes o visitantes, perjudicando así al turismo, uno de los pilares de la economía rural.

Asimismo, está prohibido el vertido de purines en determinadas épocas del año, en verano especialmente, por los motivos anteriores.

De todos modos, la utilización de abonos y purines es importante para los cultivos solo en un determinado momento del desarrollo de las plantas; utilizarlos en otro momento no tiene ningún sentido y es incluso perjudicial para los propios cultivos.

....

Los purines son probablemente el mejor abono nitrogenado que se puede emplear en los campos de cultivo y su vertido, realizado correctamente, en la época ideal y cumpliendo las normas vigentes en materia de dosificación y aplicación, no tiene por qué provocar contaminación alguna de tierras ni acuíferos y ni siquiera olores.

....

La gestión de residuos orgánicos

En la opinión pública ha calado profundamente la idea de que las macrogranjas contaminan el medioambiente. Parece como si todo el mundo diese por hecho que los residuos y las emisiones procedentes de estas granjas se vertieran libremente en campos y ríos sin control alguno. Por supuesto, que en la absoluta mayoría de los casos esto no es cierto.

Lo que sí es cierto es que la normativa de gestión de los residuos orgánicos de las granjas se ha multiplicado en número y aumentado enormemente sus exigencias, de modo que ha supuesto también un gran incremento en los costes de inversión y producción ganadera.

....

Todos estos costes, sumados a la gran subida del precio de suministros, materias primas y mano de obra, no han hecho sino desequilibrar la balanza de la producción en favor de las grandes corporaciones ganaderas, probablemente las únicas capaces de soportar semejantes aumentos.

....

Esto ha colocado al borde de la ruina a multitud de pequeños ganaderos, esos que desde los mismos sectores que promueven estas exigentes normativas de gestión de residuos presentan como la única y verdadera solución para la sostenibilidad de la ganadería.

En la actualidad muchas de estas tan denostadas macrogranjas utilizan, aunque solo sea parcialmente, energías renovables durante su actividad productiva diaria: energía solar mediante placas fotovoltaicas, energía eólica con molinos de viento, o biomasa.

Muchas de estas grandes granjas poseen sistemas de separación y digestión de los purines de los animales. Con ellos se separa la fracción sólida de los purines de la líquida. La fracción sólida (lo que conocemos como estiércol) puede utilizarse después como abono para el campo o para realizar un «compost» que será reutilizado como cama para el mismo ganado que generó el purín (ejemplo de economía circular). La fracción líquida también puede utilizarse como fertilizante ligero y riego del campo o para producir biogás.

En estas granjas se pueden instalar sistemas de reutilización del gas metano procedente de sus propios animales, generando calor y electricidad. Esta producción de electricidad suele ser incluso excedentaria y este excedente se introduce en la red eléctrica general, así que podría decirse que estas granjas son pequeños centros de producción de electricidad.

Algunas de estas modernas grandes granjas instalan depuradoras de agua que, posteriormente, puede ser vertida a ríos o pantanos ya absolutamente limpia.

En el proyecto de instalación de estas llamadas macrogranjas ya se prevé toda la gestión de los residuos que van a generar.

Así, muchos pequeños Ayuntamientos de la «España Vacía» ceden o venden grandes extensiones de terreno infrautilizado para su explotación como campos de cultivo por las granjas que allí se instalen. Las empresas ganaderas trabajan conjuntamente con los agricultores locales e incluso, en muchas ocasiones, contratan a estos agricultores como empleados para trabajar esos campos, utilizando los purines de los animales como abono y aprovechando toda o gran parte de la producción vegetal como alimento para esos mismos animales. Realmente, el mejor ejemplo de economía circular es el tándem que supone agricultura/ganadería.

Podemos comparar una gestión de residuos como esta con la gestión de todos los residuos orgánicos (sin entrar a valorar los inorgánicos) que se generan en las grandes urbes de todo el planeta. Cómo se gestionan todas las aguas contaminadas por materias fecales humanas, hidrocarburos, metales, jabones, aceites e infinidad de sustancias químicas. Ninguna de estas aguas sirve como abono para el campo, ni siquiera depurada. O podemos reflexionar acerca de qué ocurre con todos los residuos orgánicos urbanos sólidos, dónde van a parar y cómo. Desde luego yo tengo claro cuál de las dos actividades es más sostenible para el planeta, aunque continuamente se esté afirmando lo contrario.

Y hablando de contaminación, en general puedo animar a realizar no importa qué tipo de mediciones de niveles de contaminación en una provincia cualquiera de las de la ahora llamada «España Vacía», como puede ser Soria, en la que la población vacuna o porcina es bastante mayor que la humana. Veremos, sin duda alguna, que estos niveles son infinitamente más bajos que en cualquiera de las ciudades, polígonos industriales o parques empresariales que elijamos de los núcleos urbanos. Pero la culpa de la contaminación del planeta ahora parece querer volcarse en la ganadería.

Acusaciones de producir alimentos poco sanos y de mala calidad

Desde un punto de vista alimentario, recientemente se ha acusado a las llamadas macrogranjas de producir alimentos de mala calidad.

En el ideario de la población urbana también se relaciona la calidad alimentaria con el tamaño de las granjas. Todo el mundo cree que un huevo procedente de una gallina de caserío tiene mucho mejor sabor y mayor calidad que el de una gallina de una granja intensiva, lo mismo que se piensa que el tomate de un pequeño huerto local es mejor que el procedente de un invernadero.

Puedo estar de acuerdo con estas afirmaciones, e incluso pienso que así debería ser, porque en el huevo del caserío o en el tomate del huerto el foco principal no está puesto en el coste, seguro que infinitamente mayor que en los otros casos. Se prima la calidad del producto frente a su precio.

La problemática real radica en si con estos productos locales, estacionales, incluso ecológicos y de gran calidad, somos capaces de alimentar a toda la población de las enormes ciudades de este planeta y a precios asequibles. Y la respuesta es que no.

Podemos volver a recordar cuál es el parámetro absolutamente mayoritario por el que la mayoría de consumidores se rige a la hora de elegir un producto alimentario frente a otro: el coste, el precio, no la calidad.

Pero en este país los productos baratos también son de excelente calidad. Una cosa es que los productos que se obtienen de las llamadas macrogranjas puedan ser de peor calidad que los procedentes de pequeños ganaderos, y otra muy distinta es que estos productos sean de mala calidad. Esto es absolutamente falso.

La Unión Europea, y España en particular, tienen la normativa más desarrollada, exigente, controladora y restrictiva del mundo en materia de calidad y seguridad alimentaria. No me da miedo afirmar que los productos alimentarios españoles son los de mejor calidad del mundo, absolutamente todos, tanto los procedentes de las granjas pequeñas como los de la ganadería intensiva. Y así lo demuestra, día a día y año tras año, nuestra gastronomía y cocina, consideradas las mejores del mundo y con cifras ridículas anuales de casos de enfermedad o muerte por alimentos en mal estado o de mala calidad.

Afirmar que los alimentos procedentes de la ganadería intensiva española son de mala calidad es absolutamente falso y solo puede entenderse como un ataque contra el sector ganadero motivado por intereses económicos y políticos camuflados como defensa de la salud de las personas, la sostenibilidad del planeta y, sobre todo, porque este es el motivo más importante, el bienestar de los animales y la defensa de sus derechos.

Un ataque contra la ganadería intensiva es un ataque contra el medio rural. Los alimentos se producen en los pueblos y los que los producen, los ganaderos, viven en los pueblos o, al menos, trabajan en ellos.

LA GANADERÍA EXTENSIVA

Muchos sectores ecologistas y políticos, e incluso desde las inmensas poblaciones urbanas, salvo en los sectores animalistas radicales en los que todo es explotación animal y debe abolirse, aceptan la ganadería extensiva como un ideal para el bienestar de los animales y la producción de alimentos de calidad para el ser humano.

Aunque hay una excepción. Hay una ganadería extensiva que podría considerarse ejemplar en el trato y bienestar de sus animales que sin embargo es continuamente denostada desde muchos sectores del mundo urbano: la del toro de lidia.

Y esto es así porque el sacrificio del animal, el final de su vida, que realmente supone solo una pequeñísima parte de esta, no se realiza en un matadero, sino en una plaza con un ritual ancestral que supone dolor y sufrimiento para el animal.

....

Pretender que la muerte de un animal se produzca sin dolor ni sufrimiento es prácticamente imposible, empezando por la muerte en el medio natural, seguramente la más sufrida y dolorosa de todas.

....

Todo el mundo es consciente de que los animales deben ser sacrificados, que deben morir, para poder luego alimentarnos de ellos. No queda otro remedio, pero se entiende que en la ganadería extensiva la vida de los animales hasta el momento de su muerte al menos ha sido placentera y generalmente se obvia el trágico final.

Pero, como digo, en general se tiene la imagen de que vacas, ovejas, cerdos o gallinas viven felices libres por prados, campos, bosques, montes o por un terreno cerca de un refugio en el que poder protegerse y descansar por la noche.

Se piensa que estos animales viven toda su vida alimentándose libremente, engordando de manera natural y que solamente cuando han llegado a la edad adecuada son capturados y llevados a un matadero para ser sacrificados.

Pero la ganadería extensiva no funciona así. La ganadería extensiva casi siempre tiene una parte intensiva que es necesaria e imprescindible desde varios puntos de vista: de bienestar del propio animal, económico/productivo y humano.

Por ejemplo, en determinados momentos de su vida, para el animal es mucho mejor estar «encerrado» en una nave que libre por el campo: hembras preñadas, recién nacidos, animales enfermos, heridos o convalecientes, en lo crudo del invierno o en los rigores del verano. Incluso los propios animales, cuando tienen libertad de elección, prefieren el abrigo de una nave o un refugio que la bonita libertad de la naturaleza.

Que nadie se engañe: los animales quieren estar donde esté la comida, el agua y un refugio para protegerse; lo demás es secundario. Aunque eso sí, siempre van buscando las mejores condiciones para su vida.

Se contempla como ideal para los animales que circulen libres por el medio natural, pero este verdaderamente es un medio hostil. Hay depredadores (lobos, osos, zorros, rapaces y otros), se producen accidentes o heridas que es necesario tratar, están a expensas del clima y de fenómenos naturales como tormentas, inundaciones, sequías, granizadas o vendavales, pueden ser atacados por multitud de insectos o infectarse con parásitos.

El alimento no siempre es abundante en el medio natural y muchas veces tampoco es el adecuado ni para el bienestar del animal ni para su correcto desarrollo, visto desde el punto de vista productivo.

Nunca debemos olvidar que hablamos de ganadería; es imprescindible obtener un rendimiento económico del animal.

No se trata de mascotas; o se gana algo de dinero o no se podrá continuar criando a ningún animal, y por tanto no se podrá obtener un producto alimentario de él.

En determinadas épocas del año o en determinados momentos de su vida, los animales deben ser alimentados con piensos o suplementados con ciertos productos: animales recién nacidos, hembras gestantes, inviernos duros o en zonas de montaña, pero sobre todo en la fase final de su vida productiva.

Porque en algunas especies animales de cría mayoritariamente extensiva, como el vacuno de carne por ejemplo, no es económicamente viable tener al animal alimentándose libremente por los montes. Es necesario recoger a los animales en recintos o naves para alimentarlos con pienso, grano o forraje; de lo contrario tardarán mucho en alcanzar el peso adecuado o ni siquiera lo alcanzarán. Y además, aunque suele creerse lo contrario, la alimentación en esta fase final en naves o recintos a los que se llama cebaderos (término considerado peyorativo y que normalmente se identifica con maltrato del animal) hace que, además de dar más rendimiento, la calidad organoléptica de los productos obtenidos después sea mayor que si el animal se hubiese alimentado por sí mismo en los montes y solamente con pasto.

Es un enorme error pensar que es mejor que un ternero nazca en el monte y dejarlo allí con su madre toda su vida comiendo hierba hasta que alcance un buen peso, para atraparlo entonces y llevarlo a un matadero. Eso será posible si no ha muerto antes, él o su madre durante el parto, o por enfermedad después, o por frío, por calor, o porque se ha despeñado, se lo ha comido un lobo, se ha infectado con un parásito, o porque no había comida suficiente o no era la que necesitaba.

La ganadería extensiva no puede ser nunca una vida salvaje, y no lo es porque necesita de la presencia y la actuación de un ser humano: el ganadero.

La ganadería extensiva está casi siempre bien vista desde el punto de vista del bienestar animal pero casi nunca se contempla desde el otro punto de vista, que debería ser el más importante: el bienestar del ganadero.

Desde el mundo urbano y desde la clase política se recuerdan las bondades de la ganadería extensiva por su importante papel en la prevención de los incendios ya que el ganado es un magnífico «limpiador» de montes y, por tanto, «eliminador» de combustible para el fuego.

En momentos en los que los grandes incendios asolan la superficie forestal durante los cada vez más cálidos veranos, ocasionados, según dicen, por el cambio climático (una magnífica excusa para todos para ocultar las nefastas políticas de prevención de incendios), desde la clase política y los medios de comunicación se alude a las bondades de la ganadería extensiva como pilar fundamental para la prevención.

Hay que fomentar la ganadería extensiva dicen. Fomentarla, ¿cómo? ¿Quién va a dedicarse a la ganadería extensiva? Ninguno de esos que dicen que hay que fomentarla va a coger nunca un rebaño de cabras y echarse al monte a limpiarlo, todos los días, todas las horas diurnas del día.

Esto de que hay que fomentar la ganadería extensiva solo es palabrerío interesado y dura dos días, porque después hay otros muchos que vuelven a identificarla con actividad de maltrato animal y solo se le ponen trabas con leyes humanizadoras de animales o prohibiendo la caza controlada, convirtiendo así al ganadero de extensivo en un esclavo que debe vivir, comer y dormir con sus animales. Incluso este mismo año, en un incendio, un ganadero murió quemado en un monte junto a sus ovejas, para que luego algunos sean capaces de considerar a los ganaderos individuos explotadores de animales y que utilizan a estos para lucrarse.

Porque desde ese mundo urbano se critica a las macrogranjas, en las que los trabajadores pueden tener horarios de persona, con descansos y vacaciones, pero es casi imposible encontrar un solo trabajador que quiera echarse al monte con las ovejas. Ahora ni siquiera los inmigrantes quieren hacer ya estos trabajos que prácticamente ningún trabajador nativo tampoco hacía ya. También ellos se han dado cuenta de que es más fácil, y normalmente más rentable, trabajar y vivir en una gran ciudad y no en un pequeño pueblo perdido en medio de la «España Vacía» y abandonada.

Nadie parece querer percatarse de lo que supone criar animales libres por el medio natural para el propietario de los animales, para el ganadero.

Es fácil decir desde bien lejos, desde una gran ciudad, que todos los animales deberían criarse libres y no en macrogranjas, pero luego no se encuentra a nadie que quiera hacerlo.

Cada vez quedan menos ganaderos de ovejas o vacas en extensivo. ¿Por qué?

- Porque la ganadería hay que llevarla a cabo en el medio rural, en pequeños pueblos que carecen de las comodidades de las ciudades.

- Porque la ganadería extensiva no entiende de días de fiesta; hay que estar allí llueva, nieve o haga 40 grados de temperatura.
- Porque trabajar con animales no es como hacerlo en un limpio despacho o en una oficina delante de un ordenador, con calefacción en invierno y aire acondicionado en verano.
- Porque económicamente es muy poco rentable para el esfuerzo que supone.
- Porque las cada vez más estrictas normativas dificultan cada día más el trabajo de los ganaderos.

Normativas de toda índole redactadas desde una mesa en un despacho de una gran ciudad europea, que siempre suponen un encarecimiento de los costes del ganadero u otras más concretas que afectan directamente a la ganadería extensiva, como prohibir la caza del lobo y que este pueda acabar con el ganado, otras que parecen querer obligar al ganadero a estar permanentemente con sus animales como si fuese un esclavo, o alguna que incluso pretendía que los perros pastores prácticamente tuviesen nómina y pensión de jubilación.

- Porque los productos alimentarios obtenidos de la ganadería extensiva, a pesar de considerarse de gran calidad, son generalmente caros y minoritarios en la cesta de la compra del consumidor urbano.
- Porque al final a los animales hay que sacrificarlos para obtener de ellos un producto alimentario. Incluso a los animales que proporcionan otros productos distintos de la carne hay que sacrificarlos

cuando dejan de producir. Y esto es lo que desde muchos sectores se está intentando defender actualmente, que no es necesario matar animales para obtener alimento, llegando al punto de promover la desaparición completa de la ganadería, también de la extensiva.

* * *

La población general contempla la ganadería extensiva como un ideal en la producción de alimentos de calidad y garantía de bienestar animal frente a las denominadas macrogranjas pero lo cierto es que cada vez existen menos granjas de animales en extensivo y más en intensivo, más macrogranjas.

* * *

La gestión de cadáveres. Los buitres

Cuando a un pastor se le muere una oveja en el monte, cuando muere una vaca en un prado o un cerdo o un buen montón de pollos en una granja, ¿qué ocurre con los cadáveres de los animales?

Pues hasta hace no tanto tiempo esos cadáveres se dejaban en el monte o en campos cercanos a las granjas para que fuesen las especies carroñeras, otras oportunistas u otras que en ese momento no tenían cubiertas sus necesidades alimentarias, las que hiciesen el «trabajo» de limpieza de los restos del animal muerto.

En la actualidad está terminantemente prohibido abandonar o tirar ningún cadáver ni resto de un animal muerto en cualquier lugar que no sea el habilitado para tal fin.

Todas las granjas deben poseer contenedores en los que almacenar los cadáveres, partes de cadáveres o restos de los animales muertos, que luego son recogidos por camiones de una empresa autorizada para este fin y que se llevará los mismos para su destrucción completa o reciclaje (si es que esto es posible). Incluso se comienza a obligar a que los cadáveres sean depositados en instalaciones frigoríficas o congeladores para evitar olores y la posible transmisión de gérmenes patógenos al resto de animales sanos que se encuentran en la granja o al propio ganadero.

Pero tampoco está permitido que un ganadero de extensivo o un pastor abandone una vaca o una oveja muerta en un monte si muere allí.

Todos los animales de ganadería están obligatoriamente identificados y la muerte de un ejemplar debe ser comunicada en cuanto sea posible para que un camión proceda a la retirada del cadáver.

Todo esto está perfectamente controlado por la Administración competente a través de las unidades veterinarias locales.

Esto es así por motivos sanitarios, para el control de enfermedades en el ganado y sobre todo para evitar posibles zoonosis o transmisión de enfermedades de los animales al ser humano. Desde este punto de vista es perfectamente correcto y comprensible.

Pero, cómo no, esto también presenta ciertos inconvenientes:

- Para el ganadero: porque encarece sus costes de producción con la contratación de seguros agrarios, de responsabilidad civil y retirada de animales muertos, más allá de la burocracia administrativa, que requiere tiempo, un bien que muchas veces no se computa pero que tiene un coste.

  O porque debe adecuar o diseñar sus granjas incorporando instalaciones exclusivamente destinadas para este fin, y no digamos si además son necesarios congeladores o cámaras frigoríficas.

- Para el medioambiente: porque son necesarios camiones para recoger los cadáveres, que además deben ser transportados varios o muchos kilómetros hasta las plantas para su destrucción posterior. Estas plantas tienen un enorme coste medioambiental, de gasto de energía, de generación de emisiones y residuos, etc. En muchas ocasiones los vehículos de recogida deben desplazarse desde la planta de tratamiento hasta una montaña perdida para recoger una sola vaca.

  Pensemos también en el coste ambiental que pueden suponer los frigoríficos o los congeladores de las granjas en los que se quiere obligar a almacenar los cadáveres.

- Para el monte y la fauna silvestre: antes, cuando una oveja o una vaca moría en el monte se dejaba allí, cuando un cerdo moría en una granja era depositado en una fosa cercana a la granja y los cadáveres de todos estos animales eran el alimento de otros muchos: buitres, zorros, cuervos, urracas, milanos, alimoches, roedores, etc.

  Incluso si estos animales no pudiesen acceder al cadáver por el motivo que fuese, este sería sometido a la acción de insectos y gusanos para acabar descomponiéndose.

Todos los restos de los cadáveres, hayan sido devorados o no, acaban en la tierra, abonándola, siendo una fuente de nutrientes para ella. Los restos de piel, vísceras, carne, sangre y huesos han sido siempre una fuente natural de minerales que la tierra recibía, un abono de categoría superior.

Pero todo esto ha sido quebrado por la acción del ser humano; quizá sea algo comprensible desde el punto de vista sanitario pero ha dejado a numerosas especies eminentemente carroñeras sin su principal fuente de alimento. En su momento esto originó una drástica disminución en las poblaciones de algunas de estas especies, que ha tenido que ser corregida por otros métodos como la instalación de espacios concretos en los que se permite a entidades o personas autorizadas el depósito de animales muertos que sirvan de alimento a estas especies, los llamados muladares.

Pero algunas especies históricamente carroñeras han sido obligadas a adaptarse para poder sobrevivir ante esta situación de falta de cadáveres en los campos y montes.

Pese a que en los medios de comunicación no se habla mucho de ellos y casi siempre que se leen o escuchan noticias sobre ataques de animales de la fauna silvestre al ganado se refieren al lobo, muchos de los ataques que se producen al ganado vivo en España son originados por los buitres.

Pese a la mayoritaria opinión de la población general y, sorprendentemente también a la de algunos divulgadores científicos teóricamente expertos en la materia, los buitres presentan comportamientos depredadores.

Solo es necesario echar un vistazo en Internet para ver vídeos o leer noticias de ataques o supuestos ataques de buitres al ganado vivo, e incluso hay alguna noticia de un ataque a un anciano octogenario.

A todo aquel que tenga dudas sobre si los buitres pueden actuar como depredadores lo animo a que recorra la España rural, que pregunte a los ganaderos que tienen vacas, ovejas, cabras o patos, animales que habitualmente viven al aire libre, si han sufrido o conocen a otros ganaderos de la zona que hayan sufrido ataques de buitres a sus animales. Puedo asegurar que la gran mayoría de ellos no solo le confirmará que estos ataques son ciertos, sino que se producen de manera habitual e incluso serán capaces de mostrarle pruebas de ello.

Sin embargo, he leído algunos artículos de profesores, investigadores y otros divulgadores científicos afirmando que todas estas noticias sobre ataques de buitres al ganado no son más que bulos o *fakes* y que afirmar que los buitres presentan comportamientos depredadores es una «barbaridad ecológica».

No hace falta haber estudiado Veterinaria ni Biología para saber que el buitre es una especie eminentemente carroñera.

No es descabellado pensar, y entra dentro de la lógica, que un buitre pueda tener un comportamiento oportunista y ser capaz de matar un animal ya moribundo o muy debilitado.

Pero el gran salto se produce cuando se afirma que los buitres presentan un comportamiento puramente depredador.

La crisis de las vacas locas trajo como consecuencia indirecta una prohibición a todos los ganaderos (especialmente a los de cría intensiva de porcino, que eran los que mayor cantidad de cadáveres proporcionaban), a los cazadores, o a cualquier otra persona, de depositar o dejar cadáveres o cualquier otro tipo de resto de animal muerto en el exterior, al aire libre. Supuso también el cierre, teóricamente provisional, de muchos muladares.

La consecuencia final fue que a los buitres se les cerró el acceso a todo el alimento que obtenían de la actividad humana, que constituía su mayor fuente de alimento. La escasez, en muchos lugares del hábitat natural del buitre, de fauna silvestre; la ausencia de depredadores propios más allá del ser humano y el aumento de la población de buitres en estos últimos años (precisamente debido a la abundancia de alimento que poseían hasta ese momento), han hecho que en la actualidad los buitres hayan tenido que buscar una alternativa de alimentación más allá de la estrictamente necrófaga.

Así, inicialmente han actuado como especies oportunistas matando a algún animal en estado terminal, posteriormente atacando a alguno enfermo o incapacitado, para terminar matando animales impedidos temporalmente, como sucede en los partos e incluso, y aquí está el quid de la cuestión, matando animales sin posibilidad de escape. Un cambio de comportamiento ocasionado por puro instinto de supervivencia.

Efectivamente, el buitre no tiene garras como las águilas, ni es ágil en vuelo como el halcón, y en tierra es un animal muy torpe que se desplaza lentamente dando saltos. Pero lo que sí tiene es un pico poderoso, capaz de penetrar en la gruesa capa de cuero de una res muerta y, por tanto, perfectamente capaz de hacer lo mismo con un animal vivo. En una situación concreta como el parto de una vaca en la que esta se encuentra postrada sin posibilidad de levantarse ni defenderse, ¿qué puede impedir a una bandada de buitres matarla a ella y a su ternero? Esto lo han aprendido los buitres y ha dejado de ser algo ocasional para convertirse en una verdadera alternativa de alimentación.

Pero estos ataques no solo se han denunciado en reses parturientas; también se habla de ataques a ganado vivo. Nunca veremos buitres persiguiendo ganado por los campos como si fuesen rapaces, pero lo que sí han descubierto es que en recintos cercados de pequeño tamaño y con poca presencia humana, con poca vigilancia, cuando descienden en gran número, el ganado no tiene escapatoria posible y queda acorralado. En esta situación es posible que haya animales que mueran por asfixia y después sean devorados, pero puedo asegurar que esto tampoco es estrictamente necesario y pueden acabar también con animales vivos.

Hace un cierto tiempo tuvo notoriedad el caso de un ganadero que colgó un vídeo en el que mostraba a todas sus ovejas muertas dentro de su recinto, según él como consecuencia del ataque de unos buitres que, parece ser, solían merodear por esa zona acechando incluso al ganado. Posteriormente ese ataque fue desmentido desde instancias oficiales concluyendo que había sido debido a «cánidos silvestres» y que los buitres solo habían devorado posteriormente los cadáveres de las ovejas. ¿Cánidos silvestres? ¿Hay cánidos silvestres circulando libremente por los campos y montes? No dudo que pueda ser cierto; solo espero que entonces se tomaran medidas contra ellos porque estos sí son depredadores y pueden suponer incluso un peligro para la población, además del riesgo sanitario que todo ello implica.

¿Cuáles son los motivos por los que la Administración y algunos expertos se niegan a aceptar que los buitres sí son capaces, y de hecho lo hacen, de atacar y matar ganado vivo? ¿Por qué en lugar de negarlo no se buscan soluciones?

El buitre leonado, el más abundante en España, es una especie protegida y su número ha aumentado considerablemente en estos últimos años (solo en Castilla y León había censadas ya unas 8.000 parejas, 2.000 más que 10 años antes). Una población considerable y que requiere una correcta gestión y control.

Si continúan proliferando y aumentando los ataques de estas aves al ganado vivo, y quién sabe a qué o a quién en un futuro, se hace imprescindible llevar a cabo una verdadera y correcta política para su alimentación mediante la instalación estratégica y en número adecuado de muladares o comederos. También será necesario controlar el aprovisionamiento de su alimento, ya que no es probable que se dé marcha atrás en la legislación en lo que respecta a la presencia de cadáveres o restos de animales muertos en el medio natural. Y deberá hacerse necesario un control poblacional (¿cazándolos?), ya que el hecho de proporcionarles más alimento puede tener como consecuencia directa un aumento aún mayor en el número de buitres, con lo que nunca terminamos con el problema.

Esta correcta política de gestión y control de las aves carroñeras hará imprescindible una moderada aportación económica pública, y me temo que es aquí donde radica el núcleo del problema. Porque si no se permite a ningún particular sin autorización dejar animales muertos ni restos de animales muertos ni siquiera en los muladares autorizados, es evidente que toda la gestión de aprovisionamiento de los comederos de los buitres pasa a depender de las Administraciones públicas, las que sean.

Porque: ¿cuál va a ser el alimento permitido para suministrar los muladares? ¿De dónde va a proceder? ¿Quién lo va a suministrar? Y sobre todo ¿quién va a pagar todo esto?

....

El buitre es un animal excepcional y extraordinariamente necesario, el limpiador de basura de la naturaleza. El problema radica en que desde hace algún tiempo que ya no le dejamos realizar esa función y la hemos pasado a realizar nosotros, con lo que no le ha quedado más remedio que buscarse otros medios de subsistencia.

....

Y en estas estamos.

LA DESAPARICIÓN DE LA GANADERÍA

Desde los sectores más radicales del animalismo/veganismo, apoyados por personajes y empresas con grandes intereses políticos, y sobre todo económicos, se está promulgando el fin de la ganadería por suponer, según ellos, que es una práctica de maltrato de los animales, que produce alimentos perjudiciales para la salud del ser humano, que es perfectamente prescindible en la alimentación humana y además es una actividad insostenible para el planeta.

La desaparición de la ganadería llevaría a que la alimentación humana pasara a depender casi en su totalidad de una agricultura intensiva a gran escala, complementada con otras alternativas de reciente implantación y desarrollo como son los alimentos artificiales, creados gracias a las tecnologías modernas y producidos en un laboratorio, o de otras fuentes de alimento hasta ahora no utilizadas e incluso ni siquiera planteadas, como podría ser la alimentación a base de insectos.

La agricultura y la ganadería van íntimamente unidas; es uno de los mejores ejemplos de un concepto del que se habla mucho hoy en día que se llama «economía circular». El tándem agricultura-ganadería aplica esta idea desde que ambas existen, y es que realmente no se entienden la una sin la otra. Los animales se alimentan de productos agrícolas: grano, paja o forraje, y la agricultura utiliza los residuos de la ganadería, estiércol, purines e incluso cadáveres como abono y nutrientes para el campo.

La ruptura de este círculo por una virtual desaparición de la ganadería, al menos entendida como hasta ahora, provocaría un desequilibrio natural que el ser humano tendría que compensar con otros medios, normalmente artificiales y sin garantías en el resultado.

Una estocada al medio rural

Primero, y seguramente lo más importante de todo, una importante restricción de la ganadería o incluso la desaparición de la misma llevaría consigo la desaparición de miles de puestos de trabajo rural directo y aún más de indirecto.

Ya hice referencia a lo que puede llegar a suponer solamente una pequeña granja en la economía rural y cómo su desaparición llega a afectar finalmente incluso a la economía del país. Pretender prohibir o restringir al mínimo la ganadería representaría la estocada definitiva al medio rural, así como la despoblación definitiva de muchas zonas y regiones de este país. En muchos de estos lugares ya solo quedan ganado y ganaderos; si estos desapareciesen no restaría absolutamente nada, y esto sí que sería ya verdaderamente la «España Vacía».

Claro que, como dicen algunos, todas estas personas que trabajan con ganado o en actividades relacionadas indirectamente con él siempre pueden dedicarse a otra cosa que no suponga la explotación animal; pueden irse a las ciudades y llenarlas aún más, como seguramente hicieron antes sus antepasados.

Las especies ganaderas

....

La desaparición de la ganadería llevaría consigo también la desaparición de miles de razas de animales eminentemente ganaderas y, consecuentemente, la desaparición de millones de individuos de todas estas razas.

....

Como ya dije, muchas especies ganaderas están totalmente adaptadas a una vida a expensas del ser humano, absolutamente dependiente de él. Si soltásemos una gallina en un monte seguramente no duraría viva ni unas horas, no sabría dónde ir ni cómo encontrar agua ni alimentarse. Lo mismo que ocurrió con los burros del pueblo valenciano.

Pensemos en las miles de razas distintas de gallinas, ovejas, vacas o cerdos que existen en el mundo y que actualmente viven en granjas. ¿Puede alguien pensar que todas estas razas y sus individuos tendrían cabida «libres» en la naturaleza salvaje? Algunas razas o animales quizá lograran adaptarse a un medio tan hostil como es la naturaleza, pero por el camino íbamos a perder un número impredecible de individuos.

....

Nadie tiene una vaca por mascota, no en su casa de la ciudad, desde luego. Los animales de granja pasarían a ser como las especies animales salvajes; vagarían por los cada vez menores espacios naturales que tienen intentando sobrevivir en libertad, cosa que no han realizado en siglos, después de miles de años viviendo a expensas del ser humano.

....

Los animales como jabalíes o ciervos deberían cazarse para controlar su población y que no arremetan contra vehículos en carreteras, penetren en las ciudades o devoren los cultivos. Aunque si la ganadería estuviese prohibida, es de suponer que la caza también lo estaría, claro. La única supervivencia de estas especies, como la de otras, pasaría por habitar en parques naturales o recintos acotados. Es posible incluso que tuviesen que acabar calificándose de especies protegidas o al borde de la extinción.

Habría que crear reservas o instalar centros zoológicos en los que conservar tantas razas de animales distintos para evitar así su extinción. Pero la idea de tener animales en recintos o zoológicos también es considerada maltrato animal, así que quizá no sería una buena solución. Me temo que finalmente sería en los museos donde nos tendrían que mostrar unas razas de animales que un día fueron ganado pero que ahora ya no existen.

La agricultura como alternativa alimentaria casi exclusiva

Uno de los dogmas que aplica el animalismo/veganismo es que los alimentos de origen animal son perfectamente prescindibles, que el ser humano puede perfectamente alimentarse exclusivamente de la agricultura, paliando las carencias que seguro supone esto con suplementos o (ya reales) alimentos artificiales, creados en laboratorios y fabricados con impresoras 3D.

Últimamente también se está promoviendo la alimentación humana a base de insectos, que es cierto que proporcionan un excelente aporte de proteínas. Es decir, se permite que comamos grillos en lugar de corderos, o sea, que se permite ser ganadero de grillos pero no de corderos.

Estos sectores alegan que alimentarse solo de productos agrícolas, de productos vegetales (hacerse vegano), posibilita a una persona vivir sin necesidad de matar a ningún animal sensible; les asegura tener la conciencia tranquila, se considera ético.

....

Porque, como me dijo un día una persona, la ventaja de la agricultura es que tú siembras una semilla y de ahí crece una planta que te proporciona alimento. Y ya. No matas a ningún ser vivo, que no sea la propia planta, claro. Esto sí que es desconexión rural.

....

Un cultivo de maíz

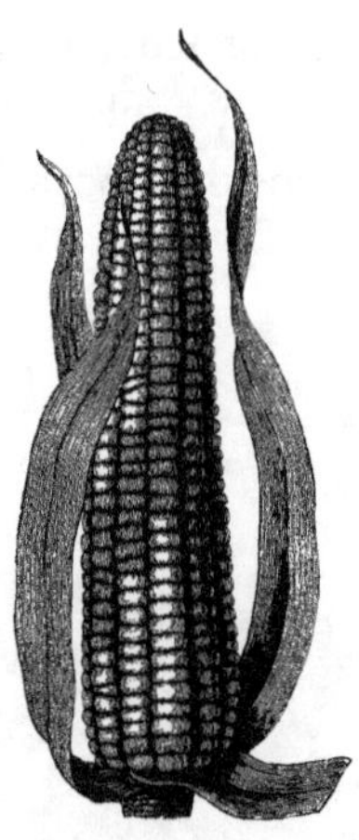

Podría utilizar cualquier cultivo como ejemplo pero voy a hacerlo con uno de los cultivos más abundantes de nuestro planeta, el del maíz.

Para obtener maíz lo primero que necesitamos es un terreno. Este terreno debe estar completamente libre de todo tipo de hierbas, plantas, árboles y arbustos, de todo lo que no sea la propia planta del maíz, así que debemos prepararlo. Esto lo hacemos «arrasando» con todo lo que allí había hasta entonces. Al hacer esto acabamos de manera inmediata con el hábitat e incluso la vida de una enorme cantidad de seres vivos, no solo de los que se consideran sensibles, como podrían ser algunas aves, roedores, reptiles o anfibios, sino de árboles (bosques), plantas, gusanos, insectos y microorganismos. Porque en un pequeño trozo de tierra, no importa de dónde, habitan millones de microorganismos, millones de seres vivos.

Pero es que, indirectamente, también eliminamos el hábitat y el sustento de otras muchas especies animales que se alimentaban allí, ya fuera de las plantas o de los otros animales que allí habitaban. Luego, antes de empezar a cultivar, ya se habrían eliminado seres vivos por millones.

Lo que estamos haciendo es convertir un bosque, una pradera, un matorral, algo realmente vivo, en un desierto en forma de campo de cultivo.

Pero, contrariamente a lo que piensan algunos, una vez preparado el terreno tampoco crecerá allí planta alguna aunque sembremos un grano de maíz. Para que a partir de un grano de maíz salga una planta es necesario que el terreno sea fértil y mucha agua. Es posible que inicialmente el terreno del que hablamos sea muy fértil y no haga falta abonarlo, pero con el tiempo, tras utilizarlo de forma continua como campo de cultivo, habrá que hacerlo.

Aunque parezca increíble, a la pregunta de ¿qué y cómo comen las plantas? muchas personas contestan que agua, y que lo hacen a través de las hojas. Quizá deberíamos recordar que las plantas se alimentan de los nutrientes del suelo y que lo hacen gracias a las raíces y no de agua a través de las hojas. El agua es el vehículo de transporte de esos nutrientes; no nutre, solo hidrata. Así que las plantas consumen nutrientes del suelo y estos, si son cultivados en exceso o de forma demasiado continua con el mismo tipo de plantas pueden acabar agotando sus nutrientes y convertirse en suelos yermos. Es necesario abonarlos para poder obtener cosechas de ellos.

Y ¿con qué se abona un terreno? Con nitrógeno. También son imprescindibles el fósforo, el potasio y el calcio, pero el más importante de todos es el nitrógeno. Y ¿de dónde procede el nitrógeno? De dos fuentes alternativas que ya se explicaron:

- De abonos orgánicos naturales procedentes del ganado.

- De abonos inorgánicos artificiales, sintéticos y muy contaminantes, y que si desapareciera la ganadería habría que utilizar de modo exclusivo. Como ya se explicó, proceden de combustibles fósiles y son menos eficientes y mucho más contaminantes porque se filtran más a los acuíferos que los de los purines o los del estiércol del ganado. Además, resultan peligrosos para el ser humano por su composición química y la emisión de polvo fino. Pero eso sí, no huelen.

Para obtener maíz, que es un cultivo de regadío, es necesario consumir mucha agua. Todo el mundo sabe que la lluvia no es abundante en muchas zonas del planeta, luego seguramente sea imprescindible regar. Es importante hacer ver que el agua de lluvia y el agua extraída del suelo no son iguales en composición.

> *Cultivar en una zona en la que no llueve y es necesario regar mucho provocará un problema en el futuro, que es la salinización del suelo, lo que podrá acabar convirtiendo ese suelo en un desierto incultivable.*

Ahora que tenemos el terreno, el abono y el agua podemos encontrarnos con otros problemas: las plagas. Nos matan o nos comen las plantas o el grano. ¿Quiénes? Muchas especies distintas de seres vivos: jabalíes, corzos, roedores, aves, insectos, otras plantas, hongos y bacterias. Tenemos que luchar contra todos ellos, y aunque con los animales «sintientes» podemos intentar utilizar métodos disuasorios o evasivos como engaños, ruidos o vallados, si estos no funcionan, con ellos y con el resto de seres vivos solo existe un remedio: matarlos.

Es aquí donde entran la caza, los herbicidas y los pesticidas, todos ellos métodos denostados por no éticos o no sostenibles. En el caso de la caza, por suponer la muerte del animal, o por ser cancerígenos y contaminantes en el caso de los herbicidas o pesticidas, que también matan aunque no a animales sintientes. Todos estos métodos son rechazados por los mismos sectores que intentan acabar con la ganadería y que promueven una alimentación dependiente de la agricultura casi en exclusiva.

Podría explicar después cuáles son los métodos con los que se ara, siembra, riega, abona, sulfata, cosecha, transporta, almacena o procesa el grano de maíz (porque el maíz y los cereales no se pueden comer crudos; es necesario procesarlos). Porque hoy en día nada se hace a mano, y mucho menos se va a permitir utilizar animales, explotándolos y maltratándolos como dicen. Todo se hace con maquinaria y usando combustibles fósiles, con muy poquita sostenibilidad.

Otro aspectos de la agricultura

No hay que olvidar tampoco que la agricultura es estacional; los productos agrícolas se obtienen solo en una determinada época del año y durante el resto debe recurrirse a otros o realizar el cultivo del producto que interesa en invernaderos o recintos con los ambientes de temperatura y humedad adecuados conseguidos de manera artificial. Habría que llenar los campos de lo que llamamos invernaderos, los llamados «mares de plástico» que ya existen en algunas zonas de la geografía española, pero a gran escala, por todo el territorio. Todo para obtener productos de los que luego muchos consumidores dicen «que no saben a nada comparado con los que mi abuelo cultiva en su huerto».

Se puede recurrir también a la agricultura de importación: traer el producto que interesa desde otro país cuando la época del año no es la que corresponde para la obtención del mismo. Por supuesto, el coste debería ser más alto que el de producirlo en nuestro país, aunque fuese solo por el hecho de tener que importarlo, pero esto no siempre es así cuando los países de los que procede dicho producto son países en vías de desarrollo, con bajos niveles de vida y en los que normalmente la mano de obra es abundante y está muy mal remunerada, llegando incluso a niveles de explotación, esta vez sí, de seres humanos. Todo ello a costa de mano de obra y de productos propios, a costa de los productos y de la agricultura local. No olvidemos que ahora necesitaríamos todos estos productos agrícolas en mucha mayor cantidad, ya que dependeríamos exclusivamente de ellos o casi.

La agricultura de importación va en sentido contrario a la sostenibilidad del planeta que tanto se quiere proteger y en nombre de la cual se pretende acabar con la ganadería. Traer en barco ingentes cantidades de cereales de la otra punta del planeta y después atravesar países enteros en camión para llevar el grano a su destino no tiene absolutamente nada de sostenible. Pero no es necesario matar a nadie. ¿O sí?

Otro factor a considerar es que la agricultura presenta una enorme variabilidad en cuanto a producción, ya que se encuentra expuesta a todos los fenómenos climáticos naturales: lluvias, sequías, heladas, granizadas, viento, inundaciones... Una dependencia en exclusiva de la producción agrícola siempre está rodeada de incertidumbre y supone un monumental riesgo.

Y por último estoy continuamente refiriéndome a la agricultura como fuente de alimentos, pero no hay que olvidar, y es un importante factor a tener en cuenta, que una gran parte de la agricultura está destinada a la obtención de bebidas. Las materias primas de prácticamente todas las bebidas que consumimos habitualmente proceden de la agricultura: vino, cerveza, sidra, etc.

Cada vez existe mayor proporción de superficie de tierra destinada a cultivos de los que luego se obtendrán bebidas en detrimento de los que proporcionan exclusivamente alimento. Porque las bebidas tienen componentes nutritivos, por supuesto, pero no son alimentos; solamente con ellas un ser humano no puede sobrevivir y los animales no las beben; todas esas cosechas tienen un destino exclusivamente humano.

La agricultura ecológica

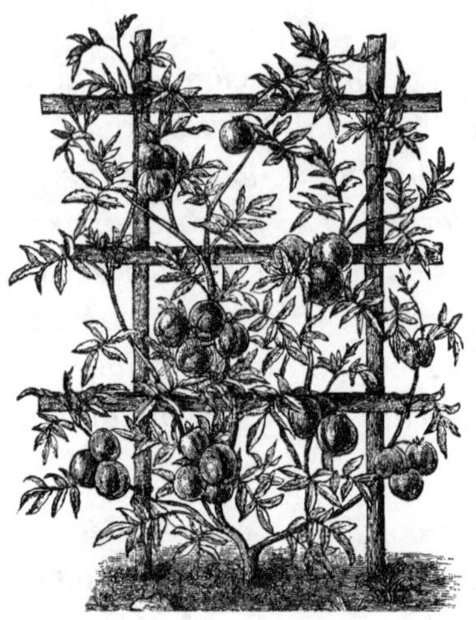

Una agricultura intensiva a gran escala es difícil que pueda ser ecológica. Si la ganadería desapareciese, las miles de hectáreas agrícolas que se deberían destinar casi en su totalidad al consumo humano no podrían arriesgarse a ponerlas en peligro por la no utilización de herbicidas, insecticidas o pesticidas.

El auge de la agricultura ecológica tiene como pilar fundamental la salud. También se esperan de ella productos de mejor calidad y sabor (aunque esto no siempre se cumple), aunque eso sí, normalmente sus productos son también más caros para el consumidor.

Ante la vista de una fruta o un tomate con peor aspecto y más caro procedente de la agricultura ecológica frente a otro más bonito y barato proveniente de una agricultura intensiva, de un invernadero, e incluso modificado genéticamente, ¿cuál elegiríamos?

El sabor de un producto no se puede apreciar con la vista, y aunque supongamos que este sabor será mejor en un producto ecológico, muchas veces esta diferencia es demasiado sutil y en la mayoría de los casos se prefieren productos acordes con el estándar mental con el que se nos ha educado. Y así, por ejemplo, una manzana tiene que tener el color y la forma de lo que nuestra mente entiende que debe ser una manzana: color verde, redondeado, sin manchas, sin agujeros, etc. Aunque, pese a todo esto, la elección final, en el día a día, está siempre en el bolsillo.

Se supone que una agricultura ecológica es mucho más saludable que la tradicional precisamente porque, de modo general, en ella está prohibida la utilización de productos químicos (solo están permitidos algunos que vienen recogidos en una legislación específica).

Se trabaja en la obtención de plaguicidas respetuosos con el medioambiente, ecológicos y que no dejen residuos, pero también los propios insectos y hongos van adaptándose y creando sus propias resistencias a todos esos productos y más fácilmente que a los plaguicidas puramente químicos.

El coste más elevado de los productos procedentes de la agricultura ecológica radica en el hecho de que es un tipo de agricultura que solo puede realizarse en pequeñas explotaciones y huertos particulares, ya que una agricultura ecológica a gran escala presenta un riesgo excesivo por poder resultar víctima de cualquier tipo de plaga, con la ruina económica que ello supondría.

Un pequeño agricultor, una persona que posee un pequeño huerto con diversas verduras y hortalizas, pueda quizá permitirse el lujo de no utilizar ningún tipo de producto en sus cultivos, dejar que la naturaleza haga su trabajo y arriesgarse a perder todos sus cultivos si su huerto es atacado por no importa qué tipo de plaga, animal o vegetal. Pero si se trata de un agricultor con decenas o cientos de hectáreas de cultivo, ¿debería arriesgarse a perderlo todo y acabar arruinado por no utilizar un pesticida? Aunque elimine insectos, contamine el medio y deje residuos no tendrá mucha alternativa.

Los huertos ecológicos y familiares alcanzan a poca población, son estacionales y también están más expuestos a catástrofes naturales, al clima, a las enfermedades y las plagas.

Si un día decidiésemos echarnos al monte y vivir con lo que nos obsequia la naturaleza y sin cazar animales ni explotarlos para obtener productos de ellos tendríamos que sobrevivir comiendo frutas, raíces o cultivando algunas especies vegetales y hortalizas, que, recuerdo, son todas estacionales.

Si preparásemos un pequeño huerto y una mañana al levantarnos contempláramos que este ha sido arrasado por una piara de jabalíes o una manada de corzos o conejos, ¿qué solución podríamos adoptar? Volver a comenzar y levantar un vallado. Aun así, difícil solución. Bien, pero ¿y si en lugar de animales terrestres son las aves las que nos devoran los productos? ¿Ponemos espantapájaros? Con escaso éxito seguramente. Y aunque consiguiésemos también solucionar un posible ataque de aves, si lo que acaba con nuestro huerto es una plaga de babosas, escarabajos, roedores, pulgones u hongos, ¿usaríamos insecticidas o plaguicidas para eliminarlos de nuestro ecológico huerto? ¿O si nos destruye el huerto una granizada, una helada, un vendaval?

La imagen bucólica de vivir en el campo, en la naturaleza, y alimentarse solo de los productos con los que esta nos obsequia o que pueden cultivarse se vende muy bien en algunos sectores urbanos, sobre todo entre personas jóvenes. Pero no alcanzan a imaginar ni por un momento la dureza que puede suponer una vida como esta.

No serían capaces ni siquiera de sobrevivir, ni de llevar una vida así varias semanas. Esto sí que es un verdadero ejemplo de desconexión rural.

¿O por qué se creen que la gente ha abandonado los pueblos por las ciudades? ¿Y ahora imaginan una vida casi salvaje como algo ideal? Quizá tendrían que intentarlo para que pudiesen darse cuenta de lo que supone y de lo cómodo y fácil que es alimentarse solo teniendo que ir al supermercado más próximo. Allí tienen de todo, todo lo que produce la gente de los pueblos con su trabajo y esfuerzo.

Lo que se promulga en muchas de estas líneas de pensamiento animalista, de pensamiento ecológico, es prácticamente una vuelta a la Prehistoria del ser humano. Se debe seguir progresando y mejorando, hacer las cosas bien y con sentido; no se trata de tirar por la borda todo lo conseguido hasta ahora y volver a correr desnudos por la selva.

La fruta

También me gustaría hablar de la fruta. Muchas personas de credo animalista aseguran que comiendo fruta no solo no se mata a ningún ser vivo sino que además el árbol proporciona un alimento excelente de manera «gratuita», que la fruta está ahí para ser comida, y que comiéndola no se perjudica en absoluto al árbol.

- Primero, la práctica totalidad de las frutas que se pueden encontrar en los mercados proceden de un cultivo agrícola, no son silvestres. Como cultivos que son, en ellos se cumplen, casi en su totalidad, los parámetros que he explicado antes.

Todos los cultivos suponen muerte de seres vivos y una aportación contaminante al medio.

Es posible encontrar frutas silvestres en algunos mercados locales, pero ya sabemos que son muy estacionales; siempre van a encontrarse en cantidades ínfimas y a un precio mayor que el de las frutas procedentes de cultivos. Existe una gran variedad de frutas que pueden consumirse durante todo el año en los supermercados de las ciudades gracias a que provienen de cultivos con ambientes controlados, de invernaderos, o directamente de la importación, con origen en otros países.

- Segundo, árboles y plantas no proporcionan frutas gratuitamente. Lo hacen para alimentar a otro ser vivo, pero con una condición: que la semilla que sus frutas contienen en el interior no sea digerida y sea depositada en otro lugar. Lo hacen para que otro ser vivo los ayude a reproducirse y expandirse.

La idea es que algún ser vivo coja la fruta, se la lleve a otro lugar y se la coma allí. Este ser vivo, normalmente un animal, se comerá toda la carne de la fruta excepto las semillas. Si las condiciones del terreno y el clima donde ha sido depositada la semilla son las adecuadas germinará, logrando la reproducción del árbol o de la planta y su expansión hacia otro lugar.

Las semillas que contienen las frutas están diseñadas evolutivamente para no ser ingeridas o digeridas cuando algún animal se come la fruta. Algunas se encuentran dentro de duras cáscaras en el interior de la fruta, otras tienen sabores u olores muy desagradables que provocan rechazo inmediato en el que las va a consumir, otras son directamente tóxicas o venenosas e incluso poseen cutículas o membranas que resisten los ácidos digestivos de los animales y son expulsadas muchas horas después de su organismo al medio a través de las heces. Este último caso es de una máxima eficiencia reproductiva, ya que la semilla no solo es transportada y depositada lejos del lugar de origen de la fruta, sino que además es abonada con las heces del propio animal que la ingirió.

Pero en el caso de los cultivos de frutales destinados al consumo humano se «rompe el acuerdo» fruta/ser vivo pactado evolutivamente. El ser humano ha logrado seleccionar frutas que ya no tienen semillas porque son molestas a la hora de disfrutar comiendo la fruta (fijaos en la palabra dis-frutar), pero además es que las semillas, si las hubiere, no son nunca depositadas después en ningún campo para poder permitir la reproducción del árbol frutal o de la planta, sino que acaban en los cubos de basura de las casas urbanas o en los sanitarios junto con las deposiciones, en el caso de ser ingeridas, para terminar finalmente en un vertedero, en una depuradora o directamente en el mar.

Es decir, se impide la reproducción natural del árbol frutal o de la planta, que en los cultivos agrícolas siempre se lleva a cabo por medios humanos.

Así pues, los cultivos de frutales también son agricultura, también cuestan vidas y contaminan.

....

Pensar que en la agricultura no se sacrifican seres vivos es absolutamente falso. Y también lo es el que la agricultura sea más sostenible que la ganadería.

....

Un ecosistema de vida animal

Como ya he dicho antes, mientras que en la actividad agrícola en general no interesa la presencia de otros seres vivos que pueden poner en riesgo los cultivos, con la actividad ganadera realmente se crean auténticos ecosistemas de vida animal.

Y aunque en las granjas tampoco es deseable la presencia de ciertas especies animales y se eliminan, o se intenta evitar su proliferación, en muchas granjas, en las que el ganado pasa una parte de su vida al aire libre, la vida animal silvestre transcurre paralela a la actividad ganadera, sin afectarla en absoluto e incluso en convivencia con ella.

Así, en la ganadería son obligatorios programas de desinsectación y desratización, por ser insectos y roedores vectores o vehículos de trasmisión de enfermedades al ganado y al ser humano, aunque la presencia de estos animales es casi inevitable en las granjas. Sin embargo, lo que constituye un aspecto negativo a nivel sanitario también tiene su lado positivo, y es que estos animales constituyen la base alimentaria de otras especies.

Porque en las granjas, al menos en aquellas en las que el ganado tiene acceso al exterior, no solo habitan los animales objeto de la producción, sino otros muchos que colateralmente aprovechan restos de alimentos y deshechos o que se alimentan de los animales que allí viven. Numerosas aves como golondrinas, gorriones, mirlos, palomas, cigüeñas e incluso córvidos, rapaces y otras habitan o merodean en las proximidades de las granjas en busca de alimento: insectos, gusanos, roedores y también otras especies de aves más pequeñas. En ocasiones también se observan especies depredadoras que se alimentan de todos estos animales, e incluso a veces del propio ganado, como sucede con el caso de zorros, lobos, osos, grandes rapaces o buitres.

Alrededor de la ganadería tiene lugar un ecosistema de vida animal que, por supuesto, desaparecería en el supuesto de una abolición de la misma.

El efecto ambiental

El planeta Tierra está compuesto en un 70 % por agua, luego hay desiertos, cordilleras, zonas rocosas y otras permanentemente heladas. Realmente solo una pequeña parte de la Tierra es potencialmente cultivable. La desaparición de la ganadería y el establecimiento de una alimentación basada casi en exclusiva en la agricultura intensiva, haría que esa pequeña parte del planeta tuviese que dedicarse a invernaderos y campos de cultivo.

Desaparecerían los bosques; los convertiríamos en cultivos o se quemarían en los incendios, y tampoco habría pastos, pues en el mantenimiento de ambos, bosques y pastos, la ganadería tiene una importancia capital.

....

La ganadería extensiva limpia y simultáneamente fertiliza los campos y los montes.

....

Con la ausencia de la ganadería aumentaría el número de incendios en los montes, ya que contribuye de manera importante a limpiarlos de maleza y malas hierbas. Esta misión pasaría ahora a tener que desempeñarla en su totalidad el ser humano, a no ser que esos animales, antes ganado, se destinasen a una función como esa, algo que no es posible imaginar.

Un habitante rural me explicaba cómo en los alrededores de su pueblo ya no había setas, cuando hasta hacía unos años abundaban por los montes de la zona. A la pregunta de a qué era debida esa escasez, la respuesta fue simple: «Porque ya no hay ovejas que limpien los montes y los abonen con sus heces». Este es un buen ejemplo que muestra la estrecha relación que hay entre la ganadería y el medio natural.

Los alimentos de origen animal

Acusar a la ganadería de proporcionar productos alimentarios prescindibles, e incluso poco sanos, es renunciar a la alimentación que los seres humanos han tenido durante toda su existencia en este planeta, desde hace ya millones de años, cuando el primer ser humano se bajó de un árbol y fue capaz de comer carne y grasa, aunque estos procediesen de un cadáver.

....

La ingesta de los productos de origen animal es la que ha permitido a los seres humanos desarrollarse como tales, pero algunos pretenden cambiar esto ahora de un plumazo.

....

No se pueden cambiar unas necesidades alimentarias marcadas por la genética de la noche a la mañana. Durante millones de años hemos estado alimentándonos de productos animales, y ahora están pretendiendo eliminar todos estos productos de nuestra dieta y sustituirlos por productos vegetales, sintéticos y pastillas.

Por mucho que se empeñen en proclamar lo contrario, los productos de origen animal son los que mayor disfrute proporcionan a un ser humano cuando los ingiere, porque así está impreso en los receptores nerviosos de nuestro cuerpo y es lo que catalizan nuestros sentidos del gusto y el olfato. Prescindir de productos como el jamón ibérico, el queso, los huevos o un besugo, y sustituirlos por brócoli o soja solo puede entenderse desde un punto de vista religioso o ideológico, es imposible comprenderlo atendiendo al interior de nuestro cuerpo. Por eso andan buscando cocinar vegetales con sabor a carne. Es un quiero y no puedo.

Los productos de origen animal son absolutamente sanos consumidos en la medida adecuada. Yo me atrevería a decir que son incluso los más sanos, por mucho que ahora intenten relacionar sano con verde.

Alimentándote solo con verde no das ni la vuelta a la manzana, y ya no digo nada si tienes que trabajar poniendo ladrillos.

El ser humano es omnívoro, come de todo, de todo en su justa medida. No es sano comerse 10 hamburguesas pero tampoco lo es comerse 10 pizzas, 10 tomates, 10 naranjas, o beberse 10 litros de aceite de oliva. Está claro que existe un gran interés en que la humanidad consuma productos agrícolas, especialmente cereales, en detrimento de los productos de origen animal, y para lograrlo se acusa a toda la ganadería, incluso a la extensiva, de ser contaminante, no ética, insalubre y prescindible.

El consumo de agua

Otro punto sobre el que se apoyan estos grupos que pretenden la supresión de la ganadería está en el consumo de agua.

Leo continuamente un chorreo de cifras mareantes sobre los brutales consumos de agua de las vacas. Con estas cifras se llega a establecer que para que un filete llegue a nuestro plato se ha necesitado consumir no sé cuántos litros de agua. Se acusa, especialmente a las granjas intensivas de vacuno lechero, prácticamente de secar acuíferos y arrebatarle el agua a seres humanos y campos de cultivo. Han llegado a hacer campañas publicitarias en las que afirmaban que un filete contaminaba más que un coche. Supongo que habrá gente que incluso se lo habrá creído...

Con afirmaciones como esta uno tiene la impresión de que las vacas son como globos en los que el agua entra y no sale, como si se quedara dentro de ellas. La vaca es grande, necesita mucha agua para mantenerse viva y en buenas condiciones, como el resto de seres vivos, pero parece olvidarse el hecho de que la vaca orina, devolviendo al medio una gran parte del agua que consume. Las vacas que se encuentran en los montes orinan allí, como lo llevan haciendo desde siempre sin que resultara algo insostenible, y las que se encuentran en granjas cerradas, en intensivo o en cebaderos, con su orina generan purín, que servirá como abono para fertilizar los campos y que con una correcta gestión es absolutamente sostenible e incluso puede utilizarse para producir energía.

La mayoría del ganado vacuno que existe se cría libre en llanuras, montes o prados, en extensivo. Y el ganado en sistemas de cría libre bebe sobre todo agua que procede de la lluvia, no de pozos ni de las redes de agua humanas, y una gran parte de esa agua es devuelta al medio en forma de orina, donde es reciclada de manera natural.

La gran parte de las acusaciones de insostenibilidad por el consumo de agua van dirigidas hacia el vacuno lechero en cría intensiva.

Se estima que una vaca lechera (porque las de extensivo consumen menos) bebe en torno a 100 litros de agua al día, dependiendo de la época del año, la zona geográfica en la que habite y otros factores. Una parte de esa agua es para su gasto vital y otra gran parte excretada con la orina, pero lo más importante es que las vacas transforman una gran parte del agua que consumen en leche.

Casi el 90 % de la leche es agua. Realmente la leche es agua enriquecida con grasas, proteínas y azúcar (la lactosa). Una vaca lechera en intensivo en España produce en torno a 40 litros de leche al día, así que, teóricamente, 36 litros de esos 100 litros diarios de agua que bebe la vaca se han transformado en leche. Volvemos al ciclo de la vida.

Las vacas beben agua, y sus terneros y nosotros nos bebemos su leche, que nos supone un aporte nutricional excelente y con el que hemos crecido durante muchísimos años, desde que existe la ganadería.

Estas cifras de consumo de agua de las vacas, que pueden parecer una barbaridad cuando se presentan multiplicándolas por el número de vacas de una macrogranja e incluso por el número de vacas total que existen en el mundo, parecerán una minucia si pensamos que una persona utiliza esa cantidad de agua solamente en una ducha de poco más de 5 minutos. Y además una ducha de agua caliente, para lo que previamente habrá desperdiciado agua fría hasta que se le haya calentado el agua, y que normalmente se habrá calentado con ayuda de alguna fuente de energía no renovable como el gas, el gasoil o la electricidad.

Ahora podemos multiplicar también la cantidad media de agua utilizada en las duchas de todos los habitantes de una de las macrociudades humanas o, mejor aún, de todos los habitantes con ducha de la población mundial, y comparar esas cifras con las de la ganadería mundial.

Y estoy hablando solo del agua de la ducha, pero podemos pensar también en el agua que se consume cada vez que se tira de la cadena del inodoro (unos 6 litros), de la que utiliza la lavadora en cada lavado (unos 50 litros), de la que requiere el lavavajillas, con la que lavamos la verdura o los vehículos, la que se utiliza en la producción de alimentos vegetales, en todos los procesos industriales, etc. Vuelvo a invitar a hacer una reflexión y que un día, cada uno en su propia casa, preste atención y haga un cálculo de lo que supone cada gesto que realiza y que implica gasto de agua.

La vaca nunca desperdicia agua y de ella al menos se obtienen carne y leche.

Me he centrado en los consumos de agua de las vacas lecheras porque son las que más agua necesitan, pero igualmente podemos valorar cómo y para qué utilizan el agua que beben el resto de especies ganaderas y comparar también todos estos consumos con los de la población humana mundial, que mayoritariamente no utiliza el agua precisamente para beber.

Una vez más, no creo que sea la ganadería la responsable principal de que cada vez haya mayor escasez de agua en este planeta.

La alimentación del ganado

Otro de los puntos por los que se ataca a la ganadería y por lo que se la acusa de ser insostenible es el que hace referencia a la alimentación del ganado. Se dice que un gran porcentaje de la agricultura se dedica a alimentar al ganado en lugar de a las personas, que el ganado compite con las personas por el alimento.

Aunque es cierto que muchos de los productos de la agricultura (sobre todo los residuales) se destinan a la ganadería, no se alcanza a imaginar las dimensiones que necesitaría una agricultura destinada a la alimentación humana en exclusiva.

Porque la mayor parte de lo que consumen los rumiantes (los más atacados en este punto) no compite con la alimentación humana. Hablo de pasto, forraje, heno o paja. Esta es la base de la alimentación de la ganadería extensiva, que es la mayoritaria.

Pero el resto de especies ganaderas no herbívoras, y también las herbívoras en varias etapas de su vida productiva, se alimentan de cereales en forma de grano o pienso. Aquí, con el cereal sí existe competencia con el ser humano, pero habría que preguntarse si es el ganado el que arrebata el alimento al ser humano o si es al revés. Porque ambos podrían vivir perfectamente sin los cereales, que no son vitalmente imprescindibles para ninguno de ellos.

Si, por el motivo que fuese, nos encontramos en una situación de desabastecimiento alimentario (cosa que hasta hace poco parecía muy improbable pero que con los acontecimientos recientes ya se contempla como factible e incluso probable) pero nosotros tenemos la suerte de vivir en el medio rural (porque en una situación así la gente tendría que huir de las ciudades para poder alimentarse) y disponemos de unas cuantas gallinas y unos sacos de cereal, maíz por ejemplo, ¿cómo deberíamos actuar? ¿Deberíamos alimentarnos de maíz (tras partirlo, molerlo o tostarlo, o todo a la vez porque el maíz y los cereales no pueden consumirse crudos, hay que procesarlos) y dejar que las gallinas también sobreviviesen por sí mismas? ¿O deberíamos aprovechar el maíz para alimentar a las gallinas y que estas pudiesen aportarnos huevos e incluso reproducirse (si hubiese un gallo) y suministrarnos pollos, o sea carne, es decir, convertirnos en ganaderos?

En una situación en la que la sociedad humana actual, abrumadoramente urbana, quebrase y sus normas saltaran por los aires, los seres humanos volveríamos a nuestra verdadera identidad animal, marcada por nuestra genética, de seres cazadores/recolectores/ganaderos para conseguir de la manera que fuese la proteína de origen animal que nos permite alimentarnos y sobrevivir.

La regla es que la gallina se come el maíz y nosotros nos comemos sus huevos, sus pollos o a la propia gallina llegado el momento. Jamás dejaríamos escapar a la gallina para comernos el maíz, entre otras cosas porque solo con este no sobreviviríamos. Y he utilizado el maíz como ejemplo pero me sirve cualquier otro cereal.

Lo que ocurre es que la sociedad actual es cerealdependiente, o lo que es lo mismo, azúcardependiente. La sociedad es adicta a los hidratos de carbono y al azúcar, y estos no son imprescindibles para la vida, cosa que sí lo son las proteínas y las grasas, especialmente las de origen animal.

Se oye decir que la deforestación del Amazonas es también culpa de la ganadería, porque los árboles se talan para convertirlos en campos de cultivo para alimentar al ganado. ¿Al ganado o a los seres humanos? Los suelos de las selvas tropicales, como el Amazonas, suelen ser suelos pobres, no eficientes como suelos de cultivo. Parece que otro sector ha encontrado en la ganadería una cabeza de turco sobre la que cargar las culpas de un atentado ecológico como ese.

El pienso para humanos

Otro motivo más por el cual se pretende hacer desaparecer a la ganadería es que se dice que los productos que se obtienen de ella, los productos de origen animal, son perfectamente prescindibles hoy en día en la alimentación de los seres humanos.

Muy recientemente, en el Parlamento europeo se ha aceptado una iniciativa llamada «el fin de la era del sacrificio». Otra iniciativa con nombre peliculero que va más allá que aquella que pretendía acabar con todas las jaulas. Esta intenta acabar con todo el sacrificio animal, también el de los animales de ganado y, por tanto, acabar con la ganadería. Es la ley del sacrificio cero animal, dogma principal de las corrientes animalistas.

Esta iniciativa lo que pretende es eliminar toda ayuda económica destinada a la producción ganadera para proporcionársela al desarrollo de productos alimentarios artificiales, como la carne de laboratorio u otros de origen exclusivamente vegetal y ecológico.

La base principal sobre la que se apoya esta iniciativa es que no está justificado ni legal ni moralmente el sacrificio de ningún animal para alimentar a los seres humanos. Que todos los alimentos de origen animal son prescindibles en la alimentación humana porque actualmente, gracias a la tecnología, podemos alimentarnos de productos artificiales sintetizados en un laboratorio (la carne artificial), complementados con productos de origen vegetal de cultivos no intensivos (los intensivos también se pretenden eliminar) y suplementos de otra índole que pueden paliar las posibles carencias derivadas de la falta de algún elemento presente exclusivamente en los alimentos animales.

En definitiva, estamos hablando de «pienso para humanos».

Porque se trataría de producir en fábricas o laboratorios un alimento que contuviese todos los elementos necesarios para cubrir correctamente todas las necesidades nutritivas de un ser humano en un momento dado. Se supone que esta composición sería diferente según la edad de la persona, el sexo, su situación personal, la época del año, etc. Un alimento a la carta e incluso personalizado. En realidad exactamente igual que los piensos animales pero más sofisticado.

De ahí que se hable de la carne artificial como el alimento del futuro, obtenida en un laboratorio a partir de proteína vegetal (para no tener que sacrificar animales) pero con sabor a carne «de verdad» (de la de un animal), pero a la que, además, se le puede sustituir la grasa saturada, la llamada mala, por insaturada, la buena. Una carne hecha de productos vegetales pero a la que es posible añadirle los aminoácidos esenciales que les faltan a las proteínas vegetales, o cualquier otro suplemento que fuese necesario por el motivo que fuere.

....

En los países occidentales la tecnología alimentaria está tan avanzada que realmente se pueden añadir, quitar, modificar o sustituir elementos nutritivos de casi cualquier alimento original. En definitiva, se puede hacer leche que no es leche, carne que no es carne o queso que no es queso pero con sabor, color, olor e incluso composiciones más «saludables» que los productos originales.

....

La pregunta es por qué teniendo a nuestro alcance el alimento original, con su sabor y el resto de cualidades originales, se pretende sustituirlo por un alimento artificial.

- Aboliendo la ganadería ya no será necesario sacrificar vacas ni cerdos ni pollos ni corderos, pero no se piensa en que morirán ellos y miles de seres vivos de otras especies animales.

- Se da por hecho que una alimentación con productos artificiales es más ecológica y sostenible. Para refrendar esto pueden avasallarnos con cientos de datos de estudios procedentes de donde sea necesario. Pero pensemos de dónde procederían las materias primas necesarias para fabricar esos productos, de dónde se habrían obtenido y cómo, dónde se fabricarían, con qué maquinaria, qué energía utilizaría esa maquinaria y de dónde provendría, y lo más importante, quiénes son los que la fabricarían, distribuirían y venderían. ¿O es que además de ecológica sería gratis? Porque incluso en ocasiones se atreven a decir que con estos sistemas de producción de alimentos se acabaría el hambre en el mundo (esto sí que ya no se lo creen ni ellos).

....

Debería resultar bastante increíble que un proceso de fabricación industrial de carne artificial fuera más sostenible que una cría de vacuno en extensivo, por muchos pedos que echen los animales. Pero en el desconectado mundo urbano esto se observa como completamente cierto porque así se lo están diciendo los que tienen intereses económicos en ello.

....

- Se alega que se lograría una mejora en la sanidad humana, ya que se evitaría el riesgo de zoonosis, de transmisión de enfermedades del ganado a los seres humanos. Pensemos en las grandes pandemias que han asolado a la especie humana a lo largo de la historia: la peste, la lepra, la viruela, la llamada gripe española o incluso el reciente coronavirus. Ninguna de ellas, ni siquiera esta última, han sido originadas por microorganismos procedentes del ganado. Ni los murciélagos ni los pangolines son ganado (si es que estos animales han sido responsables primeros de esta última pandemia, algo más que dudoso).

  De hecho, hoy en día, las enfermedades de especies ganaderas potencialmente transmisibles al ser humano están perfectamente controladas, o muchas de ellas casi desaparecidas en los países occidentales. Justamente todo lo contrario de lo que ocurre con las enfermedades relacionadas con la vida urbana moderna actual como cánceres, enfermedades mentales, alergias, enfermedades crónicas o degenerativas, etc., causa de la mayoría de las muertes de los seres humanos en la civilización occidental. Y por no hablar de otras causas de muerte como son los accidentes de toda índole, los suicidios o los asesinatos.

Si de verdad algunos prefieren que nos alimentemos con un pienso artificial de sabor excelente y perfectamente nutritivo para no tener que sacrificar a un animal, que lo afirmen abiertamente, pero que no digan que con esto se va a terminar con el sacrificio animal, que es más ecológico o que va a terminar con el hambre en el mundo porque nada de esto es cierto.

La desaparición de la ganadería es una utopía, además de un despropósito descomunal, y mucho más si el motivo principal que se alega es la sensibilidad animal, aunque se adorne con otras razones de mayor calado como son el ecológico y la salud. La ganadería es necesaria para el ser humano, la agricultura, los montes, el mundo animal y la naturaleza.

LA ALIMENTACIÓN ANIMAL

¿Qué comen los animales en una granja? Esta pregunta la hacen muchas personas cuando visitan una granja de animales.

Es evidente que no come lo mismo una vaca que se encuentra en un prado que un pollo criado en intensivo en una nave.

Muchísima gente piensa que las vacas que se ven por los campos solo comen hierba, pero en algunos momentos y, dependiendo de su edad, de la época del año, del lugar en el que habitan y otros motivos, pueden ser alimentadas con paja, heno, ensilados o pienso. Las vacas no siempre comen hierba verde.

Igualmente, muchísimas personas creen que los cerdos ibéricos siempre comen bellotas y que los pollos de corral son alimentados exclusivamente con maíz, y nada de esto es así.

Prácticamente la totalidad de las especies animales de ganadería comen pienso, algunas solamente durante algún periodo de su vida y otras durante toda ella.

Todos los piensos están compuestos por cereales, completados con la proporción adecuada de proteínas, grasas, fibra y sus correspondientes correctores minerales y vitaminas.

Es cierto que determinados piensos pueden incluir algunos suplementos no habituales por algún motivo concreto que así lo requiera, pero entre la población general parece circular la sombra de la incorporación a los piensos de ciertas sustancias para mejorar la producción y el rendimiento de los animales y, consecuentemente, la rentabilidad del ganadero.

Porque, ante la asombrosa rapidez de crecimiento y el tamaño alcanzado por algunas especies de animales de granja como pollos, pavos o terneros surge siempre la misma pregunta: ¿por qué estos animales crecen tanto y tan rápido?

Las respuestas más habituales a esta doble pregunta por parte de la población suelen estar relacionadas con la supuesta administración de diversos productos, preferentemente hormonas y antibióticos. Y además también se piensa que estos productos pasan después al consumidor al comerse la carne de estos animales o los productos derivados de ellos, con el consiguiente riesgo para la salud.

Algunos achacan también este excepcional y rápido crecimiento animal a la manipulación genética de algunas razas de animales de granja.

Las hormonas y los antibióticos

No es la primera vez que oigo en alguna conversación decir a alguien que él nunca se come la piel del pollo porque ahí es donde se acumulan las hormonas que les dan a los pollos para engordar.

Esta afirmación de que comerse la carne o la piel de algunos animales de granja puede provocar efectos negativos en nuestro organismo debido a las hormonas u otras sustancias está bastante asumida entre la población general, lo mismo que ocurre, por ejemplo, con la necesidad de lavar la verdura para eliminar los restos de pesticidas que se le aplica en el campo.

Es bastante frecuente escuchar y confirmar ambas cosas en cualquier programa, debate o coloquio en radio o televisión, aunque la temática de estos programas no tenga nada que ver con la nutrición ni la salud. Por no hablar de los famosos *influencers*, esos que opinan sobre cualquier cosa con nula preparación sobre ese campo, bueno, sobre ningún campo en realidad.

Sin embargo, no es nada frecuente, por ejemplo, oír hablar de los efectos negativos reales que tienen algunos productos alimentarios por sí mismos, incluso sin necesidad de añadirles nada, pero que continuamente se están promocionado como sanos, como puede ser la soja, u otros productos de reciente consumo que hasta ahora nunca habían sido considerados alimento para las personas pero que ahora parecen el no va más nutricional: los llamados «superalimentos».

Detrás de todo esto siempre se mueven intereses que nada tienen que ver con la salud de las personas.

Además, desde los sectores más radicales del autodenominado animalismo se afirma que el motivo de administrar hormonas u otros productos a los animales para que engorden más y más rápido no es otro que el que el ganadero pueda lucrarse con la explotación de unos seres con sensibilidad, que es lo que son los animales de granja. Y emplean la palabra «lucrarse» como si los ganaderos fueran a hacerse ricos con esto. No sé cuántos ganaderos hay en la lista Forbes de las personas más ricas del mundo...

Nos estamos refiriendo normalmente a un ganadero o una empresa ganadera del medio rural para los que, en el caso de que quisieran hacer algún tratamiento con esta finalidad, este tipo de sustancias no está disponible, pues no son fáciles de encontrar y no se venden sin receta veterinaria. Conseguirlas no iba a resultar fácil a no ser que se acudiera al mercado negro de no se sabe muy bien dónde o a través de Internet, pero desde luego asumiendo bastantes riesgos.

Estas sustancias suelen tener también unos precios desorbitados y deberían adquirirse además en grandes cantidades, ya que se trataría de administrarlas a un gran número de individuos para poder alcanzar cierto impacto en la rentabilidad. Todo esto por no hablar también del riesgo de sanción administrativa e incluso penal que los ganaderos correrían si fueran descubiertos suministrando alguna sustancia de este tipo a sus animales.

....

Existen controles periódicos, en forma de analíticas, realizados por la Administración a todo el ganado, tanto en las granjas como en los mataderos, para comprobar que no se usan sustancias no permitidas, no solo de este tipo sino de casi cualquier tipo, en la cría de los animales de granja. Estos controles se realizan también en todas las empresas autorizadas para el suministro de alimentos para los animales.

....

Personalmente, tras más de veinte años trabajando en el medio rural, jamás he conocido a nadie ni tenido noticias de que nadie haya utilizado hormonas para mejorar la rentabilidad de su ganado y mucho menos hacerse rico con eso. Y es que pienso que, realmente, la utilización de hormonas no sale rentable desde ningún punto de vista.

El otro tipo de sustancias que parte de la población piensa que se administran a los animales de granja indiscriminadamente para mejorar la rentabilidad y los rendimientos ganaderos son los antibióticos.

Es absolutamente cierto que en la ganadería se utilizan antibióticos, por supuesto.

¿O es que en el caso de aparecer una enfermedad bacteriana potencialmente mortal para los animales debemos dejarles morir por no utilizar un antibiótico? Creo que incluso los más animalistas estarán de acuerdo en utilizar antibióticos si con esto salvamos la vida de animales.

¿O debemos correr el riesgo de que una enfermedad zoonótica se transmita a los seres humanos por no utilizar antibióticos en los animales? Aquí no tengo tan claro lo que opinarían algunos...

....

Se ha abusado de los antibióticos, especialmente en las especies de cría intensiva, en forma de piensos medicados y utilizados de manera preventiva, es decir, sin esperar a que surgieran las enfermedades, si es que iban a surgir.

....

Dicho de otro modo, se han utilizado antibióticos para prevenir y no para curar. Esta práctica es incorrecta y debe eliminarse, porque actualmente existen muchos tipos de sustancias y suplementos que pueden usarse en la prevención de una posible enfermedad en los animales. Los antibióticos deben ser solo la solución, lo más inmediata posible eso sí, a un problema que ya se haya manifestado.

La sobreutilización de antibióticos, con el tiempo ha originado un verdadero problema de resistencia bacteriana al provocar la aparición de cepas de superbacterias multirresistentes a los tratamientos antibióticos, lo que ha podido acabar derivando en un problema para la salud animal y también para la humana.

....

La aparición de resistencias bacterianas es el verdadero problema, que ha supuesto la utilización incorrecta y excesiva de antibióticos y no, como se dice, el paso de los mismos al cuerpo humano por la ingesta de carne u otros productos de origen animal, o la contaminación del medioambiente por los residuos producidos por estos antibióticos.

....

Posiblemente el abuso de esos antibióticos se ha producido por una mala sistemática y falta de control de esas sustancias por parte de la Administración y la imposibilidad de realizar correctamente esa función por parte de las personas encargadas, que son los veterinarios.

Actualmente esta situación ha cambiado radicalmente y ahora existe un férreo control en la dispensación de estos productos para el ganado. Es prácticamente imposible administrar un antibiótico si no se ha expedido una receta veterinaria. La utilización de muchos antibióticos ha sido prohibida en ganadería, especialmente en forma de pienso medicado, y los precios de los antibióticos son muy altos y hacen que el ganadero solo los utilice cuando no tenga más remedio.

Las estadísticas muestran una significativa disminución de la utilización de antibióticos en la ganadería en los últimos años, cosa que no ocurre con la prescripción y dispensación de antibióticos y otras sustancias para la población humana, los cuales sí presentan efectos directos sobre el organismo, y originan resistencias bacterianas y cuyos residuos contaminan el medioambiente.

En veterinaria es muy frecuente la realización de antibiogramas para conocer con exactitud la especie bacteriana que origina un determinado problema en la salud de un animal y así poder proporcionar exactamente el antibiótico eficaz para el tratamiento de dicho problema. Sin embargo, en la medicina humana, desgraciadamente, y ante la sospecha de una infección bacteriana, en las consultas de los centros de salud se tiende a prescribir antibióticos de amplio espectro, eficaces contra un gran número de gérmenes. Esto es lo que se llama vulgarmente «matar moscas a cañonazos» y esto sí que es origen de la aparición de resistencias bacterianas y la generación de residuos contaminantes del medio, especialmente por la cantidad y frecuencia con la que esto ocurre, prácticamente cada minuto y en muchos lugares del planeta.

Al igual que en el caso de las hormonas, la Administración competente, a través de sus veterinarios, realiza controles periódicos mediante analíticas de sangre de los animales en las granjas y mataderos para controlar que no se les administran este tipo de sustancias. Y también se llevan a cabo los correspondientes controles y analíticas de las composiciones de los piensos animales.

Para la ganadería en general no tiene sentido utilizar ningún producto que no sea estrictamente necesario para la alimentación y el crecimiento de los animales, aunque sea solamente por la pérdida de rentabilidad que esto supone para la propia producción.

Suficientemente pequeños son ya los márgenes que tienen los ganaderos como para encarecer sus costes con tratamientos o con la administración de ciertas sustancias, salvo que sea estrictamente necesario por motivos sanitarios: enfermedades, carencias vitamínicas, etc. durante el crecimiento de los animales, tratamientos antiparasitarios, vacunas u otros.

El periodo de supresión o tiempo de espera

Se trata de un concepto desconocido para la mayor parte de la opinión pública pero de suma importancia para saber por qué es difícil, por no decir imposible, que el residuo de un antibiótico u otra sustancia veterinaria pase al cuerpo humano tras la ingestión de carne o de un producto de origen animal por un ser humano.

Todas las sustancias ingeridas por el organismo, no solo de los seres humanos sino de cualquier otra especie animal, son metabolizadas de distintas formas y en distintos órganos del cuerpo, normalmente por el hígado, que es el laboratorio del organismo y el que posee mayor poder detoxicante. Los deshechos de estas sustancias son eliminados después al medio exterior a través de la orina, las heces u otros fluidos corporales como el sudor.

Desde el momento en que se ingiere una sustancia hasta que es eliminada completamente por un organismo pasa un determinado tiempo, que es lo que se conoce como tiempo de espera o periodo de supresión.

Este periodo es muy variable, ya que depende de muchos factores, propios de la sustancia (tipo de sustancia, dosis, modo de administración) y del organismo que lo ingiere (especie, edad, estado físico).

Todos los productos farmacéuticos y los antibióticos veterinarios tienen perfectamente definido este periodo; los laboratorios farmacéuticos deben averiguarlo durante los numerosos ensayos a los que se somete el fármaco antes de ser autorizado su uso y es obligatorio definirlo en el prospecto del producto.

....

Cuando se administra un antibiótico o un medicamento a un animal, se conoce perfectamente cuánto tiempo debe pasar para que el animal lo elimine completamente de su organismo, o lo que es lo mismo, el tiempo que debe pasar para que ese animal pueda ser sacrificado en el matadero con la seguridad de que en su organismo no quede ningún tipo de residuo del fármaco.

....

Este periodo de supresión puede ser controlado por los veterinarios oficiales de la Administración a partir de las fechas de expedición y dispensación de las recetas de los fármacos que se vayan a administrar a los animales y la fecha de sacrificio de los mismos en el matadero.

Respetando la normativa existente, que es lo que ocurre en el 99 % de las granjas de este país, es muy difícil, por no decir imposible, encontrar residuos de antibióticos o medicamentos en la carne u otros productos de origen animal destinados a consumo humano.

Y en el hipotético caso de que quedara alguna traza de estos productos por el motivo que fuese, la cantidad que se encontraría sería tan infinitamente pequeña que desde luego no pondría en absoluto en riesgo la salud del consumidor.

Esta ínfima posibilidad de que quede alguna mínima traza de residuo medicamentoso en un producto de consumo humano ha calado en la sociedad como si fuese algo habitual, en parte como consecuencia de algunas noticias en las que se han visto envueltos algunos famosos deportistas que han dado positivo en controles antidopaje.

Estos deportistas han llegado a culpar a algún producto cárnico consumido por ellos de ser el responsable de dicho positivo por contener trazas de productos prohibidos para la práctica deportiva, como la testosterona y sus derivados, o los anabolizantes, sustancias capaces de mejorar el rendimiento de los deportistas y que, según ellos, habían sido administradas al ganado con un fin similar.

Estas acusaciones han sido siempre cortinas de humo. Porque nunca han podido demostrar nada y finalmente todo ha quedado en el olvido, sin importar el daño que estaban causando a un sector mucho menos mediático y con menor capacidad de defensa como la ganadería.

También resulta contradictorio el que en la población humana pueda llegar a preocupar la existencia de algún ínfimo resto antibiótico en un producto alimenticio, y sin embargo no se tenga ningún reparo en recurrir a la automedicación con la toma de cantidades tremendamente superiores a las necesarias de fármacos, e incluso administrándoselos a niños sin acudir al médico.

Si hormonas y fármacos no son los responsables de que los animales de granja sean capaces de crecer mucho y en poco tiempo, ¿a qué es debido entonces?

Alimentación animal y selección genética

Dos son los motivos principales por los que las especies animales criadas en las granjas tienen crecimientos grandes y rápidos:

- La alimentación. La investigación en materia de alimentación animal ha permitido desarrollar piensos completos y con la formulación adecuada en composición y proporción nutritiva para el correcto desarrollo y crecimiento de los animales en la ganadería.

Hay piensos específicos para cada especie animal, para las diferentes fases del desarrollo y crecimiento, para el tipo y lugar de cría, e incluso piensos diferentes para cada época del año.

Como ya he dicho antes, estos piensos están compuestos mayoritariamente por cereales, completados con la proporción adecuada de proteínas, grasas, fibra y sus correspondientes correctores minerales y vitaminas.

Así se llega a conseguir que los individuos de una determinada especie animal tengan cubiertas al 100 % sus necesidades nutritivas, y por tanto su crecimiento y desarrollo sean los máximos posibles de acuerdo con su genética.

- La selección genética. Se tiende a confundir selección con manipulación genética y son conceptos diferentes. Para llevar a cabo una selección genética no es necesaria una manipulación ni una modificación de los genes de una determinada especie animal.

....

La selección genética puede realizarla cualquiera que posea animales, incluso aunque no se trate de animales de granja. Consiste en la elección de los individuos que presenten las mejores cualidades que interesen para obtener descendencia de ellos.

....

Se trata de seleccionar, a la vaca que da más leche, la gallina que pone más huevos u otra característica destacable, para obtener descendencia de ellas. En definitiva, se trata de elegir a los mejores individuos en base a una determinada característica productiva.

La selección genética la ha realizado el ser humano durante toda la historia y ha permitido llegar a encontrar especies y razas de animales superespecializadas en una determinada producción. Cualquiera de nosotros ha llevado a cabo una selección genética, incluso en su casa. Lo mismo que un ganadero selecciona gallinas que ponen más huevos u ovejas que dan más leche, una persona puede seleccionar un periquito por su color, un perro por su porte o una planta por el color de sus flores.

En la ganadería, esta selección genética ya no la efectúa el ganadero, salvo en las pequeñas explotaciones de autoconsumo, sino que corre a cargo de empresas de selección, que son las que efectúan las investigaciones, el desarrollo y las mejoras de las aptitudes productivas de los animales.

La manipulación genética sí implica penetrar en el material genético de un individuo o de un organismo vivo con la finalidad de modificar uno o varios genes para conseguir una mejora en alguna característica, sea productiva o no, o evitar un defecto o un problema concreto.

Para esto es necesaria la intervención de empresas especializadas, muy lejos del alcance de la ganadería del día a día. La modificación genética es lo que se lleva a cabo, por ejemplo, con algunas especies vegetales como el maíz o los tomates con objetivos distintos, como pueden ser hacerlas más resistentes a sequías, heladas, plagas, etc.

VI. LA ALIMENTACIÓN HUMANA

En los medios de comunicación y en las redes sociales, con la alimentación humana está ocurriendo un fenómeno similar al que hacía referencia con el maltrato animal en la ganadería y los animalismos, y con los que está directamente relacionado. Se ha estado realizando un continuo –y no siempre discreto– bombardeo de noticias negativas sobre productos, establecimientos, fabricantes, dietas y otros aspectos de la alimentación humana.

Se han puesto de moda programas de televisión sensacionalistas con contenidos sobre alimentación y nutrición, sobre establecimientos de comidas en los que la profesionalidad brilla por su ausencia, reportajes de investigación sobre insalubridad de alimentos o establecimientos, fraudes, estafas o ilegalidades en el mercado alimentario, secciones de nutrición en multitud de programas de otro contenido, e incluso «realities» de alimentación.

Pueden leerse artículos periodísticos con informaciones sobre el sector alimentario incorrectas, manipuladas o directamente falsas, intencionados o no, sin comprobar su veracidad ni la fiabilidad de las fuentes y haciendo referencia en multitud de ocasiones a estudios científicos de universidades o centros de, como mínimo, dudosa credibilidad o directamente inexistentes.

Por no hablar ya de las redes sociales, en las que cualquiera puede ponerse a hablar de salud, nutrición, dietas o alimentos y publicar innumerables *fakes* y vídeos manipulados o falsos. Hemos llegado a oír incluso cosas como que el agua «deshidrata». Alucinante.

Todo este conjunto de noticias puede llegar a crear, en ocasiones, situaciones de verdadera alarma social, y con las que se puede concluir que prácticamente todo lo que comemos de manera habitual resulta perjudicial para la salud por un motivo u otro.

Todo esto resulta cuanto menos sorprendente en un país que posee probablemente la mejor cocina del mundo, los mejores chefs y restaurantes y es punta de lanza de la dieta más sana que se conoce, la dieta mediterránea. No en vano, y vuelvo a recordarlo, España es el país del mundo con mayor esperanza de vida, y la alimentación es seguramente el pilar fundamental para que esto sea así.

Los mayores consumidores y a los que precisamente suele ir dirigida esta información rápida, y muy frecuentemente poco veraz e incluso falsa, son los jóvenes, que justamente son también la población más sensible, al encontrarse en pleno desarrollo físico e intelectual. Son también los jóvenes el sector poblacional con mayor riesgo de padecer trastornos de tipo alimentario, y todo este tipo de noticias e informaciones no hacen sino agravar el problema y así, en muchas ocasiones, lo que se les proporciona es una excusa para dejar de comer o comer selectivamente.

LA PREFERENCIA ALIMENTARIA HUMANA

Si a cualquier niño, libre en principio de prejuicios y no contaminado por ningún tipo de información sobre los alimentos, posibles efectos perjudiciales en la salud, de si engordan o no, su modo de obtención, su procedencia o composición, le diésemos a elegir entre dos tipos diferentes de desayunos, comidas o meriendas como los de estos ejemplos que se exponen a continuación:

- Desayuno: Cola Cao con un cruasán, galletas y tostada con mermelada, o bien infusión, tazón de leche desnatada con muesli y un melocotón.
- Comida: hamburguesa con patatas fritas, huevo frito y croquetas y de postre tarta de chocolate, o bien acelgas con patatas hervidas y pescado a la plancha. De postre una pieza de fruta.
- Merienda: una pieza de bollería industrial y pan con chocolate o bien sándwich de jamón york y una manzana.

¿Cuál sería su elección prácticamente en el 100 % de los casos? Todos sabemos que elegirían siempre el Cola Cao, la hamburguesa y el bollo. Pero ¿por qué?

Este tipo de preferencias de unos alimentos sobre otros, de un tipo de dieta sobre otro, no solo es así en los niños, sino que se mantiene también en la edad adulta, pero siempre que demos prioridad al placer o el disfrute que nos produce el alimento sobre cualquier otra consideración. Este concepto se llama apetecibilidad.

Son mucho más sabrosos y apetecibles, y por tanto nos producen un mayor placer gustativo, los alimentos ricos en grasas, azúcares y proteínas animales que cualquier alimento de origen vegetal. Siempre habrá quien diga que no y lo quiera discutir, pero esto es así. Como reza el dicho: «Todo lo bueno, o engorda o está prohibido».

En un reciente anuncio publicitario de una cadena de hamburguesas, un consumidor se refería a un tipo de hamburguesa con el término: «Tiene mucho de lo rico», refiriéndose, por supuesto, a todo lo que la acompañaba, que era huevo, bacon, mayonesa y kétchup. Cualquier ensalada resulta mucho más sabrosa y apetecible cuando se le añade algún alimento más proteico o graso como jamón, bacon, salmón o incluso alguna legumbre o fruta y no solamente hojas verdes.

También recuerdo otro anuncio de televisión en el que a un adolescente, hasta entonces vegetariano, se le saltaba una lágrima la primera vez que probaba el jamón.

....

Como ocurre con los náufragos, los supervivientes de los programas de televisión o cualquier tribu indígena que aún sobreviva aislada, en definitiva, en cualquier situación en la que la prioridad sea alimentarse y para ello haya que buscarse el alimento, la prioridad estará siempre dirigida a buscar y encontrar alimentos que proporcionen calorías y proteínas, que «aporten».

....

Así que, aun estando completamente rodeados de vegetación en abundancia, la búsqueda estará encaminada a cazar algún animal o pescar algún pez. O como diría el indígena: «Todo lo que se mueve se puede comer».

Aquí encontramos la respuesta a la preferencia humana por alimentos teóricamente peores para nuestra salud conforme a los conceptos urbanos actuales. Realmente es una preferencia marcada por la genética de supervivencia, una preferencia hacia alimentos que aporten calorías, es decir, energía y proteínas completas, o sea, que aporten y alimenten.

En definitiva, un niño, como buen ejemplo de ser humano libre de prejuicios sobre los productos alimentarios, a la hora de merendar elegirá prácticamente siempre un dulce antes que una manzana.

Pero esto se está intentando cambiar desde la propia Administración, apoyándose en los expertos en nutrición y a través de los centros educativos, alegando los motivos de siempre: la defensa de la salud de los jóvenes, la sostenibilidad y la lucha contra el maltrato animal.

Siempre estarán aquellos que dicen que prefieren comer hojas a un filete alegando motivos éticos, ecológicos e incluso nutricionales, pero es una lucha de su cerebro contra su propio cuerpo, contra su genética, que inclina siempre a consumir productos grasos y proteicos, productos animales en definitiva.

UNA ALIMENTACIÓN CORRECTA

En todos los aspectos de la vida los extremos suelen ser peligrosos, también en la alimentación. Un radicalismo alimentario, en el sentido que sea, conduce sin duda alguna a una alimentación errónea.

Una dieta basada principalmente en alimentos procesados, en grasas, en azúcares, con excedentes de hidratos de carbono y, por tanto, con excedentes de calorías y energía, conllevará con el tiempo obesidad, enfermedades cardíacas y problemas cerebrovasculares. Los alimentos procesados, denostados hoy en día por todos los expertos en nutrición, son consumidos por prácticamente toda la población con acceso a ellos por su elevado carácter aditivo y la sensación de placer que producen.

....

Igualmente, una dieta vegana, de moda en los últimos tiempos, es una dieta errónea de base, ya que debe ser suplementada necesariamente para no incurrir en carencias de elementos esenciales.

....

No tiene nada de adictiva y muy poco de placentera (de otra manera no se entiende que algunos de sus productos pretendan imitar el sabor de otros productos animales) pero se apoya en motivos «humanitarios, éticos y de conciencia».

En los países occidentales podemos encontrar todo tipo de alimentos, con lo que es posible llevar una dieta alimenticia correcta sin necesidad de suplementar ningún elemento. Siempre que la situación económica lo permita, se tiene acceso a carnes, pescados, frutas, hortalizas, legumbres, azúcares, leche, huevos, a prácticamente cualquier alimento y de cualquier tipo, así que es perfectamente posible llevar una dieta equilibrada y tener una buena salud alimentaria. Se trata simplemente de comer de todo y en la cantidad adecuada, e incluso permitirse periódicamente caprichos que produzcan especial satisfacción gustativa y placer sin poner en absoluto en riesgo la salud.

EL VEGANISMO

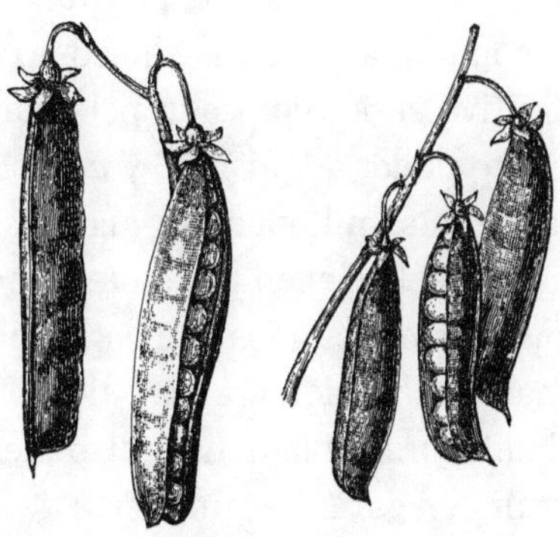

Muy relacionado con el concepto del animalismo, el veganismo es un modelo alimentario que excluye cualquier producto de origen animal.

Este modelo alimentario se adopta alegando motivos de salud y también, cada vez más, razones de sostenibilidad ambiental, pero que a lo que obedece realmente es a motivos «éticos» o «de conciencia».

Es decir, en una dieta vegana estricta no se pueden incluir alimentos como carne, pescado, lácteos, huevos y miel (ojo, la miel es un producto de origen animal; la fabrican las abejas, no es vegetal, no proviene directamente de las flores. Hay personas que están confundidas con este alimento. Sería como decir que un filete de ternera es un alimento vegetal porque la ternera come hierba).

En los países desarrollados existe una sobreabundancia de alimentos, lo que en general permite a las personas poder seleccionar el modelo alimentario que consideren conveniente y por el motivo que sea. Esto permite elegir modelos alimentarios como el veganismo, que no se conoce en países o en zonas en las que lo que realmente importante es simplemente poder comer.

El veganismo se ha puesto de moda en sociedades urbanas de países desarrollados en los que, por poner un ejemplo, se ve a un cordero como una mascota y no como un alimento. Y el empujón definitivo se lo han dado personajes públicos, normalmente con alto poder adquisitivo y tiempo disponible, como actores, aristócratas, millonarios y algunos deportistas, personas que normalmente tienen asistentes, cocineros e incluso nutricionistas personales a los que pagan por establecer sus dietas, personas que ni siquiera van al supermercado o que por su actividad laboral, si la tienen, disponen del tiempo suficiente para seguir con garantías una dieta de este tipo.

Porque otros inconvenientes que presenta seguir a rajatabla una dieta vegana, además de que nutricionalmente es una dieta incompleta, son:

- La insostenibilidad en el tiempo: no resultará nada fácil para una persona de a pie en su día a día.
- El estrés que supone la búsqueda de los productos adecuados para no sufrir carencias, ya que la mayoría de los productos básicos de una dieta vegana deben combinarse bien y no suele resultar frecuente encontrar muchos de ellos en los supermercados al no haber formado parte de la alimentación tradicional, al menos hasta ahora, de las familias.

Bien es cierto que cada vez más habitualmente se ven incluso secciones en los supermercados dedicadas a este tipo de alimentación, debido precisamente a este *boom* mediático que la ha catapultado, y donde las empresas alimentarias más poderosas han encontrado un mercado económicamente muy interesante.

Cuando se pregunta a personas veganas por los motivos que las llevaron a comenzar una alimentación de este tipo, prácticamente la totalidad de ellas aduce como motivo principal la salud. Añaden que desde que llevan este tipo de alimentación se encuentran mejor y tienen la «sangre más limpia»; y además, que desde que no consumen productos de origen animal, han mejorado a nivel físico.

Llevando una dieta vegana correcta, pautada individualmente y suplementada, se puede estar muy bien de salud, pero se puede también estar absolutamente bien de salud llevando una dieta omnívora tradicional, comiendo de todo en su justa medida y además sin necesidad de suplemento alguno.

La salud nunca es realmente el motivo por el que una persona decide comenzar a llevar una alimentación vegana, ya que hablamos de una alimentación incompleta y complicada de llevar a la práctica correctamente, por no mencionar el componente «placentero» o de disfrute del alimento. El verdadero motivo por el que una persona decide hacerse vegana es siempre un motivo «de conciencia»: evitar la explotación y el sacrificio de los animales.

Hasta ahora era raro ver a deportistas de alto nivel siguiendo dietas que no incluyeran productos alimentarios de origen animal, ya que en sus dietas son enormemente importantes los aportes de proteínas y se consideraba difícil obtener estos altos niveles proteicos necesarios con estas dietas veganas, sin proteína animal. Estamos hablando de personas que, siguiendo una dieta completa, que sí incluía alimentos de origen animal, ya suplementaban sus comidas y entrenamientos con proteínas, aminoácidos, vitaminas, antioxidantes, omega 3, creatina, glutamina, hierro, sales minerales, etc.

Estos deportistas normalmente ya están sometidos a intensas dietas, con grandes restricciones alimentarias en cantidad y tipo de productos, y horarios muy concretos y limitados para comer. Todo esto para poder mantener el peso ideal, bajos los porcentajes de grasa, una buena masa muscular y unos niveles fisiológicos correctos y adecuados, acordes al ejercicio que practican. Estas restricciones alimentarias hacen que los deportistas tengan que suplementarse.

Si a todo esto ahora le añadimos una restricción tan importante como la de no consumir productos de origen animal, la suplementación puede llegar a niveles prácticamente insostenibles. Aun así es cada vez más frecuente escuchar a deportistas de élite decir que siguen una dieta vegana, que su salud es ahora mejor y que su rendimiento deportivo no se ha visto alterado e incluso ha mejorado.

Una dieta que de base ya necesite suplementación nunca será una dieta correcta, sea la que sea. La suplementación solo debe atender a razones individuales, por una patología, alergias, intolerancias, etc., y nunca ser imprescindible en la dieta porque sea incompleta.

Tomar suplementos casi porque sí, de modo preventivo para no presentar futuras posibles carencias o en la búsqueda de algún efecto de mejora física o apariencia, lo único que consigue es «hacer nuestro pis caro», porque este suplemento no sirve prácticamente para nada o puede incluso provocar efectos no deseados o perjudiciales para nuestro organismo.

Y, como digo, a largo plazo este aporte en exceso acabará resultando perjudicial para el organismo porque con él se está haciendo trabajar en vano a órganos como el hígado o los riñones, con el fin de poder metabolizar y eliminar ese exceso de sustancia.

El motivo real para adoptar una dieta vegana no puede ser otro que el «de conciencia». Porque ¿qué tiene, por ejemplo, de perjudicial para la salud una dieta sin excesos cuyas comidas están compuestas de un primer plato (ensalada, legumbres, sopa, pasta, guiso, cocido, paella, etc.), un segundo plato (carne, pescado, huevos, etc.), un postre (lácteo, fruta, etc.), un café o una infusión e incluso una copa de vino? Un menú cualquiera de toda la vida de un restaurante cualquiera de un lugar cualquiera de este país. No le falta de nada nutricionalmente hablando, y comidas de este tipo nos han permitido llegar a medias de más de 80 años de vida. Y proporcionándonos además un enorme placer gustativo, cosa que nunca podrá alcanzarse con una dieta vegana, por mucho que se diga.

Una dieta vegana

Lo primero que quiero dejar claro es que cada uno es muy libre de elegir la dieta alimentaria que desee seguir, por el motivo que sea. Respeto absolutamente a las personas que deciden adoptar una dieta vegana, aquellas que prefieren comer semillas a un filete, lo que en mi opinión es un error, especialmente para su salud a largo plazo, pero es su decisión y debe respetarse.

Pero se debe exigir el mismo respeto para los que, como ocurre con la mayoría de la población, siguen una dieta omnívora, basada sobre todo en los alimentos de origen animal, que es la dieta que el ser humano adoptó hace ya millones de años y que nos ha permitido llegar hasta aquí y ser lo que somos.

Cuando una persona en un momento dado decide hacerse vegana y comenzar una dieta de este tipo, lo que debería hacer es ponerse en manos de un profesional de la nutrición para que le paute una dieta correcta, adecuada y personalizada.

No puede ser de otra manera, ya que en una dieta vegana los alimentos deben combinarse bien para que no se produzcan carencias que acaben derivando en problemas de salud.

El problema radica en que es en la adolescencia o en la juventud cuando surgen muchas de estas inquietudes animalistas/veganistas. Estos jóvenes, por la idiosincrasia propia de su edad, no son dados a acudir a estos profesionales de la nutrición y en muchas ocasiones toman la decisión de convertirse en veganos de manera unilateral y personal. Toda la información de la que beben procede de Internet, la herramienta que probablemente también ha sido la que los ha llevado a tomar esa decisión y que los guiará a la hora de establecer la dieta a seguir.

Como bien sabemos, la información que se obtiene de Internet dista mucho de ser la correcta y adecuada, y así, sin necesidad de dar muchas vueltas, sin complicarse lo más mínimo y con enorme facilidad podemos obtener un ejemplo de una dieta vegana semanal (de lunes a viernes).

He aquí un ejemplo de una de las primeras dietas veganas que he encontrado en la Red, al azar:

Desayuno:
- Leche de avena con almendras, plátano y uvas.
- Zumo de naranja con pan integral, tofu, tomate y albahaca.
- Leche de soja con pan integral, aguacate y tomate.
- Leche de soja con avena, nueces, fresas y germen de trigo.
- Leche de soja con pan integral, aceite de oliva y tomate.

Almuerzo:
- Leche de soja con pan integral, aceite de oliva y tomate.

- Leche de almendras con avena, pipas de girasol y fruta.
- Leche de avena y plátano con almendras.
- Zumo de naranja con pan integral y mermelada de frutas.
- Arroz con leche de coco y uvas pasas.

Comida:

- Arroz integral y lentejas con pimientos rojos, cebolla, zanahoria y berenjena. Fresas.
- Hamburguesa de garbanzos con pan rallado, patatas asadas, calabacín y cebolla. Manzana.
- Macarrones con salsa de guisantes y habas con tomate y cebolla. Cerezas.
- Hamburguesas de quinoa y acelgas con pan rallado y cebolla con polenta grillada. Manzana.
- Empanada de harina integral con maíz, tofu, aceitunas negras y coliflor. Plátano.

Merienda:

- Leche de soja con cerezas y germen de trigo.
- Leche de coco con pan integral y mermelada de frutas.
- Leche de almendras con copos de arroz, sésamo y orejones de melocotón.
- Leche de coco con pan de centeno, tofu, tomate y hojas verdes.
- Leche de almendras con nueces, avena y kiwi.

Cena:

- Ensalada de lechuga, zanahoria, maíz, tomate, remolacha y tofu. Pera.
- Seitán con espinacas. Kiwi.
- Brochetas de cebolla, pimiento, tofu, calabacín y tomate. Naranja.

- Hamburguesa de soja y mijo con puré de calabaza. Cerezas.
- Seitán con brócoli, zanahoria y cebolla. Ciruela.

Sinceramente, no puedo alcanzar a comprender cómo alguien puede pretender seguir un largo periodo de tiempo, incluso toda su vida, una dieta como esta.

Podría aceptarse durante un cierto tiempo, como un cambio temporal depurativo si se quiere, o por el motivo que fuere, pero una dieta así, aunque suene duro decirlo, no es la dieta de un mamífero omnívoro de preferencia carnívora, que es lo que es el ser humano.

Lo que sí resulta inconcebible, y considero que debería al menos regularse y controlarse, es obligar a seguir dietas veganas a niños, porque realmente se trata de una obligación, una manipulación interesada, un adoctrinamiento. Hasta el final de su periodo de crecimiento y hasta que ellos sean capaces racionalmente (importante) de decidir por sí mismos, los niños deben seguir siempre una dieta completa y adecuada a sus características, y nunca una dieta incompleta, que obligatoriamente debe suplementarse, que es difícil de pautar y que, además —y esto es absolutamente cierto aunque desde estos sectores se niegue— es muchísimo menos apetecible, y más para un niño.

El único motivo por el que un niño seguiría una dieta vegana, siempre que tuviese acceso a cualquier tipo de alimento, sería por imposición de sus progenitores o porque se le hubiera adoctrinado en que es la dieta que debe realizar por su propia salud o por motivos «éticos» (para no ser malvado y no matar animalitos). Si no fuese así, aseguro al cien por cien que seguiría una dieta omnívora con preferencia carnívora, la que marca su genética.

....

Un niño prefiere una hamburguesa a un plato de acelgas en el 99 % de los casos, aunque algunos no quieran creerlo.

....

Recientemente conocí el caso de una madre que había denunciado al colegio al que acudían sus hijas porque estas eran veganas y en el comedor del colegio no disponían de las comidas adecuadas para seguir su dieta con normalidad, y así muchos días salían del colegio sin comer prácticamente nada.

Según su madre, las niñas eran veganas porque ella les explicó de dónde procedía la carne y cómo se obtenían esta y el resto de alimentos procedentes de animales en las granjas, momento en el que las niñas decidieron por sí mismas hacerse veganas y no comer ningún producto animal que supusiera la explotación, el maltrato y la muerte de ningún animal

Los menús escolares son pautados por expertos en nutrición, es decir, teóricamente están diseñados para cubrir todas las necesidades nutricionales de los niños. Estos menús incluyen carnes, pescados, huevos, verduras, hortalizas, cereales, legumbres, frutas, lácteos, absolutamente todos los tipos de alimentos de los que se puede disponer en un país desarrollado, una inmensa suerte para estos niños de la que no disponen muchos otros millones de niños de este planeta. ¡Ah! Y algunos días de la semana no hay carne; pueden ser los lunes u otro u otros días de la semana.

Los menús escolares se presentan a los progenitores de los niños con antelación semanal e incluso mensual, es decir, se dispone de información suficiente para saber si sus hijos, por el motivo que sea, van a salir del comedor correctamente alimentados en función de sus propias circunstancias físicas o religiosas.

No se puede pretender que los menús escolares realicen excepciones prácticamente individuales para cada niño según sus necesidades físicas o creencias; es absolutamente inviable. Puede haber niños alérgicos o intolerantes al gluten, al marisco, a los frutos secos o a cualquier otro alimento. También puede haber niños musulmanes que no coman cerdo o, como en este caso, que sigan dietas con restricciones tan considerables que hagan que prácticamente no puedan comer ningún plato de los que se les proporcionan, y eso que en estos menús suelen presentarse al menos un par de opciones distintas precisamente para cubrir estas posibles incidencias.

¿Qué les explicó la madre del ejemplo y cómo para que las niñas tomaran la decisión de hacerse veganas?

¿Unas niñas menores de 15 años tienen la capacidad y la autoridad suficiente para decidir qué y qué no pueden comer?

¿Debe haber menús escolares con todas las dietas diferentes que se pueden adoptar en función de las creencias o preferencias de los niños o progenitores?

Cada uno tendrá su propia opinión sobre esta cuestión y también sus propias respuestas a estas preguntas. Solo espero que la mayoría aún no haya perdido la razón y el sentido común.

Podemos hablar también de la tensión alimentaria que produce el seguir a rajatabla una dieta como la anterior en el día a día de una persona que trabaja 8 horas diarias, no digamos si su trabajo le supone un desgaste físico, y que además debe conciliar su vida laboral con la familiar, una persona normal de una familia normal de este país.

Y otro factor no menos importante que se debe considerar es el disfrute de la comida.

....

No son en absoluto comparables las sensaciones gustativas que se obtienen con una dieta que incluye los productos de origen animal con los que proporciona una dieta como esta. Es sin duda por este motivo por el que muchos productos veganos intentan acercarse a los sabores «animales».

....

Claro que, siempre puede uno autoconvencerse y sugestionarse de que una dieta este tipo es apetecible, sabrosa y además ética, sana y sostenible, el no va más.

Porque es cierto que una comida vegana puede llegar a ser gustativamente placentera para cualquier persona, pero normalmente el proceso de preparación de la misma es infinitamente más complicado que el que requiere una comida normal, con sus ingredientes de origen animal. Podemos preguntar a cualquier profesional de la cocina lo que supone preparar una comida vegana, primero por la enorme restricción de materias primas con las que puede contar y después para conseguir que una comida sin ingredientes animales resulte atractiva para un paladar de alguien habituado a las delicias de un menú sin restricciones de ningún tipo.

Traslademos esto a una persona que no sea profesional de la cocina y entenderemos por qué, pese a que pueda comulgar con ciertos dogmas del veganismo, muchas personas se muestran incapaces de seguir una dieta de este tipo de manera prolongada. Son muchos los que las prueban pero muy poquitos los que son capaces de soportarlas en el tiempo.

Hay cierta contradicción en el hecho de que desde muchos sectores se esté demonizando a los alimentos procesados e incitando al consumo de productos más naturales, locales, tradicionales y de temporada, mientras al mismo tiempo se están proclamando las bondades de dietas como la vegana, en la que una gran mayoría de las materias primas deben procesarse para poder ser consumidas, porque, si no se someten a cierto grado de procesamiento, no son comestibles o presentan sabores realmente desagradables.

Sin embargo, los productos básicos de origen animal, la carne, el pescado, la leche o los huevos realmente podrían consumirse crudos, y normalmente lo único que se hace con ellos para que podamos consumirlos de forma placentera y con todo su aporte nutritivo es someterlos a algún tipo de tratamiento térmico, es decir calentarlos, asarlos, hervirlos o guisarlos.

Cada vez son más personas las que se sienten atraídas por las bondades que se promulgan sobre los beneficios de las dietas veganas y se animan a seguir estas dietas, pero la inmensa mayoría abandonan al poco tiempo por la enorme dificultad que supone seguirlas. También muchos otros las abandonan después pero por otros motivos, siendo el principal de todos ellos la salud.

Veganismo y salud

A nivel nutricional, una dieta vegana es una dieta incompleta, y por lo tanto errónea, ya que presenta deficiencias importantes.

Nuestra anatomía y fisiología están perfectamente adaptadas al consumo de carne y productos de origen animal; ni siquiera hoy en día existen alergias de ningún tipo a la carne.

El desarrollo de nuestro sistema nervioso y de nuestro cerebro, a costa de nuestro aparato digestivo, se produjo gracias a la ingestión de vísceras, grasas y carne, o lo que es lo mismo, a la ingestión de grandes cantidades de nutrientes, calorías y proteínas de alta calidad.

Los cereales como alimento, «solo» hace varios miles de años que fueron añadidos a nuestra dieta y aún no nos encontramos totalmente adaptados a su consumo. Me atrevería a decir que son absolutamente prescindibles para el ser humano y que son el origen de muchos de los problemas de salud que se presentan en las personas de vida eminentemente urbana de los países occidentales, en los que todo el consumo de alimento gira abrumadoramente en torno a los hidratos de carbono y los azúcares.

Tengo muy claro que existen potentes intereses económicos que promueven el consumo masivo de cereales en las dietas humanas modernas, y una de las maneras de conseguir que esto sea así es afirmar, sin ningún pudor, que todos los productos de origen animal, en mayor o menor medida, no son sostenibles, sanos ni éticos, que todo lo que se ha hecho hasta ahora es erróneo pero que se hacía porque no teníamos otra alternativa.

La dependencia cerealística de los seres humanos, especialmente de los de vida urbana, ha llegado a tal punto que desde aquí me atrevo a retar a cualquier persona a que durante un solo día intente alimentarse sin ingerir ningún cereal ni ningún azúcar (que viene a ser lo mismo). Se dará cuenta de lo difícil que le va a resultar.

Pero también soy perfectamente consciente de que los cereales evitan diariamente millones de muertes en zonas desfavorecidas del planeta. Sin la llegada de barcos o aviones repletos de grano millones de personas morirían de hambre, muchísimas más de las que ya lo hacen en la actualidad.

Los cereales se pueden consumir, claro que sí, y aportan lo que aportan, pero esto es una cosa y otra no poder vivir sin ellos.

Porque es importante recordar que los cereales no pueden consumirse crudos, ni tampoco las legumbres ni las patatas. Contienen toxinas, a las que llaman «antinutrientes» para suavizar el término, que son dañinas para el organismo humano. Estas toxinas son un mecanismo defensivo que tienen los vegetales para evitar ser comidos, porque ¿quién dice que las plantas quieren que te las comas?

Para consumir todos estos productos es necesario molerlos, ponerlos en remojo, y sobre todo cocinarlos, calentarlos, y de este modo conseguir desactivar estas toxinas.

El consumo de estos alimentos vegetales es un consumo de alimentos procesados, a diferencia de la carne y la grasa de un animal, que podrían perfectamente ser consumidas recién cazado el animal, incluso crudas, y con una eficiencia alimentaria total.

Una dieta vegana, sin productos de origen animal, y por tanto baja en grasas saturadas (las que llaman malas):

- Presenta una carencia absoluta de vitamina B12, el escollo insalvable. Esta vitamina solo se obtiene a partir de productos de origen animal. No existen fuentes vegetales de vitamina B12. Una dieta vegana debe obligatoriamente suplementarse con esta vitamina.

- Incluirá un exceso de almidones y azúcares. Porque el veganismo es el reino del azúcar. Pueden llamarles carbohidratos pero, a nivel orgánico, es como si se ingiriese azúcar, exactamente lo mismo.

- Supone la ingestión de lectinas, especialmente con las legumbres, origen de enfermedades autoinmunes.

- Aumenta los casos de la enfermedad celíaca (intolerancia al gluten), que es causada por dietas basadas exclusivamente en cereales.

- Requerirá la ingesta de proteína en cantidades suficientes y bien combinadas, ya que su aporte proteico es de menor calidad que el de los productos animales; son proteínas incompletas, les faltan aminoácidos esenciales y además están envueltas en fibra, que no se puede digerir.

- Supone bajos niveles de triptófano, cuyas principales fuentes son la carne, los huevos y la leche. El triptófano es el aminoácido precursor de la serotonina, un importante neurotransmisor, prácticamente residual en los productos vegetales. Su déficit origina problemas de ansiedad, depresión, trastornos alimentarios y otros problemas psicológicos y nerviosos.

- Probablemente representará un déficit de colesterol, pues la ingesta de grasas saturadas, de grasas animales, es necesaria para poder sintetizarlo, especialmente en algunas personas y los niños.

  El colesterol está presente en las membranas de todas las células de nuestro cuerpo, en las hormonas, también en las sexuales; es una de las principales sustancias reparadoras del organismo. Se encuentra altamente concentrado en el cerebro, en la leche materna y en la grasa que rodea todas las vísceras, especialmente en la del corazón, y es absolutamente esencial en el transporte de las vitaminas liposolubles (las que se disuelven en grasa), las vitaminas A,D,E y K.

- Ocasiona déficits de vitaminas A y D. No existe ninguna fuente vegetal de verdadera vitamina A y la vitamina D solo está presente en los alimentos de origen animal, aunque puede sintetizarse por el efecto de la luz solar en la piel, pero para esta síntesis es necesario el colesterol.

- Contiene fitatos. Todas las semillas, incluidos los frutos secos, las legumbres y los cereales contienen fitatos. Estas sustancias son un mecanismo de defensa químico que tienen los vegetales para evitar que te los comas. Los fitatos se combinan con los minerales dentro del sistema digestivo haciendo imposible su absorción. Especialmente importantes son los déficits que pueden producir en los niveles de calcio o zinc. Las mejores fuentes de minerales son los productos marinos y después la carne y las vísceras de los mamíferos terrestres.

- Hace muy difícil consumir suficiente hierro ya que el hierro presente en verduras, guisantes o lentejas tiene una baja absorción por parte del organismo humano y siempre debe acompañarse de alimentos ricos en vitamina C para mejorar esa absorción.

- Pueden presentar también carencias en calcio, al no ingerirse tampoco lácteos, así que estos deben ser sustituidos por otras fuentes de calcio fortalecidas o suplementadas con calcio como la soja o los zumos de frutas.

- Al no ingerirse pescados o huevos obligará a suplementar la dieta con ácidos grasos omega 3, o a buscar productos enriquecidos en ellos, infrecuentes y seguro más caros.

....

Antes de adoptar una dieta vegana una persona debe informarse muy bien y es absolutamente necesario, y diríamos que imprescindible, acudir a profesionales que la pauten, o de lo contrario puede acarrear graves consecuencias para la salud.

....

La soja

La soja es el alimento estrella del veganismo, el «maná» caído del cielo que va a solucionar los problemas del hambre en el mundo, el que va a evitar que sacrifiquemos y explotemos a los animales para comernos su carne, que nos bebamos su leche y robemos sus huevos.

....

Pero más que un alimento, la soja es un fármaco, y esto por no calificarla directamente de veneno.

....

La soja empezó a cultivarse en Asia como abono verde por su capacidad de fijación del nitrógeno y tradicionalmente ha sido un producto de desecho industrial. Se cultivaba para extraer su aceite, que se utilizaba para la fabricación de pintura o pegamento, no para consumirse. Tras el proceso de extracción del aceite quedaba una masa de proteínas sin grasa que no servía para nada. Ni siquiera para alimentar al ganado.

Pero ahora parece que hemos descubierto que es la panacea y se utiliza para todo, no solo para alimentar al ganado sino también a las personas.

La soja no es un producto comestible para el ser humano si no es sometida a un gran procesamiento, mucho más que cualquier otra semilla, aunque el interés económico que despierta está mejorando todas las tecnologías necesarias para convertirlo en lo que no es, un buen nutriente.

Porque la soja:

- Contiene una enorme cantidad de fitatos, que ya hemos dicho que impiden la absorción de los minerales por el organismo. El consumo de soja debería siempre acompañarse de productos ricos en minerales, productos marinos o de origen animal, en definitiva.
- Contiene inhibidores de la tripsina, una enzima digestiva imprescindible en la digestión. Estos inhibidores solo pueden desactivarse fermentándola (el tofu no está fermentado). A largo plazo provoca problemas digestivos.
- Afecta al funcionamiento de la glándula tiroides, pues provoca hipotiroidismo (bocio) si se consume en dosis altas.

Pero su principal efecto perjudicial para la salud, excepto quizá en determinadas situaciones como en mujeres menopaúsicas, es su alto contenido en isoflavonas, fitoestrógenos naturales, con efectos muy similares a los estrógenos propios del organismo.

Ahora podríamos detallar enormes y numerosos efectos negativos que puede provocar el consumo de unas sustancias de efecto estrogénico, no solo en mujeres sanas con niveles hormonales y ciclos menstruales normales, sino en los hombres, y no digamos en niños en pleno desarrollo, especialmente por el consumo de las mal llamadas leches de soja.

La soja, como los cereales y las legumbres, no puede consumirse cruda; vegetarianos y veganos pueden consumirla de diferentes formas: como bebida, como queso, bacon, salchichas o en forma de las célebres hamburguesas veganas. Pero intentando, eso sí, que todos estos productos tengan gusto a los productos naturales originales, de procedencia animal. Porque la soja por sí sola sabe a «rayos», así que también es necesario procesarla por este motivo, por el gusto, y eso se hace añadiéndole ciertos aditivos que hagan algo agradable su sabor.

Veganos y vegetarianos deberían preguntarse por qué, siendo tan maravillosos, todos estos productos deben imitar los sabores de otros para consumirse con cierto placer al paladar. Y si de verdad merece la pena consumirlos si para llegar a ellos es necesario que tengan que pasar por intensos procesamientos industriales, de los cuales precisamente reniega cualquiera cuyo objetivo final sea una alimentación sana.

Veganos por motivos ecológicos

La población humana actual se estima en unas 8.000 millones de personas. Este número va creciendo en progresión geométrica y cada vez más gente habita en menos lugares; cada vez más gente vive en zonas urbanas, despoblando el resto del planeta.

Pero resulta que para algunos la solución a esto pasa por comer menos carne y hacer desaparecer la ganadería.

Si recientemente habéis viajado en avión me gustaría que recordarais qué habéis visto desde el cielo al mirar por la ventanilla. Seguramente mucha agua; es bueno recordar que el 70 % de la superficie terrestre está cubierta por agua. En el 30 % restante hay también desiertos y grandes cordilleras montañosas. Así que en lo poco que queda de superficie terrestre disponible, más allá de agua, desiertos y cordilleras, ¿qué hay? ¿Cuántos árboles y bosques habéis visto? ¿Cuántos animales, ganaderos o no? Lo que habréis visto aparte de ciudades, carreteras, barcos, aviones o coches, es asfalto y hierro, mucho asfalto... y campos de cultivo, millones de hectáreas de campos de cultivo.

Aunque es difícil, y considero que una utopía, podemos intentar imaginar lo que ocurriría si, como pretenden desde los sectores más radicales del animalismo y el veganismo, se eliminara completamente la ganadería y toda la alimentación humana dependiese en exclusiva de la agricultura.

Se ponga uno como se ponga, el ser humano no puede vivir solo de la agricultura, y sus productos no pueden sustituir nunca a los de origen animal.

Pero lo mismo que considero que el ser humano no habría llegado hasta aquí si no hubiese consumido alimentos de origen animal, seguramente tampoco habría llegado si no hubiese descubierto la agricultura.

....

Agricultura y ganadería en equilibrio forman un círculo sostenible perfecto; ambas actividades se nutren mutuamente. Los herbívoros, al alimentarse transforman los vegetales en proteínas y grasas, que son el alimento de carnívoros y omnívoros. Estos a su vez, con su estiércol y la descomposición de sus cadáveres (carne, vísceras, huesos y sangre), serán posteriormente alimento de los vegetales.

....

Una tendencia alimentaria como el veganismo rompería este círculo, ya que lo que propone es saltarse un paso y que carnívoros y omnívoros se alimenten solo de vegetales, entrando en competencia con los herbívoros por el alimento.

¿Por qué motivo el ser humano se hizo ganadero si ya disponía de alimento?

Posiblemente ni el ganado ni los humanos necesiten consumir cereales para llevar una vida sana; no es necesaria una competencia por ellos.

En definitiva, el responsable del problema ambiental que tiene el planeta es exclusivamente del ser humano, de toda su actividad, toda, incluyendo la ganadería y la agricultura. Pero ninguna de estas es tampoco la culpable principal.

....

Adoptar una dieta vegana solo puede obedecer a un motivo de conciencia, por considerar a los animales seres con los mismos valores que los seres humanos y que por tanto no deben ser sacrificados ni sometidos a ningún tipo de crianza, que no explotación, para obtener productos de ellos.

....

Este es el único motivo válido, porque una dieta vegana tiene poco de sostenible y absolutamente nada de sana.

Disfrutar de una comida es uno de los mayores placeres que puede experimentar un ser humano en esta vida. Muchos somos afortunados de poder elegir qué y cuándo comer. Debemos poder ser absolutamente libres de elegir nuestra alimentación, sin imposiciones ni prohibiciones.

ALIMENTOS ALTERNATIVOS

En la búsqueda de fuentes de proteínas sustitutivas de la carne animal, pero eso sí, intentando conseguir alimentos sabrosos y placenteros para el ser humano (como la carne), en los últimos años (y con el fuerte apoyo económico de mediáticos y normalmente ricos personajes del cine o los negocios) se han desarrollado productos alimenticios artificiales, modificados o alternativos, como pueden ser las hamburguesas veganas, la carne artificial, la alimentación a base de insectos y algún otro producto que el ser humano no ha consumido jamás pero que siempre hemos tenido delante y que resulta que era un superalimento, cosa que desconocíamos hasta ahora.

Las hamburguesas veganas

Según el diccionario de la RAE, hasta hoy se definía hamburguesa como «tortita de carne picada, frita o asada, con diversos ingredientes». Así pues, una hamburguesa no podía ser tal si no incluía la carne de un animal en sus componentes.

Podríamos observar definiciones parecidas respecto a otros productos con alternativas veganas como el llamado chorizo de tofu, el queso vegano, la veganesa (mayonesa vegana) u otros similares.

En su día, las llamadas leches vegetales de soja, avena, coco o almendras tuvieron que cambiar su denominación comercial inicial por la de bebida, ya que la leche, comercialmente hablando, procede de las hembras de los mamíferos. Y así, legalmente, no se permite poner en los etiquetados de estas bebidas vegetales la palabra leche.

Sin embargo, y tras discutirse incluso en el Parlamento europeo, finalmente se ha permitido denominar hamburguesas a productos similares a esta, es decir, a cualquier especie de torta con aspecto, color, textura e incluso sabor similar a las hamburguesas de carne pero que no incluye carne en sus ingredientes.

Estas «pseudohamburguesas» son publicitadas en los medios de comunicación como éticas, saludables y su sabor, además, es tan parecido al de la carne que el consumidor no aprecia la diferencia. Porque de lo que se trata es de «comer una hamburguesa de carne que nos sepa a carne pero que no lleve carne» para poder estar limpios de conciencia.

Cuando se leen los ingredientes de estas hamburguesas veganas se observa que el componente mayoritario son los aislados de proteínas de guisante o soja, acompañados de aceite de colza, aceite de coco y un buen montón de elementos más.

¿Por qué una hamburguesa cuyo componente principal son los guisantes no sabe a guisantes?

El motivo de que no sepa a guisantes habría que buscarlo en esos otros ingredientes más «oscuros» que acompañan a los guisantes y los aceites.

Y el que tenga que saber a carne está claro que es por motivos simplemente degustativos, de placer al paladar, de disfrute. Y no porque los guisantes sepan mal, todo lo contrario, pero seguro que si lo que se publicitase fuese un picadillo de guisantes no tendría el mismo efecto en el consumidor que si se llama hamburguesa. Puro marketing ético.

Se trata, en definitiva, de la «hamburguesa del quiero y no puedo». Quiero ser una hamburguesa de carne y saber como ella, pero soy una hamburguesa de guisantes.

Simplemente utilizando alguna denominación original para un determinado producto se consigue un efecto de atracción hacia el consumidor que ese producto por sí mismo no produce.

Se me viene a la cabeza el «hummus».

Cuando yo estudiaba, el humus era solamente la parte más alta del suelo, rica en productos orgánicos y que se originaba por la descomposición de restos orgánicos por distintos organismos y microorganismos. En realidad se trata de un abono, y vulgarmente podemos decir que se trata de tierra.

Pero ahora resulta que el humus no es otra cosa que una crema de garbanzos. Todos podemos imaginarnos cuál es el efecto que produce sobre un comprador en un supermercado un envase en el que literalmente pone que se trata de crema de garbanzos respecto a otro en el que pone «hummus». Colocado en el lugar adecuado este último parece adquirir propiedades beneficiosas para la salud humana y de gusto que el otro no posee, aunque la materia prima de la que ambos están compuestos sea exactamente la misma, los garbanzos.

Los garbanzos son un excelente alimento, cocinados o en forma de hummus o crema, de muchas maneras. Pero, por mucho que le pongan un nombre diferente y original e intenten que los degustemos con un brote de apio, nunca podrán competir en una mesa con un buen plato de jamón ibérico. Ahora todos podemos reflexionar sobre el porqué de esto.

En la búsqueda de productos alternativos veganos pero con sabores similares a los productos de origen animal se utilizan ingredientes cuyo origen se considera vegetal, y por tanto libres de la utilización de un animal en su producción, pero realmente se desconoce cómo se obtienen, con lo que su consumo les llevará a pecar en la religión del veganismo, aunque sea por pura ignorancia. Por ejemplo, he visto mucho usar champiñones como ingrediente para preparar ciertos platos o productos veganos. Evidentemente, los champiñones no tienen origen animal, pero la práctica totalidad de los que se consumen no son silvestres sino que se obtienen mediante cultivos. ¿Saben realmente cómo se cultivan los champiñones? ¿Cuál es el sustrato sobre el que se cultivan? Pues normalmente es estiércol. Sí, estiércol procedente de un animal, de la ganadería, esa que quieren evitar y prohibir.

Igualmente, las personas deberían realizarse también otras preguntas, como por ejemplo cuáles son las materias primas que utilizan los laboratorios farmacéuticos para sintetizar ciertos suplementos imprescindibles en sus dietas veganas, como la vitamina B12 y otros.

Es una tarea verdaderamente complicada intentar consumir alimentos suprimiendo en su totalidad aquellos en los que, para su obtención, en algún momento haya sido necesaria la intervención de algún animal. Hay que informarse mucho y bien.

La carne artificial

Otra opción «ética» que se está intentando desarrollar para obtener alimentos ricos en proteína de calidad, pero sin sacrificio animal, es la carne artificial o de laboratorio. Este futuro producto se encuentra en las primeras fases de desarrollo, pero con los avances de la tecnología alimentaria pronto será perfectamente posible fabricar *in vitro* carne artificial a gran escala con un sabor similar a la carne de un animal.

Varios Gobiernos europeos están invirtiendo mucho dinero y subvencionando proyectos de empresas dirigidos a la creación de sustitutivos de la carne y otros productos de origen animal con la finalidad, dicen, de encontrar alimentos apetecibles, sanos, perfectamente nutritivos y además sostenibles que solucionen posibles futuros desabastecimientos alimentarios de la población.

Una de estas empresas que ha sido subvencionada para desarrollar la carne artificial consiguió el apoyo gubernamental con un vídeo en el que se mostraba a una persona comiendo un filete de pollo obtenido mediante la clonación de células de un pollo vivo sin necesidad de sacrificarlo. Lo destacable del vídeo es que ese pollo donante de las células se encontraba allí mismo picoteando cerca del filete que, supuestamente, se había obtenido de él.

El mensaje que se quería transmitir vendría a ser que no hace falta sacrificar al pollo para poder alimentarse de él, que el pollo podía seguir viviendo feliz su vida de pollo mientras nosotros nos comemos su carne.

Pero las preguntas aquí realmente deberían ser: ¿y ahora qué pasa con el pollo? Si ya no es imprescindible para obtener filetes de pollo ¿para qué hace falta criar pollos? ¿Quién iba a tener pollos? ¿Ahora los pollos pasarían a ser considerados mascotas? ¿O los pollos tendrán que sobrevivir libres en la naturaleza? ¿Realmente sobrevivirían los pollos en los bosques y prados? ¿Cuántas de las numerosas y diferentes razas de pollos que existen serían capaces de adaptarse al medio natural y sobrevivir? ¿O el pollo pasaría a ser una especie en peligro de extinción que habría que proteger e incluso albergar en centros de conservación de especies?

En definitiva, es posible que con toda esta tecnología de producción de carne artificial no hiciera falta sacrificar pollos para alimentarnos, pero es absolutamente seguro que como consecuencia de ello la población de pollos iba a sufrir una disminución de dimensiones astronómicas en cuanto al número de individuos y probablemente ocasionaría la desaparición de numerosas razas de pollos, salvo que se interviniese de alguna manera para que esto no ocurriera.

Y esto tendría lugar porque se conseguiría romper la relación entre especies que existe entre los pollos y los seres humanos, una relación en la que el ser humano alimenta, cuida y protege al pollo para después alimentarse de él, una relación milenaria que termina transcurrido cierto tiempo con el pollo como individuo pero que permite la supervivencia de la especie.

Realmente se trata de un éxito evolutivo porque, gracias a esta relación, ambas especies tienen actualmente millones de individuos habitando este planeta.

Pero ¿de verdad alguien prefiere comerse un filete de pollo obtenido de manera artificial en un laboratorio, por el método que sea, antes que comerse un filete de pollo natural, simplemente por el hecho de no tener que sacrificar a un pollo? Está claro que la respuesta es sí. En un mundo desconectado de la realidad animal y con sobreabundancia de alimentos sí. En el mundo real no.

Verdaderamente resulta contradictorio dar preferencia a un producto artificial creado por el ser humano en un laboratorio frente a un producto absolutamente natural, la carne de pollo, aduciendo el motivo de la mal aplicada «ética». Mal aplicada porque, no me cansaré de repetirlo, sacrificar animales para alimentarnos de ellos es absolutamente ético. Y a esta preferencia sobre lo artificial sumarle razones medioambientales, como si los filetes artificiales fuesen sostenibles y los pollos no.

Y digo que resulta contradictorio porque estos mismos grupos que apelan a la ética para evitar el sacrificio animal son también normalmente firmes defensores de lo ecológico y lo natural, y continuamente reniegan de cualquier producto de origen industrial, especialmente si ha sido modificado genéticamente.

Hablo, por ejemplo, de algunos cereales y hortalizas, como el maíz y el tomate, alimentos cuyo genoma es modificado con la finalidad de mejorar alguna de sus características y conseguir de este modo hacerlos, por ejemplo, más resistentes a heladas o sequías, o más eficientes y precoces en cuanto a su crecimiento; en definitiva, más productivos. Estos alimentos son objeto de desprestigio y atacados por no ser «naturales», aduciendo que no se conocen las consecuencias que a largo plazo su consumo podría tener en el organismo humano al haber sido alterados y que, probablemente, sean inductores en la aparición de cánceres, alergias y otros problemas de salud.

Todo esto parece carecer de importancia cuando de lo que se trata es de evitar el sacrificio animal; esto es prioritario frente a las posibles futuras consecuencias del consumo de una carne artificial; se trata de un bien mayor.

Esta tendencia hacia el consumo de alimentos que no tengan origen animal dirige la futura alimentación humana hacia una alimentación con botes, píldoras y polvo en sobres, hacia un «pienso para humanos».

La industria de la suplementación artificial mueve muchos millones de euros y abarca también numerosos campos, no solo los de la salud y la alimentación, sino también otros como la cosmética o la medicina. Así, desde hace algún tiempo se observa una gran proliferación de nutricionistas, esteticistas o cirujanos plásticos. Se pautan dietas individuales para personas que no presentan deficiencia alguna, intolerancias ni alergias de ningún tipo. La obsesión por estar más delgado, fuerte o guapo está promoviendo la aparición de nuevos negocios dedicados a la nutrición, la salud o la belleza, y está llenando las estanterías de las grandes urbes de miles de productos dietéticos, complementos, suplementos y otros productos en supermercados, farmacias, parafarmacias, herboristerías y hasta en alguna tienda que nada tiene que ver con la salud, la alimentación o la belleza.

Y todo esto está ocurriendo en los países desarrollados, que tienen sobreabundancia alimentaria y en los que uno puede elegir diariamente qué y cuánto quiere comer, países en los que no sería necesaria suplementación alguna para nadie que no presente alguna deficiencia o patología concreta e individual. Sin embargo, en algunos otros países en los que, aunque el alimento llega a sus habitantes, es difícil que puedan comer diariamente, la mayoría de las personas se encuentran perfectamente sanas y con buen aspecto físico.

El cuerpo humano es enormemente resistente y tiene una gran capacidad de adaptación; no es necesario suplementarlo con nada si se está lo suficiente alimentado.

Nuestro organismo es capaz por sí mismo de compensar carencias y eliminar excesos. Aunque, cada vez más, se observan más trastornos relacionados con la alimentación, consecuencia de los modos de vida urbanos modernos.

Estamos siendo dirigidos hacia un mundo alimentado de manera artificial, con productos sintetizados en un laboratorio o una fábrica que están sustituyendo a los productos naturales originales, que siguen existiendo pero a los que parece que se intenta hacer desaparecer acusándolos de tener procedencias no éticas, no sostenibles y no sanas; esto último ya es lo que faltaba.

Pero que nadie se engañe: esta alimentación artificial no va a suponer una mejora en la salud de las personas, tendrá poco o nada de sostenible y no sé si será o no ética, pero de lo que estoy seguro es de que no será gratis, no solucionará las hambrunas y estará en manos de unos pocos.

La alimentación con insectos

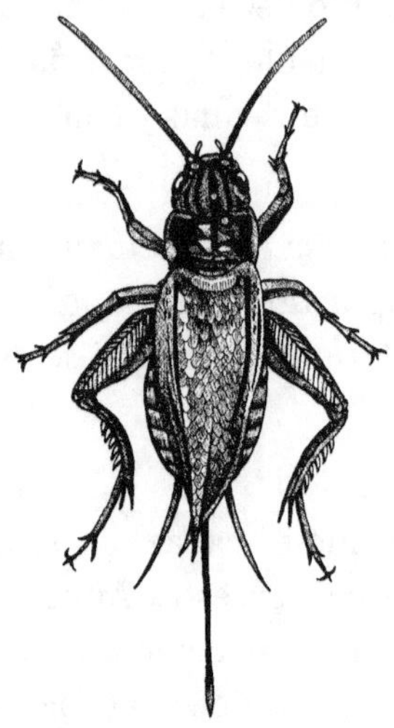

En los últimos tiempos también se está promoviendo la alimentación a base de insectos, no solo en la ganadería como materia prima de los piensos por su aporte de proteínas, sino en la alimentación humana como sustitutiva de la carne, precisamente por su excelente aporte de proteínas animales, las completas.

Los seres humanos solo hemos ingerido insectos cuando prácticamente no ha quedado más remedio que hacerlo por no tener otro alimento que llevarnos a la boca. Me atrevo a decir que incluso preferimos hacernos carroñeros o caníbales antes que ingerir una cucaracha. Pero, eso sí, en una situación de emergencia nutricional buscaremos cualquier cosa que se mueva, cualquier animal que sacrificar y con el que alimentarnos, aunque sea un insecto, antes que comernos las hojas de los árboles o de las plantas, que aparte de no proporcionarnos nutrientes suficientes e imprescindibles, pueden resultar incluso tóxicas.

Pero ahora, en el nombre de la ética y la sostenibilidad, parece que el ser humano debe alimentarse de insectos para su propia supervivencia y la del planeta Tierra. Incluso se atreven a decir que el aporte de proteínas de los insectos es de mayor calidad que el de un entrecot de ternera.

Y así, y debido a la repulsión que genera en las personas el comerse un gusano o un insecto, y gracias a las modernas tecnologías que existen, podemos alimentarnos de insectos sin darnos cuenta de que lo estamos haciendo. Pueden presentarnos saltamontes deshidratados, que ingeriremos como si fuesen frutos secos e incluso con sabor a estos. O pueden triturarse unos gusanitos y hacerse harina que después podremos añadir a cualquier plato como condimento o ser incluso la base de un postre, un pan o un plato principal. O también pueden «camuflarse» de varias maneras dentro de otros productos para aportarles su riqueza en proteína animal. Esto es lo importante, que nos aporte lo que nos interesa, que nos nutra, pero que no nos demos cuenta de que nos estamos comiendo un grillo.

Pero, ¿es todo esto sostenible? Y ¿es ético? Porque los insectos pertenecen al reino animal, son animales.

Los superalimentos

Es un término que se ha aplicado comercialmente a ciertos alimentos con supuestas grandes cantidades de nutrientes. Además se les suponen también propiedades antioxidantes, detoxicantes y un aporte de calorías sanas, o eso se argumenta.

Estos alimentos no han surgido de la nada ni han sido sintetizados; ya existían pero hasta hace poco no se habían incorporado a las dietas occidentales y no formaban parte de los menús de ninguno de estos países.

Hablo de productos como la quinoa, la chía, las bayas de goji, algunos frutos rojos, la espelta, la estevia, la espirulina, etc. Eso sí, prácticamente todos de origen vegetal, como no podía ser de otra forma.

A estos súper alimentos se les reconocen propiedades muy beneficiosas para la salud y complementarios al resto de productos habituales de nuestra dieta, pero sin concretar realmente cuáles son esas propiedades ni los beneficios que proporcionan, ni tampoco cómo deben incluirse en la dieta diaria.

Lo que sí es seguro es que su consumo no puede utilizarse como método terapéutico ante alguna patología; no son medicamentos. Por supuesto que pueden tener efectos beneficiosos para la salud, como el resto de alimentos sin el prefijo «súper» delante, pero por sí solos no tendrán nunca tampoco efectos positivos si el resto de la dieta no es saludable. Se trata en realidad del mismo ejemplo del ahorro de calorías que supone tomarse un café con leche desnatada y sacarina pero acompañado de una pieza de bollería industrial: lo que restas por un lado lo sumas por el otro.

Y el consumo de estos alimentos también puede conllevar algunos efectos perjudiciales sobre la salud, ya que son productos que no estamos habituados a tener en nuestras mesas. Su consumo podría provocar la aparición de alergias o intolerancias más fácilmente que con el de los alimentos tradicionales de siempre, a los que estamos habituados desde hace mucho tiempo.

Otro inconveniente que presentan estos superalimentos es que organolépticamente no son muy atractivos. En la mayoría de los casos se trata de semillas, algas, plantas o pequeños frutos. Su consumo atiende a los que denominamos criterios de salud o éticos sobre la apetecibilidad o la tendencia natural de consumo de un ser humano. Porque, aunque algunos se empeñen en negarlo reiteradamente, la preferencia alimentaria humana son los productos de origen animal, no las semillas. Somos mamíferos omnívoros de preferencia carnívora, no aves granívoras.

En mi opinión, el mejor superalimento que conozco es el huevo. Con este no hay error posible. Solo o acompañado. En tortilla, frito, pasado por agua, revuelto, estrellado, escalfado. De gallina sobre todo, pero puede ser de pato, oca, codorniz, hasta de avestruz. Pero sin exceso siempre.

....

Si yo tuviese que elegir dos alimentos con los que poder sobrevivir durante largo tiempo y sin presentar carencias aparentes en un lugar en el que solo dispusiera de agua, no tendría duda alguna: me llevaría huevos y algún cítrico como el limón.

....

Porque con el huevo tengo prácticamente todas mis necesidades cubiertas, excepto la de la vitamina C, que sería lo que me aportaría el limón.

La sociedad moderna en los países desarrollados está ofertando y promoviendo el consumo de productos que el ser humano no ha consumido jamás, productos artificiales o naturales suplementados o modificados en lugar de los productos alimentarios naturales que se han consumido durante toda la historia de la humanidad, los productos procedentes de la agricultura y la ganadería. Y para ello se están escudando en motivos de sostenibilidad, ética e incluso salud. Se está promoviendo e incentivando el consumo de alimentos artificiales, insectos, semillas o algas frente al de productos de origen animal como la carne, el pescado, la leche o los huevos, e incluso frente a los productos derivados de la agricultura, alegando todos los motivos anteriores. ¿Es de verdad correcto este camino para conseguir un mundo más sostenible? Y sobre todo ¿es este el camino correcto para la salud de los seres humanos?

ALIMENTOS ESENCIALES DE ORIGEN ANIMAL

En mi opinión, en una correcta dieta alimentaria de un ser humano, y especialmente de los niños, jamás deberían faltar los huevos, la leche y todos sus derivados, la carne y el pescado. Al menos hasta ahora, todos estos alimentos de origen animal han sido considerados alimentos esenciales para el correcto desarrollo y la supervivencia en perfectas condiciones de un ser humano.

Pero antes de hablar de todos estos productos alimentarios me gustaría hacer un par de incisos sobre los criterios que sigue un consumidor para elegir un producto alimentario frente a otros y el etiquetado de los productos alimentarios.

Criterios en la elección de alimentos

A la hora de elegir un tipo de producto alimentario u otro, el consumidor puede hacerlo atendiendo a varios criterios:

- Económico: seguramente el más importante, el precio del producto. En buena lógica se puede pensar que el producto más caro es el mejor, pero no necesariamente tiene por qué ser así. Normalmente una persona elige un producto cuyo precio se encuentre dentro del rango que se puede permitir y solo ocasionalmente elegirá productos cuyo coste le suponga un esfuerzo económico: un aniversario, unas fiestas o un capricho.

- Visual: aunque pueda parecer secundario, con la vista se compra y consume mucho. Un envase bonito, una etiqueta llamativa, un color o aspecto pueden hacer que prefiramos un producto sobre otro.

- De salud: todos los consumidores prefieren consumir productos saludables, al menos teóricamente. En muchas ocasiones se puede elegir comprar un producto porque es teóricamente más saludable que otro, pero esto no ocurre siempre. La elección se hace normalmente conforme a nuestro propio criterio de lo que es o no saludable, y este está enormemente influenciado por la información que recibimos y que, evidentemente, tampoco tiene por qué ser correcta. Se tienden a considerar más sanos los productos de origen vegetal que los de animal, los productos con pocas grasas, las frutas, etc.

- Éticos o respetuosos con el medioambiente: este criterio es el de más reciente consideración por los consumidores. Dentro de este apartado podemos incluir todos los productos considerados biológicos, ecológicos, y ya últimamente también, los de bienestar animal.

Puede que también haya otros criterios del propio consumidor.

La elección final de un producto u otro puede atender a uno solo de estos criterios o a una combinación de varios, pero solamente uno de ellos es decisivo: el económico. Sin él, los demás no se pueden considerar. Da igual cómo de bonito, saludable o ético resulte un producto si no lo podemos comprar.

....

Solo si nuestro poder adquisitivo nos lo permite, podremos tener en consideración todos los demás criterios.

....

El etiquetado de los productos alimentarios

Es interesante observar cómo cada vez más productos alimentarios llevan inscritos en sus etiquetas materias primas o ingredientes «que no llevan» y estos se destacan en el etiquetado frente a los ingredientes «que sí llevan».

Ahora parece más importante y cala más en el consumidor lo que no lleva un producto frente a lo que realmente es el producto.

Así, podemos encontrar productos sin aceite de palma (otro «veneno» que hemos consumido libremente hasta ahora pero que de repente parece demoníaco), productos sin azúcar (pero con algún edulcorante para que continúe con su sabor dulce, que es el que gusta y engancha), productos libres de antibióticos, sin colesterol, sin gluten, sin alcohol, *lights*, cero cero, sin cafeína, y últimamente también ya productos libres de maltrato animal; esto también comienza a ponerse en los etiquetados.

Se ha llegado a un punto en el que la legislación sobre los etiquetados de los productos alimentarios es tan inmensamente extensa y compleja que en productos de pequeño tamaño es prácticamente imposible leer la etiqueta de lo pequeña que es la letra, la cual además, y por la propia estrategia de venta del producto, ni siquiera está escrita en color negro sobre fondo blanco sino, por ejemplo, en amarillo con fondo rosa. Pero desde los Gobiernos y las organizaciones de defensa de los consumidores se apela continuamente a que estos lean bien las etiquetas antes de comprar los productos para que conozcan qué es lo que están comprando realmente, una misión imposible si no te has llevado las gafas o una lupa.

Una vez conoces lo que «no tiene» el producto quizá puedas encontrar lo que verdaderamente contiene, y entonces es posible también que te des cuenta de que no era lo que buscabas y que nuevamente tengas que volver a empezar todo el proceso.

Quizá sea por algunos de estos motivos por los que los consumidores no leen las etiquetas, porque en la sociedad moderna se va siempre deprisa y casi nunca se dispone de tiempo para comprar con calma, así que no solemos pararnos a leer las etiquetas con detenimiento, y menos si son difíciles de leer, complejas, extensas e incluso difíciles de entender, y que muchas veces suelen llevar a equívoco. Los consumidores, en la mayoría de las ocasiones, leen solamente la etiqueta principal, en la que, cada vez más, se ponen también más cosas. Quién no se ha equivocado y ha cogido mantequilla en lugar de margarina o leche desnatada en lugar de entera.

Seguramente por todo esto, el Ministerio de Consumo intenta implementar en los etiquetados el ya conocido como «semáforo nutricional o *nutriscore*» en el que, mediante una simple marca con uno de los 3 colores de un semáforo, el consumidor puede conocer cuándo un producto es considerado más saludable o menos en función de su composición. Por supuesto, el color rojo es para los productos con mayor contenido en grasas saturadas y el verde para los teóricamente más saludables, los que tienen menos grasas.

Se considera que la lechuga y el pimiento son sanos pero la mantequilla y la carne roja no. Los primeros están marcados en verde y los segundos en rojo por supuesto. Una simplificación que claramente busca fomentar el consumo de verduras frente al de los productos animales. Demasiada simplicidad para una cosa que realmente es mucho más compleja.

....

Lo que se debería fomentar es el consumo de alimentos de los tres colores; la clave está en la proporción en las que se eligen los tres, pero para esto es necesario suministrar una enorme cantidad de información, demasiada para una compra rutinaria del día a día.

....

Los huevos

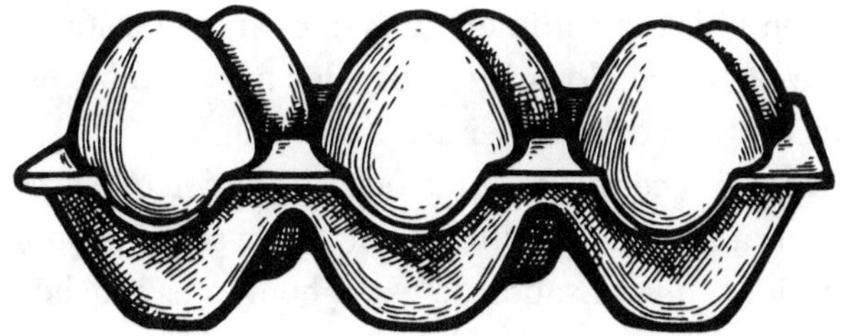

Durante largo tiempo se ha intentado restringir mucho el consumo de huevos alegando que elevaba mucho la tasa de colesterol, cosa cierta si se abusa de ellos en la dieta, pero un consumo moderado de huevos proporciona un aporte de nutrientes casi excepcional.

Hoy en día se venden productos con solo una parte del huevo, sobre todo la clara, para los consumidores que busquen exclusivamente un aporte proteico como pueden ser los deportistas. La yema, en cambio, se utiliza mucho en repostería.

Los huevos vienen clasificados de diferentes formas:

- Por el tamaño.
- Por el modo en que se crían las gallinas: si son criadas en completa libertad, solamente en naves cerradas o en sistemas mixtos.
- O si el huevo procede de gallinas alimentadas de manera ecológica o no.

Es obligatorio por ley indicar en los huevos el modo de cría y el tipo de alimentación de la gallina; esto se hace con un número, pero la mayoría de los consumidores no reconocen esta indicación y suelen ser los propios vendedores los que lo indican en los estantes de venta.

También es posible conocer los distintos tipos de huevos observando simplemente la diferencia de precio que hay entre ellos: los más caros son los procedentes de gallinas criadas en libertad y alimentadas de manera ecológica lógicamente. Pero ¿son los más ricos y los más saludables? Esta es otra cuestión, debería ser así pero...

Cuántas veces hemos oído decir a alguien que le compra los huevos a un señor en un caserío o que se los proporciona un familiar y que el sabor de estos huevos es mucho mejor que el de los que se pueden encontrar en los supermercados. Dicen que esto es así porque esas gallinas comen grano y no piensos artificiales (a los que se les añade cualquier cosa), y además se considera que las gallinas que ponen esos huevos son mucho más «felices» porque viven en completa libertad (cosa que si se piensa con detenimiento no es cierta; nunca se encuentran en completa libertad, ni siquiera la abuela les deja salir fuera de los límites de su propiedad).

Pero sí, puede ser verdad que esos huevos procedentes de las llamadas gallinas «felices o no estresadas» sepan mejor, o al menos deberían.

Primero, porque una persona o una familia que tiene gallinas en un corral en su casa normalmente no dispondrá más que de unas pocas y puede permitirse criarlas y atenderlas, proporcionándoles una atención prácticamente individualizada. Conoce su edad, sus progenitores y parentesco, e incluso es probable que hasta les ponga nombre, sea capaz de identificarlas sin problemas, entiende su comportamiento, sus preferencias alimentarias y particularidades individuales.

Segundo, porque se alimenta a las gallinas sin importar el coste que esto represente. La subsistencia de las personas que crían a las gallinas no depende del coste que suponga una decena de ellas.

Es evidente que un granjero profesional, alguien cuya subsistencia está ligada a la producción de huevos obtenida de las gallinas, deberá disponer de un elevado número de ellas para poder obtener alguna rentabilidad económica, criar miles de ellas, con lo que nunca podrá realizar la cría del mismo modo que alguien que solo posee una docena en su corral o el jardín de su casa y cuyo único objetivo sea obtener huevos para consumo propio o el de sus vecinos.

Pero aun con todo esto no se puede afirmar con certeza absoluta que unas gallinas sean más «felices» que otras o que tienen mejores condiciones de cría, e incluso puede no apreciarse grandes diferencias en el sabor final de los huevos procedentes de uno u otro origen. Porque casi nadie parece dudar de que el sabor de unos huevos de caserío es mejor que el de otros producidos en grandes granjas, pero los resultados obtenidos en la realización de catas de huevos con procedencias y alimentaciones diferentes de las gallinas muchas veces resultan sorprendentes. Y es que la gente «come con los ojos», y muchas veces colores o tamaños confunden al propio paladar cuando las diferencias no son tan significativas como se cree.

....

A la hora de elegir un huevo u otro también son muy importantes el aspecto y el color. Nunca elegiríamos un huevo roto, pero tampoco uno que no se vea perfectamente liso o sea amorfo, y no digamos si se observan restos de suciedad. Pero esto no quiere decir que el huevo esté podrido o tenga peor sabor que uno perfectamente liso, limpio y brillante, e incluso a veces puede ser al revés.

....

Vivimos en un mundo de consumo visual; siempre priorizamos la elección de productos que rozan casi la perfección de lo que entendemos que debe ser un huevo, una manzana o un tomate, lo que lleva al comercio alimentario a la búsqueda de productos casi clónicos, enormemente alejados de cualquier tipo de agricultura o ganadería autóctona y de pequeño tamaño, un contrasentido entre lo que se dice y lo que se hace finalmente.

¿Y el color? Primero indicar que el color de la cáscara (que es lo que vemos) de un huevo depende de la raza de gallina. Hay razas de gallinas que ponen los huevos blancos, otras morenos y otras moteados, e incluso de otro color como es el azul. La inmensa mayoría de los huevos que se consumen ahora son morenos, pero hace 30 o 40 años eran en su mayoría blancos. El cambio de criterio del color de los huevos en los consumidores obedeció exclusivamente a un motivo visual; en los huevos blancos, aunque pueden lavarse, podían observarse en ocasiones restos de manchas o suciedad, que son normales y no tienen incidencia sanitaria, pero que fue motivo suficiente para inclinar la balanza hacia los huevos de color más oscuro. Porque sean del color que sean, nutricionalmente son prácticamente iguales.

El color de la yema del huevo, en cambio, sí depende de la alimentación de la gallina. Así, los huevos de las gallinas alimentadas exclusivamente con maíz, por ejemplo, tendrán la yema de un color amarillento mucho más intenso debido a los carotenos del maíz, que la pigmentarán de ese color. Eso sí, serán más caros probablemente.

Todos estos criterios de preferencia de un tipo de huevos frente a otro, el color, el tamaño, el tipo de cría, la procedencia e incluso la felicidad de las gallinas finalmente pierden la importancia que se les da porque, en la mayoría de los casos, los consumidores eligen los productos por el factor más importante: el precio.

Otro factor que debemos considerar, y que se suele pasar por alto cuando se habla de estas gallinas «felices», es que ni siquiera en una pequeña granja familiar, en un corral con una decena de gallinas, estas son mantenidas con vida cuando llegan a «viejas» y dejan de poner huevos, cuando han perdido su «utilidad». Las gallinas no son mascotas: son animales de producción, son ganado, y cuando dejan de producir normalmente son sacrificadas, hayan vivido donde y como hayan vivido, en explotaciones con miles de ellas o en una casa con 10 animales.

Las gallinas no son cosas, pero tampoco personas, y se les debe criar, cuidar y tratar como lo que son: gallinas.

Otra cuestión. ¿Alguien se ha preguntado por qué las gallinas, incluso sin la presencia de gallo alguno, ponen tantos huevos?

Una gallina, durante el periodo de puesta, pone unos 5 huevos semanales, casi uno diariamente, haya o no haya gallo en el corral. Y aunque hubiese gallo, este tampoco fecundaría todos los huevos que ponen todas las gallinas.

¿Cuál es entonces el motivo de semejante fertilidad?

En mi opinión dos son los motivos: evolución y selección.

Realmente se trata de un mecanismo evolutivo de supervivencia y un éxito de la gallina como especie.

Poner huevos supone proporcionar alimento a otras especies animales, en este caso los seres humanos; a las gallinas eso les asegura su supervivencia y les proporciona tener cubiertas todas sus necesidades, garantizadas por estos. Se trata de una simbiosis, una relación entre dos especies distintas en la que ambas salen beneficiadas. La gallina aporta los huevos al ser humano y este a su vez a ellas les da protección, cuidados y las alimenta para que produzcan. Ambas especies se alimentan mutuamente.

En la naturaleza la puesta de huevos puede incluso servir como defensa en un momento dado haciendo que un depredador prefiera alimentarse del huevo en lugar de hacerlo de la propia gallina.

Pero también es cierto que desde que la especie gallina fue domesticada por el ser humano ha ido siendo seleccionada por este según su capacidad de puesta, es decir, se han ido eligiendo siempre las razas de gallinas que más huevos ponían y, dentro de estas razas, se han ido siempre prefiriendo las que más ponían de todo el grupo.

Ambos motivos han hecho posible que se llegue a estos niveles de puesta de casi un huevo diario por gallina.

Es un error pensar que los seres humanos les «robamos» los huevos a las gallinas, como alegan los sectores animalistas radicales. Solo unos pocos son fecundados y generarán descendencia. El enorme excedente de huevos se perdería si no lo utilizase el ser humano. Este argumento es también válido por ejemplo en el caso de las vacas lecheras: su enorme producción láctea es también un mecanismo evolutivo de supervivencia, otra simbiosis con beneficios mutuos, y también resultado de un proceso de selección genética durante muchísimos años.

En una red social una joven militante vegana llamaba a los huevos «pollos embrionados sin finalizar». Era una manera de despertar alguna conciencia más sensible y así provocar el rechazo hacia el consumo de huevos, como si se estuvieran consumiendo los embriones de los pollos. Lo que esta joven no parecía tener en cuenta es que en las granjas de gallinas ponedoras no hay gallos, luego difícilmente podría haber embriones dentro de los huevos. El que en ocasiones en el interior de los huevos aparezcan manchitas de sangre, o algún otro pequeño artefacto visceral, es completamente normal y no representa riesgo sanitario de ningún tipo, y desde luego no se trata en ningún caso de un signo de que ese huevo esté embrionado.

La leche y sus derivados

«La leche no es imprescindible, el oxígeno sí».

Con esta lapidaria y populista frase un conocido nutricionista de radio y televisión intentaba hacer ver a su audiencia que consumir leche es perfectamente prescindible para el ser humano.

Esto es «confundir churras con merinas» o, dicho de otra manera, «qué tiene que ver el tocino con la velocidad». Sin el oxígeno uno se muere sí, pero solo con oxígeno uno también se muere, porque el oxígeno no es un alimento, no se come.

Esto me recuerda que ha existido una corriente «alimentaria» llamada «respiracionismo» que promulgaba que el ser humano no necesita ingerir ningún tipo de alimento para poder sobrevivir, que simplemente bebiendo agua y respirando un ser humano podía vivir perfectamente sano, que todos los productos que la sociedad llama alimentos son en realidad productos tóxicos. Evidentemente esta corriente ha tenido pocos adeptos y los que la han seguido a rajatabla ya no se encuentran entre nosotros.

Porque el oxígeno es imprescindible para vivir, pero no sirve para alimentarnos. Como el agua. El agua no alimenta; solo hidrata y actúa como vehículo para los nutrientes, pero, al igual que el oxígeno, solamente con agua uno se muere, más tarde, pero se muere igualmente.

Pensemos: ¿existe realmente algún producto alimentario absolutamente imprescindible para la supervivencia humana? Imprescindible al cien por cien, que si no es consumido ello suponga la muerte del ser humano. Yo creo que no, o no se me ocurre ninguno por mucho que lo pienso.

Se puede vivir perfectamente sano sin leche, sin huevos, sin pescado o sin carne, pero también sin tomate, sin lentejas, sin soja, sin azúcar y sin cereal alguno. Realmente podemos prescindir de todos ellos, pero nunca de todos a la vez.

Estaremos sanos siempre que nuestra dieta aporte los elementos necesarios para cubrir todas las necesidades nutricionales de forma individualizada, porque cada organismo es diferente y requiere de aportes nutricionales distintos.

No hay ningún producto individual que consiga esto. Luego realmente no existe un producto alimentario imprescindible para nuestra salud.

Entre los enemigos de la leche un argumento muy utilizado es que en la naturaleza ningún animal adulto bebe leche, que el ser humano es el único animal que consume leche de adulto. Esto último es correcto, pero el motivo no es otro que el ser humano es el único animal que «puede» beber leche de adulto, que es capaz de obtenerla de un animal que la produce. Muchos otros animales beberían leche si la tuviesen a su disposición. Podemos considerar normal ver a un gato bebiéndose un plato de leche y cualquier otro mamífero omnívoro, e incluso un carnívoro adulto, la bebería si la tuviese a su alcance.

La humanidad ha llegado hasta aquí siendo lo que es bebiendo leche desde hace miles de años, y los niños han crecido sanos bebiendo leche de vaca e incluso, en muchas ocasiones, prácticamente solo bebiendo leche o algún producto derivado, porque no había más y alguien tenía una vaca. Hasta alguna reina se ha bañado en leche, de burra, eso sí.

La leche quizá sea el alimento cuya tendencia de consumo más ha cambiado en los últimos tiempos. Ha pasado de ser uno de los alimentos considerados imprescindibles para la alimentación humana, sobre todo para el desarrollo y crecimiento de los niños, a ser vista como no necesaria, prescindible y ahora incluso como no ética y un producto procedente del maltrato animal.

La leche que se consumía hace medio siglo no tiene nada que ver con la que se consume hoy día. Antes, en muchos hogares, incluso urbanos, se consumía leche que provenía casi directamente de la vaca, y el único tratamiento a la que se la sometía para que fuese apta para el consumo humano y no produjese intoxicaciones o infecciones era el hervido. Por supuesto, esta leche era una leche entera, con toda su grasa y toda su nata, y solía llegar a tener hasta un dedo de espesor y un color amarillento, formando una gruesa capa en la superficie de la misma.

....

No se puede ni siquiera llegar a imaginar a un consumidor urbano actual dando un sorbo a una leche como esta. De hecho, solo el mero hecho de imaginarlo produce en muchos rechazo e incluso asco.

....

Es curioso que, mientras en otro tipo de alimentos la tendencia de consumo de la sociedad sea una vuelta al pasado, hacia productos más ecológicos y sostenibles, en la leche esto ni se plantea, ni se imagina siquiera. Podemos encontrar, por ejemplo, huevos ecológicos de gallinas procedentes de granjas familiares, de razas autóctonas y criadas en el suelo, pero jamás encontraremos en un supermercado urbano un litro de leche de una vaca de un caserío procedente directamente del animal y solamente hervida.

Hoy en día, cuando se mira la sección de lácteos de un supermercado es verdaderamente complicado encontrar leche entera, y más difícil aún resultará encontrar la leche entera fresca, si no fuera porque se conserva refrigerada y se encuentra en otro lugar. Por lo tanto, pasará a ser del todo imposible encontrar una leche como la que he descrito anteriormente, de procedencia casi directa de la vaca.

Podemos encontrar leche pasteurizada, uperisada, esterilizada, homogeneizada, sin lactosa, enriquecida en calcio, en omega 3, semidesnatada, desnatada, entera e incluso leche de bienestar animal. Además de leche de vaca podemos hallar leche de oveja, de cabra, también de búfala, y hasta leche de camella.

Y pese a que comercialmente se les prohibió usar el término de leche, en los supermercados, la leche animal, la verdadera, suele convivir junto a las aún popularmente conocidas como «leches vegetales», ahora obligatoriamente llamadas bebidas, que pueden ser de coco, almendras, soja, avena, arroz, etc. Incluso hay leche/bebida de alpiste.

Porque la verdadera leche es la que se obtiene de las hembras de los mamíferos, lo demás no es leche. Es importante decir que para poder obtener leche de una vaca, o de otra cualquiera de las hembras del ganado doméstico, debe preñarse al animal, que debe parir una cría. La gente piensa que las vacas dan leche por sí mismas continuamente, como si fuesen máquinas expendedoras de leche, y por supuesto esto no es así.

La verdad es que la leche, para ser un alimento catalogado por algunos como prescindible y no necesario, se presenta en forma de una enorme variedad de productos distintos. Lo realmente difícil es encontrar la leche «leche», la de vaca de toda la vida y entera.

La disminución del consumo de leche entera comenzó cuando se pudo desnatar y por tanto disminuir su aporte de grasa. Se vendió muy bien al consumidor la idea de poder seguir consumiendo leche que le aportara menos grasa, o incluso prácticamente ninguna grasa, porque se decía que la leche desnatada resultaba más sana y no engordaba. La leche desnatada prácticamente no tenía sabor a leche (sabía a agua) y una buena solución fue la acertada denominación de semidesnatada que, pese a tener menos grasa que la entera, aún conserva el auténtico sabor a leche.

Y decimos que se vendió bien porque ¿qué cantidad de leche entera bebía una persona al día? ¿Un vaso, dos vasos, un litro? Es decir, ¿cuánta grasa ingería al día una persona por beber leche entera? ¿Era demasiado aporte de grasa? ¿En comparación con qué?

Podemos mirar la cantidad de grasa o calorías que ingerimos diariamente con cualquier otro alimento y compararlo con la que aporta la leche entera que podíamos beber diariamente y veremos entonces que existen un buen montón de alimentos que todos ingerimos habitualmente que aportan mucha más grasa que la que puede suponer una ingesta normal diaria de leche. Esto puede valer como muestra de ciertas incongruencias que existen en las tendencias de consumo de la sociedad actual.

Posteriormente a la leche se le ha achacado que no se digiere bien por los adultos debido a la lactosa, que no es otra cosa que el azúcar de la misma. Es cierto; hay una parte de la población adulta a la que la lactosa puede provocarle problemas digestivos, pero como hay infinidad de intolerancias a otros alimentos. Por ejemplo, ahora se habla mucho del gluten, lo que lleva a muchos consumidores a dejar de tomar productos con gluten, incluso sin tener ningún tipo de intolerancia o desconocer si la tienen, pero lo hacen digamos que preventivamente, lo cual es un error. Esta intolerancia de cierta parte de la población adulta a la lactosa también provocó una mayor disminución en el consumo de leche entera cuando surgió la leche sin lactosa.

Ya tenemos todos entonces posibilidad de tomar leche desnatada y sin lactosa; es decir, leche sin grasa y sin azúcar, leche que no engorda y que además no da problemas de intolerancia. Ahora podemos enriquecerla con calcio para los niños, las mujeres en la menopausia o para los que tengan deficiencias de este mineral. Y después podemos enriquecerla con omega 3 por ejemplo, y ya finalmente, y como colofón, la hacemos «ética» y procedente de animales que han sido inmensamente felices en sus granjas, leche de bienestar animal. Pero: ¿dónde ha quedado realmente la leche?

Cuando se ataca a la leche y se intenta disminuir, e incluso eliminar, su consumo por considerarla prescindible, no ética y también perjudicial para la salud, parece olvidarse la infinidad de productos que se obtienen de la misma o de los que la leche, o algunos de sus derivados, forman parte como ingredientes.

Sobre estos derivados lácteos no parecen realizarse las mismas acusaciones que contra la leche en sí, como si de repente sí fuese ético o sano utilizar la leche para producir esos productos por el simple hecho de estar madurada, fermentada o cocinada. Me estoy refiriendo especialmente a la inmensa gama de tipos distintos de yogures y productos similares, a la enorme cantidad de quesos que existen en este país y en todo el planeta, y también a todos los productos elaborados que llevan leche o alguno de sus derivados, empezando por la repostería.

Me gustaría recordar, porque parece que se olvida, que la leche que forma parte de todos estos productos también se obtiene de un animal. Los yogures, los quesos y el resto de productos lácteos tienen origen animal, proceden de una vaca, una oveja, una cabra u otro animal. Y si antes no era ético obtener leche de una vaca, tampoco deberían ser éticos el queso ni los yogures.

Y a diferencia de la leche, a la que se tacha de poco sana, los yogures, los quesos y los fermentos lácticos se consideran casi ejemplos de alimentos saludables. Como en el caso de los lacto-bacillus (leche-bacillus, lacto=leche), que dicen que son maravillosos para los niños, para el sistema inmunitario y para regular la flora intestinal de todos, de los que personalmente considero que se está abusando y que lo que pueden es acabar resultando perjudiciales.

Todos los procesamientos descritos anteriormente para la leche son perfectamente válidos para la inmensa gama de productos lácteos que existen, empezando por los yogures, que también pueden ser desnatados, sin lactosa, sin azúcar, de infinidad de sabores, con frutas, frutos secos, cereales, chocolate, enriquecidos en calcio, omega 3, lactobacillus, kéfir, etc. Todos normalmente considerados muy sanos.

¿Mantequilla o margarina? Es un debate que lleva abierto largo tiempo. Ahora las nuevas líneas en nutrición te dan la respuesta: ninguna. Claro, ambas tienen un 80 % de aporte de grasa. Irán con el color rojo en el etiquetado. Pero ambas tienen un excelente sabor. En este aspecto se puede preferir una u otra, y ambas se pueden consumir perfectamente en cantidad moderada, como el resto de absolutamente todos los productos.

Mantequilla y margarina son diferentes en cuanto a su origen: la mantequilla es de origen animal, procede de la leche; mientras que la margarina es de origen vegetal y se origina a partir de aceites vegetales (girasol, maíz). Durante largo tiempo se adujo que la margarina era más «sana» al tener origen vegetal y que, por tanto, en su composición predominan los ácidos grasos insaturados o «buenos» frente a los saturados o «malos», mayoritarios en la mantequilla. Lo que no se explicó entonces fue que los aceites vegetales se encuentran siempre en forma líquida y que el proceso para poder solidificarlos y obtener así la margarina es la hidrogenación, que convierte las grasas insaturadas buenas en grasas trans, que son las más perjudiciales para la salud humana y elevan mucho el colesterol «malo».

Los que durante mucho tiempo prefirieron la margarina frente a la mantequilla estaban equivocados, o les habían hecho equivocarse.

En la actualidad se utilizan otros procesos de solidificación distintos para los aceites vegetales y obtener así una margarina que no suponga la aparición de estas grasas trans, intentando que sea así algo más sana (porque la grasa la seguirá teniendo y siempre aportará calorías; siempre engordará, sea la que sea).

Un detalle que suele pasar desapercibido es que muchísimos postres son elaborados con leche o con alguno de sus derivados, especialmente la mantequilla. En todos estos la leche no se ve pero está. Por supuesto, esta leche suele ser una leche entera en la mayoría de los casos, porque los postres con leche desnatada no salen o no saben como deben. Pero claro, en un postre la grasa y la lactosa de la leche resultan empequeñecidas frente a otros ingredientes grasos o dulces y directamente se olvidan.

Aunque el consumo de leche se pone en duda, existe un producto hecho a base de leche al que casi nunca se critica: el queso.

En muchos sectores de la opinión pública ha calado la idea de que la leche es prescindible, que produce intolerancias y que además procede de animales sometidos a maltrato. Sin embargo, una gran parte de esta misma población no parece aplicar el mismo rasero al queso, que procede de la leche y, consecuentemente, de los mismos animales.

En España, más del 40 % de la producción de leche se destina a hacer queso, y alrededor de un 20 % mantequilla. Solamente en torno al 15 % de la producción lechera española es destinada al consumo de leche tal cual. Así que, cuando se ataca a la ganadería vacuna de leche, incluso intentando prohibirla, con los argumentos de ser poco sana para el ser humano y, consecuentemente, prescindible en la dieta, solo se está teniendo en cuenta una pequeña parte de esta producción ganadera. Porque muchos de sus derivados, como el queso o los yogures, sí son considerados sanos y son incluidos en muchas de las dietas consideradas más saludables por los expertos en el ramo de la nutrición.

....

El queso, como norma general, es un producto muy bien aceptado por los consumidores, y es un producto de origen animal. Un producto que podemos definir como exquisito, maravilloso, excelente y todos los adjetivos positivos que queramos ponerle.

....

Y, lo mismo que ocurre con el resto de productos de la familia de los lácteos, hay quesos de infinidad de variedades, formas, sabores, composición, etc. Los hay de leche de vaca, de oveja, cabra, búfala, ahumados o no, curados, semicurados, tiernos y frescos. Hay casi un tipo de queso por cada pueblo, región y país. Todos hechos con leche; si no están hechos con leche no son quesos, perdón.

Contra el queso hay pocos ataques, lo cual me alegra y satisface, y eso que también hay personas que detestan el queso por su olor, sabor, o personas alérgicas o intolerantes al queso o a alguno de sus componentes. Pero, en general, en la sociedad el queso está muy bien visto y es muy aceptado.

Lo que llaman queso vegano no es queso y en mi opinión no debería poder utilizarse el término, al igual que ocurre con la leche. No tiene sentido que pueda llamarse queso y que, por ejemplo, en su composición ponga que lleva leche de avena cuando esta no puede venderse bajo esa denominación.

El queso es un maravilloso y saludable producto lácteo de origen animal.

Y podríamos hablar también del kéfir, el requesón, la cuajada, la nata, la crema, etc. Todos ellos con distintos sabores, con azúcar o no, con añadidos o no, desnatados o no, etc.

La carne y el pescado

....

Ambos constituyen las mejores fuentes de proteínas de calidad en la alimentación humana y han constituido, y todavía lo hacen, el principal aporte proteico de la dieta humana.

....

Así ha sido durante los miles de años de la historia de la humanidad y, aunque en la actualidad podría prescindirse de ambos porque disponemos de gran cantidad de recursos que permiten tener otras fuentes proteicas alternativas, un desabastecimiento de alimentos, por el motivo que fuese, nos devolvería al ser humano cazador/pescador que somos para poder así obtener esas proteínas absolutamente necesarias para nuestra vida.

La carne

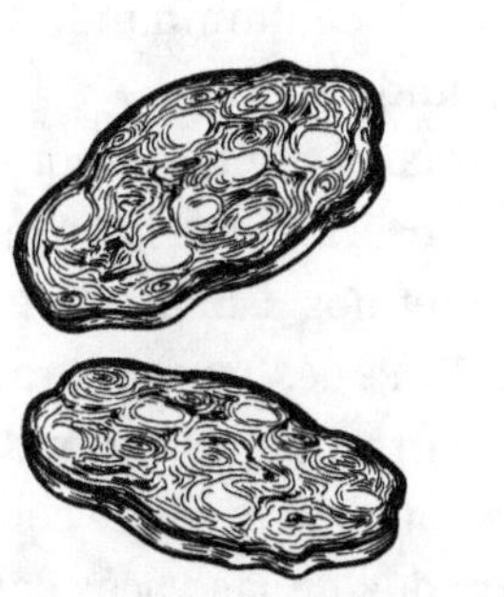

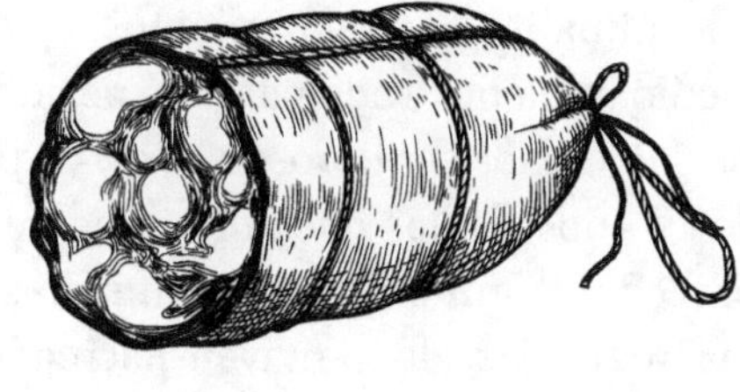

....

En los últimos tiempos se está intentando que las personas que habitan en los países europeos (chinos, rusos y norteamericanos parecen no tener problemas en este aspecto) reduzcan drásticamente el consumo de carne alegando cualquiera de los motivos (éticos, ecológicos, de salud) anteriormente mencionados.

....

Para ello se están haciendo potentes campañas desde las Administraciones públicas de estos países, apoyándose en los medios de comunicación, dirigidas a este fin: reducir el consumo de carne de la población. Y estas campañas no se enfocan solo en el público adulto, sino también a los niños desde las escuelas, constituyendo un verdadero adoctrinamiento en el aspecto alimentario.

Así, en los niños ha empezado ya a calar el «mantra» de que para crecer sanos y fuertes hay que comer frutas y verduras, y que el consumo de carne y productos de origen animal debe ser mínimo e incluso podría no ser necesario. Porque cuando un niño come carne se le dice que está matando a un animalito con sentimientos, que está contaminando el medioambiente y además está perjudicando su salud.

Podemos ver libros de texto de primaria (niños menores de 13 años) en los que abiertamente se escribe que la carne procede de animales que han sido sometidos a maltrato en macrogranjas, donde viven hacinados y se les suministran antibióticos que luego pasan a nuestro organismo. O donde pone que la carne produce cáncer, que comerse un filete contamina más que un coche, o que los pedos de las vacas son los principales responsables del cambio climático.

¿Por qué cuando se habla de alimentos saludables siempre se menciona a las frutas y verduras?

Lo que no se les dice a los niños es que las frutas y verduras aportan vitaminas y fibra principalmente, pero tienen un prácticamente nulo aporte del componente más importante para la vida, para toda la vida animal, no solo para la vida humana: las proteínas.

Y ¿cuál es la mejor y mayor fuente de proteínas de calidad que puede ingerir un ser humano, la que viene ingiriendo desde que se bajó de un árbol, hace ya millones de años, y que le ha permitido llegar a lo que es ahora? La respuesta solo tiene un nombre: la carne.

Todo tipo de carne. Da igual que se trate de carne roja o blanca. Antes era solo carne de ciervos, bisontes, jabalíes o caballos, a los que se cazaba con flechas o lanzas, y después se le añadió la carne de vaca, cerdo, cordero, pollo, conejo, pavo o pato, a los que se los criaba para alimentarse de ellos; esto último se llama ganadería.

El ser humano lleva millones de años consumiendo carne; basta con echar un vistazo a las representaciones prehistóricas encontradas en las cuevas para ver que cazaba para alimentarse de carne y grasa animal. No veremos pinturas rupestres en las que aparezca un homínido cultivando lechugas, pues la agricultura llegó muchísimos años más tarde.

Este consumo de carne y grasa es el que posibilitó al ser humano llegar a ser lo que es. La alta eficiencia de las proteínas que ingería le permitió desarrollar el sistema nervioso a costa del sistema digestivo.

Otros primates como el gorila, y todos los rumiantes, alimentándose solo de hierba lo único que han conseguido tras millones de años de evolución es tener enormes cuerpos en los que poder albergar su gigantesco aparato digestivo. El ser humano tiene el cerebro más grande y el intestino más pequeño de todos los primates; en el gorila pasa justamente todo lo contrario, y los rumiantes tienen varios estómagos que requieren de un espacio descomunal en el interior del cuerpo; de ahí el enorme tamaño que tienen todos estos animales. Realmente su vida está destinada a masticar, comer y digerir continuamente, las 24 horas del día. En cambio, su cerebro se ha desarrollado lo justito.

El ser humano está perfectamente adaptado al consumo de carne, y esto puede observarse solamente observando nuestra anatomía y fisiología.

Nuestro aparato digestivo es como el de los carnívoros, no como el de los rumiantes. Es verdad que en la dentadura ya no tenemos caninos prominentes para desgarrar la carne, ni muelas carniceras con las que triturar incluso los huesos, pero desde luego no es la dentadura de un rumiante.

Hace muchísimo tiempo que no necesitamos desgarrar la carne, desde el mismo momento en el que la anatomía de nuestras manos y pulgares nos permitió fabricar herramientas con las que poder romper, desgarrar, cortar o triturar, y lo que es más importante, poder cazar y matar.

Hay quien dice que el ser humano comenzó su verdadero progreso evolutivo en el momento en el que se dio cuenta de que con una piedra era capaz de romper un cráneo y comerse el cerebro que estaba en su interior.

Inicialmente lo hizo con cráneos de animales muertos, pero después comenzó a hacerlo también con otros animales vivos e incluso con otros congéneres, cuando fue consciente de que, con ciertas herramientas, podía matar y obtener alimento. Y así se dice que el cerebro humano comenzó su desarrollo cuando empezó a alimentarse de otros cerebros, víscera riquísima en grasa y por tanto enormemente calórica.

Y nuestro sistema digestivo digiere perfectamente la carne; tenemos las enzimas estomacales e intestinales necesarias para hacerlo. Hoy en día, en el mundo occidental es cada vez más frecuente ver alergias o intolerancias a muchos productos alimentarios (al gluten, al marisco, a los frutos secos, al melocotón, etc.) pero ¿cuántas personas son alérgicas o intolerantes a la carne? Prácticamente ninguna me atrevería a decir. Puede que no les guste su sabor, su aspecto o que su conciencia no les permita comérsela, pero esto es una cosa y otra bien distinta es no ser capaz de digerirla y asimilarla.

El ser humano no puede digerir la celulosa de la hierba, así que consigue las proteínas que necesita alimentándose de carne. Esta carne la ha obtenido siempre mayoritariamente alimentándose de rumiantes, cazando o criando y matando rumiantes. Ellos se comen la hierba y nosotros nos los comemos a ellos.

....

Es la ley de la vida y de la naturaleza, en la que un animal se come a otro, el cual a su vez es comido por otro, y así sucesivamente hasta cerrar el ciclo.

....

Porque al último, al animal que se encuentra en lo más alto de esta pirámide alimentaria, también se lo comen, aunque sean los gusanos y los insectos (los de más abajo), y aquí vuelve a comenzar el ciclo de nuevo.

Pero ahora parece que lo que el ser humano ha hecho durante millones de años no era lo correcto y hay que cambiarlo. Y así, pretenden que nos saltemos un paso en la cadena trófica y que seamos nosotros los que nos comamos la hierba dejando a los rumiantes vivir en paz.

Pero ¿qué tiene de perjudicial para la salud un filete de ternera, una pechuga de pollo, el jamón ibérico o una paletilla de cordero? La respuesta es nada; todos son absolutamente sanos consumidos en su justa medida.

Consumidos con moderación son la mejor fuente de proteínas de calidad para el ser humano.

Hace no muchos años, cuando no existían la comida rápida ni los alimentos ultraprocesados, en los menús de los comedores escolares prácticamente cada día una de las comidas era seguro un filete de carne o pescado, más un huevo o una tortilla en la cena en casa y leche entera para desayunar y antes de acostarse, todos los alimentos considerados hasta ahora como esenciales para el correcto desarrollo de un niño.

Pensemos también en los ancianos. En estos, al igual que sucede con los niños en pleno desarrollo físico e intelectual, las proteínas desempeñan un papel fundamental para que puedan mantenerse en buenas condiciones físicas y psíquicas. No puedo llegar a imaginar a ancianos convalecientes en hospitales o residencias, o a ancianos con un estado físico ya deteriorado, sin ingerir las proteínas de calidad que proporcionan la carne y el resto de productos de origen animal.

Cuando en las casas se cocinaba la verdadera comida española tradicional, prácticamente a diario una de las comidas del día, al mediodía o por la noche, era un plato de carne o pescado. Y tampoco pasaba nada cuando a los niños se les daban algunos de los pocos caprichos que había en las meriendas: pan y chocolate, mantequilla, chorizo, jamón, etc.

Estas generaciones a las que me refiero son seguramente las que mejor han comido de la historia de este país. Tenían a su disposición todos los ingredientes de las excelentes y extensas agricultura y ganadería nacionales.

Se comía de todo: carne, pescado, huevos, leche, pan, patatas, legumbres, frutas, verduras, hortalizas y también dulces, por qué no. Se comía siempre lo que había, se quisiera o no; era lo que había. Se comía y punto.

Esta sí que es la dieta verdaderamente sana, la omnívora, con un poco de todo y sin excesos. Estas generaciones son las que menores tasas de obesidad infantil han tenido y tampoco han presentado carencias, a lo que hay que sumar una vida llena de actividad, sin el sedentarismo propio de hoy en día. Y la carne y el pescado eran prácticamente el centro de esta alimentación.

¿Por qué en este país tenemos una esperanza de vida superior a los 80 años? Uno de los motivos de semejante longevidad es, sin duda, nuestra alimentación, la que hemos llevado hasta ahora, la famosa dieta mediterránea; poco haría falta cambiar en este sentido.

No puedo alcanzar a entender cómo se empieza a considerar que un puré de brócoli es más sano que un filete de ternera. No es en absoluto cierto sino más bien al revés. Porque también creo que es muy importante destacar que una carne, a la plancha o a la brasa, además de tener un insuperable aporte proteico, prácticamente no engorda. Lo que realmente engorda suele ser todo lo que se consume en torno a ella.

¿Por qué los niños, sin ser manipulados sobre si los alimentos son sanos o no, sobre si engordan o no, sobre si son ecológicos o no, sobre si son éticos o no, prefieren siempre una hamburguesa al puré de brócoli?

Muy sencillo: se lo marca su paladar desde que son prácticamente bebés, o lo que es lo mismo, se lo marca su genética prehistórica. Preferirán siempre alimentos que aporten proteínas y calorías, como la carne y su grasa, frente a alimentos que no aportan prácticamente nada para su desarrollo, como el brócoli.

Otra cosa es que se les esté intentando convencer –por no decir manipular– de que lo verdaderamente sano que debe comer un ser humano es fruta y verdura en lugar, y no además, que es como debería ser, de carne, pescado, leche o huevos, los alimentos hasta ahora considerados esenciales para el desarrollo de un niño y también para la vida de un adulto.

El verdadero problema radica en que para obtener todos estos alimentos es necesario sacrificar animales, antes o después. He aquí el meollo de todo este asunto.

Por supuesto que un consumo desmesurado de productos cárnicos, especialmente si son procesados, o lo que llaman comida basura, es perjudicial para la salud humana, aunque también resultaría igualmente perjudicial alimentarse diariamente y en exceso de ciruelas, tomates, alubias o lo que se nos ocurra.

En la opinión pública, cuando se habla de comida basura la primera imagen que a prácticamente todo el mundo le viene a la mente es la de una hamburguesa «completa» o una pizza. También se piensa en toda la comida rápida y la bollería industrial.

Hace unos cuantos años un personaje hizo una película, que incluso se estrenó en algún prestigioso festival de cine, en la que iba narrando y mostrando en imágenes cómo su cuerpo se iba deteriorando y sus analíticas sanguíneas empeorando progresivamente al alimentarse día a día, y exclusivamente, con hamburguesas completas de la marca más famosa del mundo.

Efectivamente, una alimentación en exceso, y no digamos en exclusiva, basada en un producto de este tipo, es absolutamente perjudicial para la salud. No hace falta ser muy listo, y mucho menos hacer una película, para saber esto. Pero le hubiese pasado lo mismo, se hubiese deteriorado físicamente igual, o quién sabe si peor, si esto mismo lo hubiese hecho con cualquier otro producto, si se hubiese alimentado durante días solo con huevos, coliflores, ciruelas o con lo que fuese.

Uno de los productos con más fama de saludables que existen en el mercado es, sin duda, el aceite de oliva virgen extra. Pero ¿qué ocurriría si me alimentara solamente de aceite de oliva y en gran cantidad? Hasta los productos más sanos resultan perjudiciales si se consumen en exceso, y no digamos ya en exclusiva. También la carne, claro.

....

En la mayoría de los casos, cuando se hace alusión a efectos negativos o perjudiciales de la carne se están refiriendo sobre todo a las carnes denominadas rojas.

....

Se consideran rojas a las carnes procedentes de vacuno, caballo, de caza y a la casquería (vísceras).

Las carnes denominadas blancas hacen referencia a la carne de las aves, como el pollo o el pavo, pero tambén a la de conejo.

Corderos o cerdos pueden estar en uno u otro grupo dependiendo de la edad con la que se sacrifique al animal o de la parte del cuerpo del animal sacrificado.

La diferencia en el color de la carne es debida a la presencia en las llamadas carnes rojas de un alto contenido en mioglobina, rica en hierro, que las pigmenta de color rojizo. Así pues, son más ricas en hierro que las blancas y también más ricas en grasas. Este mayor contenido en grasas hace que sean mucho más sabrosas que las blancas, pero como estas grasas son saturadas pueden resultar también más perjudiciales al aumentar las tasas de colesterol. También las carnes rojas tienen contenidos más elevados en purinas, que no son más que productos de degradación de las proteínas y que provocan una elevación del ácido úrico que puede resultar dañina.

A algunos consumidores la carne roja les genera cierto rechazo por su aspecto sanguinolento y es frecuente consumir la carne pasada mucho tiempo por la plancha o por la sartén para que no queden en ella «restos de sangre». (Aunque, como ya se ha aclarado aquí, el líquido rojizo que se desprende de los filetes o de las chuletas no es sangre, ya que los animales para consumo humano son sacrificados mediante desangrado, con lo que no queda sangre en la canal del animal muerto).

Las carnes blancas, por tanto, tienen menos hierro y son menos sabrosas, pero en cambio sus proteínas son de más fácil asimilación y tienen menos grasas y menos purinas.

El hierro es el mineral más importante para la oxigenación de los tejidos, ya que es fundamental para la producción de hemoglobina (que es la proteína encargada de llevar el oxígeno a través de la sangre desde los pulmones a distintas partes del cuerpo) y de mioglobina, que es la que aporta el oxígeno a los músculos y el color rojo (ya que la carne no es otra cosa que músculos).

Un déficit de hierro provoca anemia, una afección que puede llegar a ser muy grave y desembocar incluso en la muerte.

Pero existen 2 tipos de hierro en función de su grado de asimilación por el cuerpo humano: el denominado hierro hemo, que es muy asimilable y que procede siempre de alimentos de origen animal (vísceras, moluscos, pescado azul y carnes rojas principalmente), y el hierro no hemo, mucho menos asimilable y que viene de alimentos de origen vegetal (legumbres, frutos secos y hortalizas).

Hoy en día, en el caso de presentarse una anemia, un déficit de hierro, en la mayoría de los casos se prescriben suplementos artificiales, pastillas, aunque seguramente el mejor tratamiento posible para recuperar esa carencia sería consumir alimentos ricos en hierro asimilable, el de origen animal, y el mejor de todos, un buen filete de hígado de ternera, sin necesidad de suplementar nada artificialmente. Pero aquí entran en juego otros criterios...

La carne, del tipo que sea, es el alimento por antonomasia del ser humano, el que llevamos consumiendo desde la Prehistoria, incluso casi en exclusiva.

No quiero extenderme más explicando todas las bondades que el consumo de carne supone para un ser humano, pero sí quiero describir el distinto comportamiento que las personas tienen frente a dos tipos de carnes de las denominadas blancas: la de pollo y la de conejo.

La carne de pollo

Actualmente es el tipo de carne más consumida del mundo.

....

En el aspecto puramente del consumo, con la carne de pollo se cumplen perfectamente los criterios que sigue cualquier persona a la hora de decidirse por un producto u otro del mismo tipo, esto es: económico, de salud, visual y ético.

....

Y así podremos elegir un pollo u otro atendiendo a su precio, su aspecto o color, a su modo de cría o a su mayor o menor teórica incidencia en la salud, por tratarse o no de los denominados pollos ecológicos.

La carne de pollo es un buen ejemplo para describir el distinto comportamiento que presenta un consumidor frente a un mismo tipo de producto, pero con distintas presentaciones y en función del criterio que adopte para elegir uno u otro. Así, podemos hablar de 3 tipos de pollos:

1. Pollo «industrial»: se cría en naves sin acceso de los animales al exterior, durante unos 40-45 días, y se alimenta de pienso, cuyo componente mayoritario (como en todos los piensos) son los cereales. Es el más económico debido a que:
   - Se utilizan razas de pollos de crecimiento rápido. Los animales alcanzan pronto el peso adecuado, con el consiguiente ahorro en alimentación y tiempo de cría, es decir, en mano de obra, lo que supone un coste más bajo.
   - Se crían más animales en menos espacio. Mayor densidad de animales por metro cuadrado implica que con el mismo trabajo y en el mismo tiempo se obtiene una mayor producción, lo que supone también un menor coste.

2. Pollo «de corral o campero»: se cría en naves, pero los animales tienen acceso al exterior, durante aproximadamente 80 días, y se alimenta de piensos similares a los anteriores. Es más caro que el «industrial» porque:
   - Normalmente se utilizan razas de pollos de crecimiento más lento, lo que implica un mayor tiempo de cría, con lo que el animal debe alimentarse durante más tiempo y eso supone mayor mano de obra, lo que aumenta lógicamente su coste.
   - La densidad de animales es más baja; se crían menos animales en más espacio, lo que también supone mayor coste.

3. Pollo «ecológico»: es como el anterior; la única diferencia importante es que su alimentación debe ser exclusivamente ecológica, con cereales procedentes de cultivo ecológico. Es el más caro de todos precisamente por esto.

Una aclaración importante: el color amarillo de la carne del pollo es debida exclusivamente a una alimentación con maíz, no tiene que ver ni con la raza del pollo ni con su modo de vida. Es debido a la acumulación de los carotenos del maíz en la grasa de la piel y la musculatura de los pollos, que los pigmenta de ese color. Se tiende a asociar un pollo amarillento con un pollo campero o ecológico y no tiene por qué ser así. La carne de un pollo «industrial» podría perfectamente tener color amarillento si se lo alimentara con maíz. (Este hecho es extrapolable al color de la yema de los huevos).

Un pollo de los llamados ecológicos o de corral siempre induce en el consumidor la idea de que el animal ha vivido mejor, ha sido alimentado con maíz o con productos naturales y que, por todo ello, resulta más sano, pero evidentemente su precio es más alto y en el caso del ecológico, incluso mucho más alto.

Nos guste o no, el criterio económico es con mucho el más importante a la hora de decidirse por un producto u otro del mismo tipo, por un pollo u otro, al menos en el día a día.

A la abrumadora mayoría de la población no le sobra el dinero y de manera habitual tenderá siempre a elegir un producto acorde con sus posibilidades económicas, incluso aunque le parezca mucho mejor otro producto del mismo tipo.

La carne de conejo

La carne de conejo es una carne blanca pese a proceder de un mamífero y no de un ave. Es una carne de excelente calidad y considerada muy saludable, pero su consumo ha disminuido muchísimo en los últimos tiempos al pasar los conejos a ser considerados mascotas en lugar de ganado.

Sin embargo, en la naturaleza el conejo es una de las especies más perseguidas para ser cazadas del reino animal y sirve de alimento principal a numerosas especies animales como rapaces, felinos, zorros y hasta hace unos años también al ser humano. Su enorme capacidad y velocidad de procreación natural es su mayor defensa y también uno de los mejores recursos para garantizar la supervivencia de las especies depredadoras que se alimentan de ella.

Se debe pensar siempre en los sectores más desfavorecidos de la población, por lo que deben existir productos que, cumpliendo todas las normas sanitarias y de bienestar animal, estén al alcance de quienes disponen de escasos recursos económicos para poder alimentarse.

Mientras el consumidor, en el día a día, siga mostrando una abrumadora preferencia por productos más económicos frente a otros productos más caros la ganadería seguirá también priorizando el coste frente al resto de criterios en la cría y alimentación de sus animales.

A día de hoy podemos hacernos una idea de por dónde marchan los criterios de consumo de la población urbana solamente comparando la cantidad de supermercados con precios económicos que hay en un núcleo urbano cualquiera frente a la de tiendas con productos ecológicos o *delicatessen*. O comparando, dentro de un mismo supermercado, las secciones cárnicas de productos económicos frente a las de productos «eco» o «bio».

Pescados y mariscos

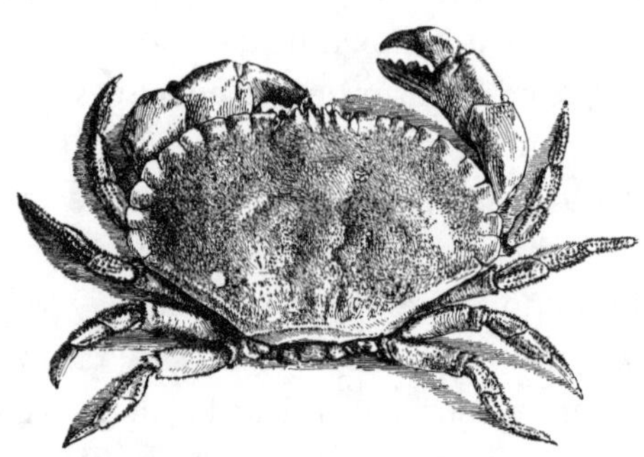

Son los alimentos que más ha buscado y consumido el ser humano durante toda su milenaria historia en los lugares donde no podía encontrar carne con facilidad, como islas apartadas de tierra firme y con escasa o nula fauna terrestre o en zonas de costa con fácil acceso al mar. En sitios como estos, pescados y mariscos han sido siempre la alternativa a la carne en la dieta humana.

Pescados y mariscos suponen un excelente aporte de proteínas, calorías, vitaminas y minerales.

Pese a ser productos de origen animal, no han resultado tan atacados como lo ha sido la carne y de hecho existe una corriente alimentaria denominada «piscitariana» que propone el consumo de alimentos de origen vegetal complementado con pescado o marisco como aporte de proteínas de calidad (estos tienen claro que el consumo exclusivo de productos vegetales presenta carencias que es necesario cubrir).

Muchas personas veganas, cuando por algún motivo de fuerza mayor, generalmente algún problema de salud derivado de este tipo de dieta o alguna situación física concreta como puede ser un embarazo, se ven obligadas a consumir proteínas animales, lo hacen ingiriendo pescado.

Todas estas personas comienzan a alimentarse con productos animales que no les supongan grandes problemas de conciencia. Si tienen que comerse a un animal que ha sido sacrificado que al menos no tenga sentimientos.

Igualmente, en la ley de derechos de los animales se excluye a los peces de todas las prohibiciones y obligaciones que se aplican a los seres humanos en sus relaciones con los animales domésticos. Queda claro que con los peces uno puede hacer casi lo que quiera, incluso comérselos.

Para algunos de estos grupos animalistas y veganos, los pescados y mariscos pueden ser sacrificados y ser comidos sin que ello suponga problema alguno. Para otros, los más radicales, no deben sacrificarse en ningún caso.

Así, se llega, por ejemplo, a calificar de crueldad intolerable y atrocidad sacrificar a los langostinos hirviéndolos directamente en el agua para cocerlos, cortarle la cabeza a un bogavante sin aturdimiento previo o incluso dejar «asfixiarse» a un pez fuera del agua. Algún importante país europeo ha legislado en este sentido llegando a obligar a un aturdimiento previo mediante corriente eléctrica de todos estos animales antes de sacrificarlos, como en el caso del ganado terrestre, aunque con resultados bastante lamentables.

Personalmente no entiendo por qué es necesario un aturdimiento de los langostinos y no de las almejas o los percebes. ¿O es que es necesario aturdir todo lo que nos vayamos a comer?

Pero además de no poder consumirse por ser pescados y mariscos incluidos en la igualdad animal, es decir, por ser considerados productos no éticos que implican el sacrificio y la explotación de animales para el interés humano, también caen sobre ellos acusaciones de representar efectos perjudiciales sobre la salud humana como:

- Existir grandes cantidades de mercurio residual en su carne. Sin embargo, como ocurre en el caso de la carne, también en los pescados y mariscos se realizan controles y analíticas para asegurar que su consumo cumple con las normativas obligatorias de salubridad pertinentes.

- Ser portadores de parásitos como el anisakis, que pasan al organismo humano al consumirse la carne del pescado crudo, poco cocinado o mal conservado. La solución a este problema viene a ser sencilla: la congelación del pescado durante el tiempo suficiente. Realmente existe una obligatoriedad de congelación del pescado, aunque existe alguna excepción.

- Contener trazas o residuos de antibióticos en los peces o mariscos criados en explotaciones intensivas (granjas de peces, piscifactorías), donde son alimentados con piensos artificiales, a los que se han añadido este tipo de sustancias.

Desgraciadamente, el mar ha sido sobreexplotado durante muchos años y sus recursos han ido agotándose paulatinamente, poniendo incluso en peligro la supervivencia de muchas especies marinas, de consumo o no.

Actualmente, en los países desarrollados, y también mundialmente, existe un buen control de las épocas del año en las que se puede o no pescar una determinada especie, la edad en la que los peces pueden ser capturados, la restricción de zonas en las que se pueden capturar los peces, etc. Esto ha permitido la recuperación de algunas especies y de zonas concretas donde la fauna marina casi había desaparecido.

....

La población humana mundial aumenta a un ritmo vertiginoso año tras año y no cabe más recurso, como sucede con la agricultura y la ganadería, que acudir a explotaciones intensivas y artificiales de pescados, mariscos y otras especies marinas y fluviales.

....

Y por último, cabe mencionar que al hablar del consumo de pescado, como en el caso de la carne, se diferencian dos tipos de pescado:

- El azul (anchoas, sardinas, salmón o atún), que es rico en grasas y por tanto, más sabroso y con mayor aporte de calorías. Las grasas de este tipo de pescado son insaturadas (buenas) y muy ricas en omega 3, con lo que son también muy beneficiosas para la salud.
- El blanco (merluza, lenguado, gallo, rape), menos graso, menos sabroso, pero también menos calórico.

....

Igual que en el caso de las carnes, lo realmente adecuado es el consumo de ambos tipos de pescado, un consumo equilibrado de ambos.

....

LAS DIETAS ALIMENTARIAS

En el mundo actual hay muchas personas –demasiadas– que no tienen qué comer, y sin embargo en los países desarrollados hay otras muchas personas que teniendo la posibilidad de poder comer todo lo que quieran prácticamente no comen.

Hace no tantos años, tras haber superado la población épocas de penurias alimenticias, estar algo gordito era sinónimo de estar sano, ya que suponía estar bien alimentado, lo que entonces era un lujo y síntoma de disponer de una buena economía familiar, casi un privilegio. Lo mismo que sigue ocurriendo hoy en día en muchos otros países de este planeta.

Sin embargo, en la actualidad, en los países occidentales parece haberse invertido esta idea y es estar delgado lo que se identifica con estar guapo o sano.

Si en Internet buscas «grasa corporal», lo que encuentras mayoritariamente son métodos para disminuirla o eliminar la misma.

Pero la grasa corporal es imprescindible para la salud. Es necesario poseer un cierto porcentaje de grasa corporal para estar sano.

Este porcentaje normal de grasa es bastante mayor en las mujeres que en los hombres, debido a que ellas necesitan tener una mayor cantidad de la misma en su organismo para sus demandas de maternidad y otras funciones hormonales.

Sin embargo, son precisamente las mujeres las que más se apuntan a dietas de adelgazamiento, pero no en la búsqueda de una mejora de su salud, sino seguramente por estar dentro de unos cánones actuales de belleza marcados por una sociedad que rechaza la obesidad y considera la delgadez sinónimo de belleza y también de salud.

Estos cánones de belleza y salud actuales nada tienen que ver con los de antes, especialmente en las mujeres. Todos podemos contemplar las esculturas o pinturas de los museos y ver que en ellas las mujeres siempre presentaban cierto grado de obesidad. Con los cánones marcados por la sociedad actual a la mayoría de estas mujeres se les consideraría «gordas», e incluso se llegaría a la conclusión de que no estaban sanas, aunque seguramente ninguna de las dos cosas sería cierta.

Normalmente la delgadez, al menos la sana, se consigue con una combinación de deporte y dieta; es la infalible fórmula del consumo/gasto: si gasto más de lo que consumo, adelgazo, y viceversa (con todos los muchos factores que intervienen en este balance).

Pero en muchas ocasiones es suficiente, y resulta más fácil para lograr ese objetivo de delgadez, simplemente reducir el consumo de alimentos, o lo que es lo mismo, comer menos, e incluso, en casos extremos, directamente dejar de comer. De esta manera los resultados que se obtienen son mayores y se consiguen también más rápidamente, al menos más que si se hace por la vía del gasto, del ejercicio.

En los últimos tiempos además ha surgido otro método de adelgazamiento, quizá menos sacrificado, pero con resultados casi garantizados e inmediatos, aunque eso sí, con mucho mayor riesgo para la salud y un elevado coste económico: la cirugía.

El *boom* de programas de investigación de tipo sensacionalista con reportajes sobre el tema alimentario en los medios de comunicación y la presencia en muchos programas de otra índole de secciones sobre nutrición ha llegado a generar la idea en los consumidores de que gran parte de los alimentos que hasta ahora consumíamos habitualmente, a diario, no son buenos para la salud o se obtienen mediante métodos fraudulentos, con malas prácticas o incluso con maltrato animal.

....

Así, en el país con la mejor cocina del mundo, y me atrevería a decir que también la más sana, se nos queda finalmente la sensación de que estamos comiendo fatal, que lo que habíamos hecho hasta ahora era un error y que deberíamos cambiar radicalmente nuestra manera de comer y, por supuesto, comer mucho menos.

....

En la actualidad, en España y en cualquier otro país desarrollado, se tiene acceso a cualquier tipo de producto alimenticio y en cantidad suficiente, de modo que, en estos países, cualquier persona puede tener todo el aporte nutricional necesario para estar perfectamente sano. Realmente no debería ser necesario seguir dieta alguna, y tampoco suplementar esta dieta con nada; simplemente se debería comer un poco de todo y no caer en excesos (aunque algún exceso puntual también se puede hacer, por qué no).

....

«Comer poco de mucho» es la verdadera fórmula del éxito en la salud.

....

Pero si, fuese por el motivo que fuese, una persona tuviese que seguir una dieta, ya sea para engordar o adelgazar, lo que sin ninguna duda debe hacer es ponerse en manos de un experto. Porque lo que sí debe quedar claro es que una dieta debe ser siempre personalizada, exclusiva para esa persona; no hay nunca dos personas iguales.

Y así, siguiendo la infalible fórmula del consumo/gasto, se debe aplicar una dieta acorde a las características individuales, edad, género, modo de vida, trabajo, descanso, actividad, metabolismo, problemas o enfermedades físicas o psíquicas, etc. Y sobre todo, lo más importante a tener en cuenta, es el motivo por el que se va a hacer esa dieta, si es por salud, imagen o mejora deportiva.

Muchas de estas dietas son calificadas de milagrosas porque, además de lograr que se esté más guapo porque se pierde grasa y peso, son sanas, éticas y sostenibles (como la dieta vegana).

Estas dietas, según sus famosos y estupendos impulsores, en muchos casos lo único que están consiguiendo es que se esté produciendo un considerable aumento del número de personas con trastornos alimentarios, y cada vez más jóvenes.

En definitiva, para los que tenemos la suerte de poder vivir en un país en el que, si la economía nos lo permite, podemos acceder a todo tipo de productos alimentarios y en cantidad suficiente, la dieta que realmente deberíamos seguir para estar sanos y presentar un buen estado físico es comer absolutamente de todo en su justa medida.

Estar gordo, ser obeso, no es sano, y puede que tampoco bello, pero estar delgado tampoco es, en absoluto, sinónimo de salud ni belleza.

Si por el motivo que fuese una persona tuviese que adoptar una dieta, la que sea, para que pueda considerarse correcta debería aportar todo lo necesario para que el que la sigue esté perfectamente sano. Desgraciadamente, en la actualidad la mayoría de las dietas que se están proponiendo no solo no son necesarias sino que en muchos casos no logran el objetivo para el cual se adoptan.

La dieta para salvar el planeta

La verdad es que poniendo títulos sensacionalistas muchos nutricionistas son unos auténticos números uno.

Es posible que sometiendo a una determinada dieta a toda la población mundial (también a los chinos, los rusos y los norteamericanos) consigamos mejorar algo la salud de nuestro planeta, pero dudo mucho que logremos salvarlo solamente así, con un cambio radical en nuestros hábitos alimentarios.

....

Tras estudiar los argumentos de esta dieta salvadora, la conclusión final a la que podemos llegar es que debemos alimentarnos con productos locales, de temporada y preferentemente vegetales, esto es lo único realmente sostenible.

....

En general estoy bastante de acuerdo, excepto en lo de los vegetales, pero lo veo totalmente utópico.

¿Cómo podremos ser capaces de proporcionar alimento a todo Nueva York solamente con productos locales, de temporada y vegetales? Y quien dice Nueva York puede decir México, Pekín, Kuala Lumpur o Madrid. Cualquier ciudad de este planeta.

....

Tampoco los productos procedentes de la agricultura, excepto aquellos que proceden de una agricultura exclusivamente ecológica, quedan libres de acusaciones sobre sus efectos negativos sobre el planeta y la salud humana.

....

Así, actualmente, la utilización de pesticidas, insecticidas y otros productos en la agricultura intensiva a gran escala es mal vista por el consumidor final. Y lo mismo sucede con todos los productos que han sido modificados genéticamente para mejorar alguna de sus características o eliminar algún defecto.

Volvemos, una vez más, a los mismos puntos de vista de siempre. Se debe alimentar a una población mundial de 8.000 millones de personas solo con la agricultura, sin ganadería, solo con agricultura ecológica, sin la utilización de productos con efectos negativos sobre la salud humana y el medioambiente. Dicho de otra manera, tenemos que conseguir alimentar a toda la humanidad solo con productos de origen vegetal y ecológico.

Como ocurre en el caso de la carne, en el que muchos parecen preferir una futura carne sintetizada en un laboratorio frente a una natural procedente de un animal con tal de que este no sea sacrificado, o una pastilla para suplementar una carencia por no consumir un producto de origen animal, también en la agricultura se puede preferir tener que llegar a suplementar la alimentación con tal de no consumir productos agrícolas que no procedan de una alimentación vegetal puramente ecológica.

En definitiva, sin ganadería y agricultura intensivas, para poder salvar este planeta estaríamos abocados sin remedio a acudir a una alimentación con suplementación artificial o de laboratorio, a alimentarnos principalmente de pastillas, al «pienso para humanos».

Este parece ser exactamente el objetivo final de algunos.

LA ALIMENTACIÓN EN ESPAÑA

Se está produciendo un choque entre lo que promueven las nuevas tendencias alimentarias y la realidad histórica culinaria española.

En España se encuentran muchos de los mejores chefs y también los mejores restaurantes del mundo. La dieta mediterránea ha sido considerada la más saludable del mundo, junto con la japonesa, y no puede ser casualidad que ambos países presenten las mayores tasas de esperanza de vida por encima de los 85 años de media.

Nadie pone en duda la estrecha relación que existe entre salud y alimentación, de modo que, si se ha llegado a longevidades así en la población española, alguna culpa tendrá su cocina tradicional.

España es un país turismodependiente y los turistas que llegan a este país no solo vienen buscando vacaciones, sol y fiesta. Uno de los grandes atractivos del turismo es nuestra gastronomía. Millones de euros del PIB español y también millones de puestos de trabajo están relacionados directa o indirectamente con el sector alimentario, desde el sector primario (agricultura y ganadería) hasta el último bar, hotel o restaurante donde se sirva comida. Y todos los muchísimos intervinientes en este largo proceso.

El modo de vida español está íntimamente ligado a la comida, ya sea para quedar con amigos, comidas o cenas de trabajo, despedidas, fiestas, vacaciones, televisión, deportes, fines de semana, etc. En este país todas las relaciones sociales, e incluso las laborales, giran en torno a una buena comida o una buena cena. Todos los bares y restaurantes están siempre llenos, no importa a qué ciudad o pueblo de la geografía española acudamos y que sea para un desayuno, un almuerzo, una merienda, una comida o una cena.

Se calcula que en España existen más de 300.000 bares y restaurantes, una cifra que da una idea de lo que representa este sector en la economía del país.

Los menús de los bares y restaurantes españoles presentan unas variadísimas y extensas cartas en las que cabe de todo: entrantes, primeros platos, segundos, postres, vinos, copas, cafés, raciones, tapas, absolutamente de todo y donde poder elegir libremente, cada uno según sus preferencias y criterio, sea el que sea. Y aquí está la grandeza de esta tradición gastronómica: la libertad de elección entre tantos productos y tan diferentes: carnes, pescados, lácteos, huevos, embutidos, legumbres, verduras, hortalizas, dulces, helados, todos.

Lo que no se puede llegar siquiera a imaginar es el tener que renunciar a seguramente la mayor parte de esta tradición, de esta riqueza, y eliminar de los menús de restaurantes y bares los productos de origen animal.

¿Qué nos quedaría entonces? Solo legumbres, hortalizas, verduras y cereales. Y también todos los «inventos» artificiales que surjan de contenido vegetal, pero con sabor a carne o a chorizo, eso sí.

Este país dejaría de ser lo que es si renunciamos a los maravillosos platos de su gastronomía, cuyo origen, o el de algunos de sus ingredientes, es principalmente animal. Puedo repasar algunos de ellos pidiendo perdón de antemano por dejarme seguro algunos con tanta importancia como estos:

En primer lugar, y por todo lo que representa para este país, el jamón ibérico y todas sus variedades, sean de donde sean: extremeño, andaluz, salmantino, turolense o de cualquier otro lugar.

La tortilla de patatas, las croquetas, los calamares o cualquier tapa típica de las que ofrecen los bares de este país.

Y después todos los platos típicos regionales que seamos capaces de enumerar casi de memoria: el pulpo, los mariscos o la ternera gallega, el cachopo asturiano, el botillo leonés, el lechazo, el cabrito o el cochinillo de Castilla y León, el ternasco aragonés, las anchoas del Cantábrico, los chuletones y los pescados del País Vasco, el torrezno soriano, los callos madrileños, el pescadito frito andaluz, la miel de La Alcarria, toda la carne de caza, y muchísimos más.

Por no hablar de los exquisitos y excelentes quesos repartidos por absolutamente toda la geografía española, sean de vaca, oveja, cabra o mixtos, ahumados o no, curados, semicurados, tiernos o frescos.

Todos los embutidos: chorizo, salchichón, morcilla, butifarra, sobrasada, mortadela, etc.

Y por qué no mencionar toda la repostería y los helados, con ingredientes animales, huevos y lácteos.

Animo a cualquiera que lea estas líneas a que la próxima vez que vaya a uno de los miles de maravillosos restaurantes o bares de este país coja la carta y elimine de ella todos los platos, raciones o tapas que contengan algún ingrediente de origen animal; podrá darse cuenta de lo que suponen para este país, para la verdadera y correcta alimentación humana, los alimentos de origen animal.

- - -

El consejo final que me permito darles a todos los que hayan sido capaces de llegar hasta aquí es que disfruten de la vida: proporciona algunos buenos placeres, y uno de los más importantes es la comida. Pocos placeres puede darse una persona tan satisfactorios como una buena comida con amistades, compañeros o familiares. No se lo pierdan.

- - -

VII. AGRADECIMIENTOS

Aun a riesgo de olvidarme de alguien importante, y pidiendo previamente disculpas por si esto ocurre, me gustaría mostrar mi agradecimiento a todas aquellas personas y entidades que me han animado, me han ayudado y han hecho posible que escribiera este libro.

A Irma y Claudia, las estrellas que me iluminan.

A toda mi familia: padres, hermanos, tíos y sobrinos. Sin ellos no sería lo que soy.

A todos mis amigos, sin excepción; siempre puedo contar con ellos.

A Foix Queraltó, Marta Lázaro, Cristina Ramos, David de Jorge, Luis Gil, Marcos Ruiz, Pedro Poza, y a todos aquellos con cuya inestimable ayuda han colaborado en este proyecto en el que me he embarcado.

A todos los componentes de Soriapalm y Canard.

Y a Mokito, el perro más guapo del mundo.

Nació en Donostia-San Sebastián en 1967. Licenciado en Veterinaria por la Universidad de Zaragoza, sus primeros pasos como veterinario los dio en el mundo de las carreras de caballos. En el año 2000 comenzó a trabajar en el sector ganadero, y tras un año de ejercicio profesional en Francia, actualmente continúa ejerciendo su labor como veterinario y ganadero en lo que ahora se denomina la «España Vacía».

Este es su segundo libro, tras el éxito y acogida que tuvo su título anterior, *La desconexión urbana*.

KOLIMA
BOOKS